© 2001. Bundesamt für Landestopographie, 3084 Wabern
Office fédéral de topographie, 3084 Wabern
Ufficio federale di topografia, 3084 Wabern
Uffizi federal da topografia, 3084 Wabern

**Berner
Hausberge**

Fredy Joss

Berner Hausberge

Die schönsten Wandergipfel zwischen Chasseron und Sidelhorn

Unter Mitarbeit von Sabine Joss

AT Verlag

Umschlagbilder:
Vorderseite grosses Bild: Aussicht vom Napf zu Eiger, Mönch und Jungfrau.
Kleines Bild oben: Auf dem Dreispitz mit Aussicht auf, von links nach rechts,
Blüemlisalp, Doldenhorn, Balmhorn, Altels und Rinderhorn.
Kleines Bild unten: Auf dem First bei Kandersteg, dahinter die Howang,
rechts das Ärmighorn und links der Niesen.
Rückseite links: Auf dem Gipfel des Gemschbergs, im Hintergrund
die Engelhörner. Rechts: Kurz vor dem Gipfel des Oberlaubhorns mit Blick
zum Laufbodenhorn.

Seite 3 oben: Ausblick vom Chasseron über das Vallon de Noirvaux nach
Frankreich. Unten: Auf dem Tschingel, im Hintergrund die Wetterhorngruppe,
rechts davon Mönch und Eiger, im Vordergrund Wundklee.

Seite 5 oben: Alpen-Astern am Gipfel des Ammertenspitz.
Seite 5 unten: Gipfelsteinmann auf dem First bei Kandersteg. In der
Verlängerung des Grates der Bunderspitz.

Dieses Buch entstand in fachlicher Zusammenarbeit
mit dem Schweizer Alpen-Club SAC.

Alle Angaben wurden mit grösster Sorgfalt und nach
bestem Wissen der Autoren zusammengestellt. Eine Gewähr
für deren Richtigkeit kann jedoch nicht gegeben werden.
Die Begehung der vorgeschlagenen Routen erfolgt auf eigene
Gefahr. Hinweise auf Fehler oder Ergänzungen sind
zu richten an: AT Verlag, Stadtturmstrasse 19, 5401 Baden.

Für die verlagsrechtlichen Aspekte ist allein der AT Verlag zuständig.

Die Karte wurde reproduziert mit Bewilligung des Bundesamtes
für Landestopographie vom März 2003.

2. Auflage, 2006

© 2005
AT Verlag, Baden und München
Kartenausschnitte: Atelier Guido Köhler & Co., Binningen
Lithos: AZ Print, Aarau
Druck: AZ Druck und Datentechnik, Kempten
Printed in Germany

ISBN 3-03800-206-2
ISBN 978-3-03800-206-2

www.at-verlag.ch

INHALT

6	Vorwort: Grenzenlos wandern	64	Mittagfluh (Boltigen)
7	Einleitung: Einige Wandertipps	66	Gantrisch
8	Die Angaben in diesem Buch	68	Stockhorn
		70	Turnen
		72	Steinschlaghorn, Tschipparällenhorn, Mäggisserhorn

REGION BERN

14	Gurten und Ulmizberg	74	Niesen
16	Bantiger	76	Ammertenspitz
18	Guggershörnli	78	Chindbettihorn
		80	First (Kandersteg)

EMMENTAL UND ENTLEBUCH

		82	Gällihorn, Wyssi Flue
22	Napf	84	Gasteräspitz
24	Beichlen	86	Hockenhorn
		88	Gehrihorn
		90	Dreispitz

JURA

28	Le Chasseron	92	Morgenberghorn
30	Mont Racine und Tête de Ran	94	Sigriswiler Rothorn
32	Chasseral	96	Niederhorn, Burgfeldstand, Gemmenalphorn
34	Moron		
36	Hasenmatt		
38	Belchenfluh		

ÖSTLICHES BERNER OBERLAND

		100	Sulegg und Klein Lobhorn
		102	Schilthorn, Hundshorn, Wild Andrist

WAADTLÄNDER UND FREIBURGER VORALPEN

		104	Tanzbödeli
42	Rochers de Naye und Dent de Jaman	106	Oberberghorn
44	Le Moléson und Teysachaux	108	Reeti
46	Dent de Broc	110	Gemschberg
48	Schopfenspitz	112	Axalphorn
50	Schwyberg	114	Tschingel
		116	Augstmatthorn
		118	Brienzer Rothorn, Arnihaaggen, Höch Gumme und Wilerhorn

WESTLICHES BERNER OBERLAND

54	Lauenenhorn und Giferspitz	120	Gibel
56	Iffighorn	122	Sidelhorn
58	Oberlaubhorn		
60	Hundsrügg	127	Autoren
62	Bäderhorn	127	Bildnachweis

Vorwort

Herbst, eine der schönsten Jahreszeiten für Bergwanderungen. Im Tal das Nebelmeer und über dem Gipfelgrat des Augstmatthorns viel Himmel. Im Hintergrund der Niesen.

Grenzenlos wandern

«Deine Heimat ist nicht dein Haus, sondern dein Weg.»
Sprichwort des tibetischen Volkes der Sherpas

Vielleicht wird sich der eine oder andere Wanderer fragen: Was verbindet den Chasseral im Jura mit dem Hockenhorn am Lötschenpass oder die Rochers de Naye am Genfersee mit dem Sidelhorn an der Grimsel? Die Antwort ist einfach: Alle diese Gipfel können als Tagestouren von Bern aus erreicht werden, und dies mit öffentlichen Verkehrsmitteln. Selbstverständlich darf man sich auch zwei Tage Zeit nehmen, denn eine Gipfelwanderung mit Übernachtung in einer Hütte oder in einem Berghaus ist ein ganz besonderes Erlebnis.

Bern liegt ziemlich genau zwischen Jura und Alpen, die Verbindungen in alle Regionen sind erstklassig. Ein Umstand, der viel zu wenig genutzt wird. Oft vergisst man neben den Berner Oberländer Bergen die herrlichen Gipfel im Jura, im Emmental oder in den Waadtländer und Freiburger Alpen.

Diese Zusammenstellung der Berner Hausberge richtet sich daher nicht nur an Berner. Alle Wanderer sind dazu eingeladen, das weite Einzugsgebiet der Berner Hausberge zu entdecken. Einzig die längeren oder kürzeren Reisewege sind dabei zu berücksichtigen.

Gehen wir auf Entdeckungsfahrt! Lassen wir Grenzen fallen, die sich im Kopf festgesetzt haben oder auch nur auf Papier gedruckt sind. Überschreiten wir die ausgetretenen Pfade, die gewohnten Regionen, Kantons- und Sprachgrenzen und erwandern wir neue Wege und Gipfel, neue Landschaften, neue Welten. Nur eine Grenze soll nicht überschritten werden: die Grenze der persönlichen Leistungsfähigkeit. Dann werden Ihnen Freude am Bergwandern, beglückende Erlebnisse in wunderbarer Natur und schöne Begegnungen mit Gleichgesinnten sicher sein. So kann das Unterwegssein zur Leidenschaft werden, zur zweiten Heimat. Der Weg wartet, brechen wir auf!

Fredy Joss

Einleitung

Einige Wandertipps

Die Berner Hausberge decken das Gebiet vom Mittelland bis in hochalpine Regionen ab. So unterschiedlich wie der Charakter der einzelnen Touren, so verschieden sind auch die Anforderungen an den Wanderer. Wer das Wandern als Freizeitbeschäftigung erst neu entdeckt hat, der beginne mit leichten Wanderungen und kürzeren Routen. Bald hat man genügend Erfahrung und Training, um sich anspruchsvollere Touren vornehmen zu können.

Ausrüstung

Am wichtigsten sind gute Schuhe. Auch auf leichten Touren läuft es sich in einem stabilen Trekkingschuh angenehmer als in weichen Turnschuhen. Je schwieriger das Gelände, desto fester sollte der Schuh sein.

Verstellbare Teleskopstöcke sind nicht nur etwas für ältere Wanderer. Stöcke entlasten die Gelenke und beugen Schäden vor. Wanderstöcke müssen jedoch gezielt so eingesetzt werden, dass man sich beim Gehen auf sie stützen kann. Dies braucht etwas Armkraft. Richtiges Gehen mit Stöcken entlastet die Beine, dafür spürt man nach der Tour die Müdigkeit etwas mehr in den Armen. In heiklem Gelände und auf abschüssigen Pfaden sind Stöcke jedoch nur ein Hindernis und sogar gefährlich. Hier braucht man freie Hände, um sich zu stützen und das Gleichgewicht zu halten. In solchen Situationen trägt man die Stöcke am besten in der Hand oder versorgt sie im Rucksack.

Teure Spezialbekleidung ist nicht nötig. Am wichtigsten ist, dass man sich darin wohl fühlt. Immer im Rucksack ist der Sonnenschutz (Hut, Brille, Sonnencreme). Man kleide sich dem Wetter entsprechend. In einer Hitzeperiode braucht man sich nicht den Rucksack mit warmen Winterkleidern zu beschweren. Wenn aber Regen oder Gewitter angesagt sind, ist ein Regenschutz unbedingt dabei. Einmal durchnässt, kühlt man auch im Sommer schnell aus. Oft reicht auch der gute alte Taschenregenschirm. In verschwitzten Shirts kühlt der Körper rasch aus. Funktionelle Materialien trocknen rascher; trotzdem kann es eine Wohltat sein, auf dem Gipfel oder vor der Heimreise ein frisches Shirt anziehen zu können.

Im Übrigen braucht es für die Wandertouren in diesem Buch keine speziellen Ausrüstungsgegenstände wie Pickel, Steigeisen, Seil oder Ähnliches. Es gibt weder Gletscher noch Kletterstellen zu bewältigen.

Orientierungsmittel

Die meisten Routen in diesem Buch sind unschwer zu finden. Trotzdem kann plötzlicher Nebel Verwirrung stiften. Daher präge man sich die Route schon zu Hause ein und schaue unterwegs immer wieder auf die Karte. Kompass und Höhenmesser sind auf unseren Wanderungen meistens entbehrlich, können jedoch in weglosem Gelände nützlich sein. Karten und andere Orientierungsmittel nützen jedoch nur etwas, wenn man damit umzugehen weiss. Es lohnt sich, dies immer wieder zu üben, gerade bei gutem Wetter, wenn man sich selbst kontrollieren kann. (Nützlich: «Karten lesen. Handbuch zu den Landeskarten», SAC-Verlag, Bern.)

Die Landeskarten von Swisstopo im Massstab 1:25 000 sind unschlagbar, wenn man sich genau orientieren will. Bleibt man auf den Wegen, reicht auch der Massstab 1:50 000. Hierbei sind besonders die SAW-Wanderkarten mit den bereits eingezeichneten Routen zu empfehlen.

Verpflegung

2 Prozent Flüssigkeitsverlust bedeuten 20 Prozent Leistungseinbruch. Deshalb gilt: Regelmässig trinken und dazu auch eine Kleinigkeit essen. Jede Stunde eine kurze Trinkpause ist kein Zeitverlust, im Gegenteil! Natürlich spricht nichts dagegen, auch mal eine längere Pause einzuschalten, vielleicht sogar bei einem Berggasthof. Auf vielen Alpen kann man seinen Proviant mit lokalen Köstlichkeiten ergänzen.

Wetter

Berücksichtigen Sie die Wettervorhersagen und beobachten Sie unterwegs die Wetterentwicklung. Schlechtwettereinbrüche sind in den Bergen unangenehm. Gewitter sind sehr gefährlich. Daher gilt: Wenn ein Gewitter naht, lieber umkehren, und bei Gewittertendenz keine Grattouren unternehmen! Wetterbeobachtungen unterwegs sind nicht nur nützlich, sondern auch spannend. (Siehe dazu: «Wetterkunde für Wanderer und Bergsteiger», SAC-Verlag, Bern.)

Wetterbericht: Telefon 162, aus dem Ausland +41 162, www.meteoschweiz.ch, www.meteotest.ch.

Umkehren

Fühlen Sie sich irgendwo unsicher, trauen Sie dem Weg oder dem Wetter nicht, ist Ihnen das Gelände auf einmal zu steil, liegen unerwartet noch Schneefelder, die oft heikel zu überqueren sind, oder ist heute einfach nicht Ihr Tag, dann kehren Sie besser um! Der Berg wartet, bis Sie ein andermal wiederkommen.

Notfälle

Verlassen Sie sich nicht aufs Mobiltelefon. Es gibt überall und besonders in den Bergen Funklöcher. Grundsätzlich gilt: Möglichst alles vorkehren, damit nichts passiert. Lieber einmal zu viel umkehren. Nehmen Sie eine kleine Notapotheke mit genügend Verbandsmaterial mit. Geschieht trotzdem etwas Ernsthaftes, versuchen Sie die Rega (Schweizerische Rettungsflugwacht) zu erreichen. Notruf: Telefon 1414. Eine Gönnermitgliedschaft ist in jedem Fall empfehlenswert (www.rega.ch, Telefon 0844 834 844). Haben Sie keine Verbindung und kann kein Begleiter Hilfe holen, versuchen Sie es mit dem alpinen Notsignal: sechsmal pro Minute ein akustisches oder optisches Signal, eine Minute Pause, dann Wiederholung. Antwort: dreimal pro Minute ein Signal, eine Minute Pause, Wiederholung.

Begleitung

In Gesellschaft unterwegs zu sein bedeutet neben dem Naturerlebnis auch Begegnungen mit Gleichgesinnten. Auch mit vertrauten Menschen, mit der Partnerin, dem Partner zu wandern öffnet Raum für neue Erfahrungen. Aber auch allein unterwegs zu sein kann seinen Reiz haben. Informieren Sie in diesem Fall zu Hause jemanden darüber, welche Tour Sie vorhaben, und melden Sie sich nach der Heimkehr zurück. Wenn irgendetwas passiert, weiss man wenigstens, wo suchen. Schön ist es auch, mit Kindern zu wandern. Kinder sind manchmal erstaunlich ausdauernd, benötigen aber immer genug Zeit fürs Spiel. Es gibt keinen schöneren Spielplatz als Bäche, Seen, Wälder, Steine.

Hunde als Begleiter können auch für Konflikte sorgen. Zum einen lassen sich andere Wanderer nicht gerne verbellen, zum andern wildern die meisten frei laufenden Hunde. Viele Hundehalter überschätzen die Folgsamkeit ihres vierbeinigen Freundes. Immer wieder werden Wildtiere wie Rehe, Gemsen oder Hasen gefunden, die wegen Hundebissen einen qualvollen Tod erlitten haben. In sensiblen Gebieten sollten Hunde deshalb an die Leine genommen werden. In Naturschutzgebieten gilt strikter Leinenzwang. Fast alle Touren in diesem Buch durchqueren oder berühren Naturschutzgebiete. Nehmen Sie dort den Hund an die Leine, oder lassen Sie ihn zu Hause.

An- und Rückreise

Es ist viel angenehmer, mit öffentlichen Verkehrsmitteln zu reisen. Man hat Zeit zu plaudern, zu lesen, die Karte zu studieren, einen Kaffee zu trinken, man sitzt nicht müde am Steuer und ärgert sich nicht im Stau. Die schönsten Wanderrouten sind zudem Überschreitungen, das heisst, Ausgangspunkt und Ziel sind nicht die gleichen Orte, die Reise mit dem Privatauto ist somit unpraktisch. Die Schweiz ist mit öffentlichen Verkehrsmitteln gesegnet. Kaum ein Ort, wo kein Zug, Postauto oder Rufbus hinfährt. Wo trotzdem kein öffentliches Verkehrsmittel vorhanden ist, gibt es meistens ein lokales Transportunternehmen oder sogenannte Alpentaxis. Ein Verzeichnis der Alpentaxis ist beim Verein Mountain Wilderness erhältlich, Telefon +41 (0)44 461 39 00, www.mountainwilderness.ch. Oft hilft auch ein Anruf bei einem Tourismusbüro weiter. Mit der Benutzung öffentlicher Verkehrsmittel macht man sich nicht nur das Reisen angenehmer, man tut auch viel für die Natur. Der weitaus umweltschädlichste Teil einer Wanderung ist die An- und Rückreise. Der Fahrplan im Internet: www.sbb.ch.

Blumen

Viele der schönsten Blumen sind geschützt. Welche gepflückt werden dürfen und welche nicht, unterliegt kantonalen Regelungen. Wie auch immer, am schönsten blühen die Blumen dort, wo sie wachsen. In Naturschutzgebieten ist jegliches Pflücken verboten.

Abfall

Die leere Verpackung ist nicht schwer mitzutragen. Es gibt keinen Grund, Abfälle zurückzulassen. Und wenn Sie herumliegende Verpackungen stören, nehmen Sie sie doch gleich selber mit bis zum nächsten Abfalleimer. Die, die nach Ihnen kommen, werden es Ihnen danken.

Die Angaben in diesem Buch

Schwierigkeitsgrade

Für die Bewertung wird die neue Wanderskala des Schweizer Alpen-Clubs SAC verwendet. Die Schwierigkeitsgrade T1 bis T6 (T für Trekking) reichen von leichten, flach verlaufenden Wanderungen bis zu anspruchsvollsten hochalpinen Touren. Grad T6 kommt in diesem Buch nie vor, T5 nur als Hinweis auf Varianten. Die meisten Wanderungen bewegen sich in den Graden T2 und T3. Klassifizierungen lassen aber immer einigen Interpretationsspielraum offen. Auch die Farbmarkierungen sind manchmal recht willkürlich und lassen keine sicheren Rückschlüsse auf den Schwierigkeitsgrad zu. Deshalb wird bei den einzelnen Wanderungen in den Infokästen immer auch auf Besonderheiten der jeweiligen Route hingewiesen.

Die SAC-Wanderskala

Schwierigkeitsgrad: T1 Wandern
Weg/Gelände: Weg gut gebahnt. Falls nach SAW-Normen markiert: gelb. Gelände flach oder leicht geneigt, keine Absturzgefahr.
Anforderungen: Keine besonderen Anforderungen. Leichte Trekkingschuhe empfehlenswert. Orientierung problemlos, Karte mitnehmen dennoch empfehlenswert.

Der Äugiweg führt in Spitzkehren durch die steinige Flanke des Ammertenspitz. Dahinter der Hahnenmoospass und das breite Massiv des Albristhorns.

Beispiele aus dem Buch: Gurten/Ulmizberg, Guggershörnli, Gibel, Schwyberg

Schwierigkeitsgrad: T2 Bergwandern
Weg/Gelände: Weg mit durchgehendem Trassee und ausgeglichenen Steigungen. Falls markiert: weiss-rot-weiss. Gelände teilweise steil, Absturzgefahr nicht ausgeschlossen.
Anforderungen: Etwas Trittsicherheit. Trekkingschuhe. Elementares Orientierungsvermögen erforderlich.
Beispiele aus dem Buch: Napf, Le Chasseron, Iffighorn, Bäderhorn, Tanzbödeli, Turnen

Schwierigkeitsgrad: T3 anspruchsvolles Bergwandern
Weg/Gelände: Am Boden ist meist eine Spur vorhanden, ausgesetzte Stellen können mit Seilen oder Ketten gesichert sein, evtl. braucht man die Hände fürs Gleichgewicht. Falls markiert: weiss-rot-weiss. Zum Teil exponierte Stellen mit Absturzgefahr, Geröllflächen, weglose Schrofen.
Anforderungen: Gute Trittsicherheit. Stabile Trekkingschuhe. Gutes Orientierungsvermögen erforderlich. Elementare alpine Erfahrung.
Beispiele aus dem Buch: Dent de Broc, Schopfenspitz, Hockenhorn, Morgenberghorn, Gemschberg, Sidelhorn

Schwierigkeitsgrad: T4 Alpinwandern
Weg/Gelände: Weg nicht überall sichtbar, Route teilweise weglos, an gewissen Stellen braucht es die Hände zum Vorwärtskommen. Falls markiert: weiss-blau-weiss. Gelände ziemlich exponiert, heikle Grashalden, Schrofen, einfache, apere Gletscher.
Anforderungen: Vertrautheit mit exponiertem Gelände. Sehr gute Trekkingschuhe oder Bergschuhe. Gute Geländebeurteilung und Orientierungsvermögen sowie alpine Erfahrung erforderlich.
Beispiele aus dem Buch: Tschipparällenhorn, Variante am Augstmatthorn, Variante am Hockenhorn

Schwierigkeitsgrad: T5 anspruchsvolles Alpinwandern
Weg/Gelände: Oft weglos, einzelne einfache Kletterstellen bis II. Falls markiert: weiss-blau-weiss. Exponiertes, anspruchsvolles Gelände, wenig gefährliche Gletscher und Firnfelder.
Anforderungen: Grössere Erfahrung im alpinen, exponierten Gelände. Bergschuhe. Sichere Geländebeurteilung und sehr gutes Orientierungsvermögen erforderlich. Elementare Kenntnisse im Umgang mit Pickel und Seil.
Beispiele aus dem Buch: Variante am Gasteräspitz, Variante am Dreispitz

Die letzten Schritte zum Gipfel des Ammertenspitz. Im Hintergrund von links nach rechts Rinderhorn, Steghorn, Wildstrubel.

Abstieg vom First bei Kandersteg, gegenüber die Howang und dahinter der Niesen.

Schwierigkeitsgrad: T6 schwieriges Alpinwandern
Weg/Gelände: Meist weglos, meist nicht markiert, Kletterstellen bis II. Häufig sehr exponiertes, heikles Gelände mit Ausrutsch- und Absturzgefahr, steile Schrofen, Gletscher.
Anforderungen: Ausgereifte Alpinerfahrung, steigeisenfeste Bergschuhe. Ausgezeichnetes Orientierungsvermögen und Vertrautheit im Umgang mit alpintechnischen Hilfsmitteln erforderlich.

Die Wanderungen nach Schwierigkeitsgrad

Wandergipfel für Familien
Meistens gute Wege und einfaches Gelände. In der Regel markiert. Wenige Höhenmeter, kürzere Distanzen oder Möglichkeit für kurze Varianten. T1 bis T2.
Bäderhorn *Seite 62*
Bantiger *Seite 16*
Chasseral *Seite 32*
Gibel *Seite 120*
Guggershörnli *Seite 18*
Gurten, Ulmizberg *Seite 14*
Hundsrügg *Seite 60*
Mont Racine, Tête de Ran *Seite 30*
Moron *Seite 34*
Napf *Seite 22*
Oberlaubhorn *Seite 58*
Schwyberg *Seite 50*
Turnen *Seite 70*

Wandergipfel für Geübte
Längere Wanderungen in steilerem Gelände, zum Teil weglose Passagen, nicht immer markiert. T2 bis T3.
Augstmatthorn *Seite 116*
Beichlen *Seite 24*
Belchenfluh *Seite 38*
Brienzer Rothorn, Arnihaaggen,
Höch Gumme, Wilerhorn *Seite 118*
Chasseron *Seite 28*
Dreispitz *Seite 90*
Gällihorn, Wyssi Flue *Seite 82*
Gantrisch *Seite 66*
Gehrihorn *Seite 88*
Gemschberg *Seite 110*
Hasenmatt *Seite 36*
Iffighorn *Seite 56*
Lauenenhorn, Giferspitz *Seite 54*
Mittagfluh *Seite 64*
Moléson, Teysachaux *Seite 44*
Morgenberghorn *Seite 92*
Niederhorn, Burgfeldstand, Gemmenalphorn *Seite 96*
Niesen *Seite 74*
Oberberghorn *Seite 106*
Rochers de Naye, Dent de Jaman *Seite 42*
Schopfenspitz *Seite 48*
Sidelhorn *Seite 122*
Sigriswiler Rothorn *Seite 94*
Stockhorn *Seite 68*
Sulegg, Klein Lobhorn *Seite 100*
Tanzbödeli *Seite 104*
Tschingel *Seite 114*

Alpine Wandergipfel
Wanderungen über grössere Distanzen und grössere Höhendifferenzen. Anspruchsvolles, zum Teil exponiertes Gelände, manchmal weglos und ohne Markierungen. T3 bis T5.
Ammertenspitz *Seite 76*
Axalphorn *Seite 112*
Chindbettihorn *Seite 78*
Dent de Broc *Seite 46*
First (Kandersteg) *Seite 80*
Gasteräspitz *Seite 84*
Hockenhorn *Seite 86*
Reeti *Seite 108*
Schilthorn, Hundshorn, Wild Andrist *Seite 102*
Steinschlaghorn, Tschipparällenhorn,
Mäggisserhorn *Seite 72*

Zeitangaben

Ein normal trainierter Wanderer legt im Aufstieg in einer Stunde 300 bis 400 Höhenmeter bei rund 4 Kilometer Horizontaldistanz zurück, im Abstieg etwa 600 Höhenmeter. Für die Zeitangaben wurden aber auch Weg- und Geländebeschaffenheit berücksichtigt und eher aufgerundet. Die Angaben können deshalb von anderen Führerwerken und von Wegweisern abweichen. Nehmen Sie sich auf jeden Fall immer genug Zeit und rechnen Sie etwas Reserve dazu.

Kartenausschnitte

Landeskarten können manchmal schnell veralten. Lassen Sie sich nicht verwirren, wenn Sie auf einer Neuausgabe oder auf einer älteren Karte Abweichungen zu den Kartenausschnitten in diesem Buch oder in den Routenbeschreibungen feststellen oder wenn gewisse Geländepunkte sogar fehlen.

In den Kartenskizzen werden folgende Kennzeichnungen verwendet:
——— Hauptroute
— — — Variante

Region Bern

Ferenberg, das kleine Dorf auf einer Sonnenterrasse am Bantiger, ist ein dankbares Wanderziel vor den Toren Berns.

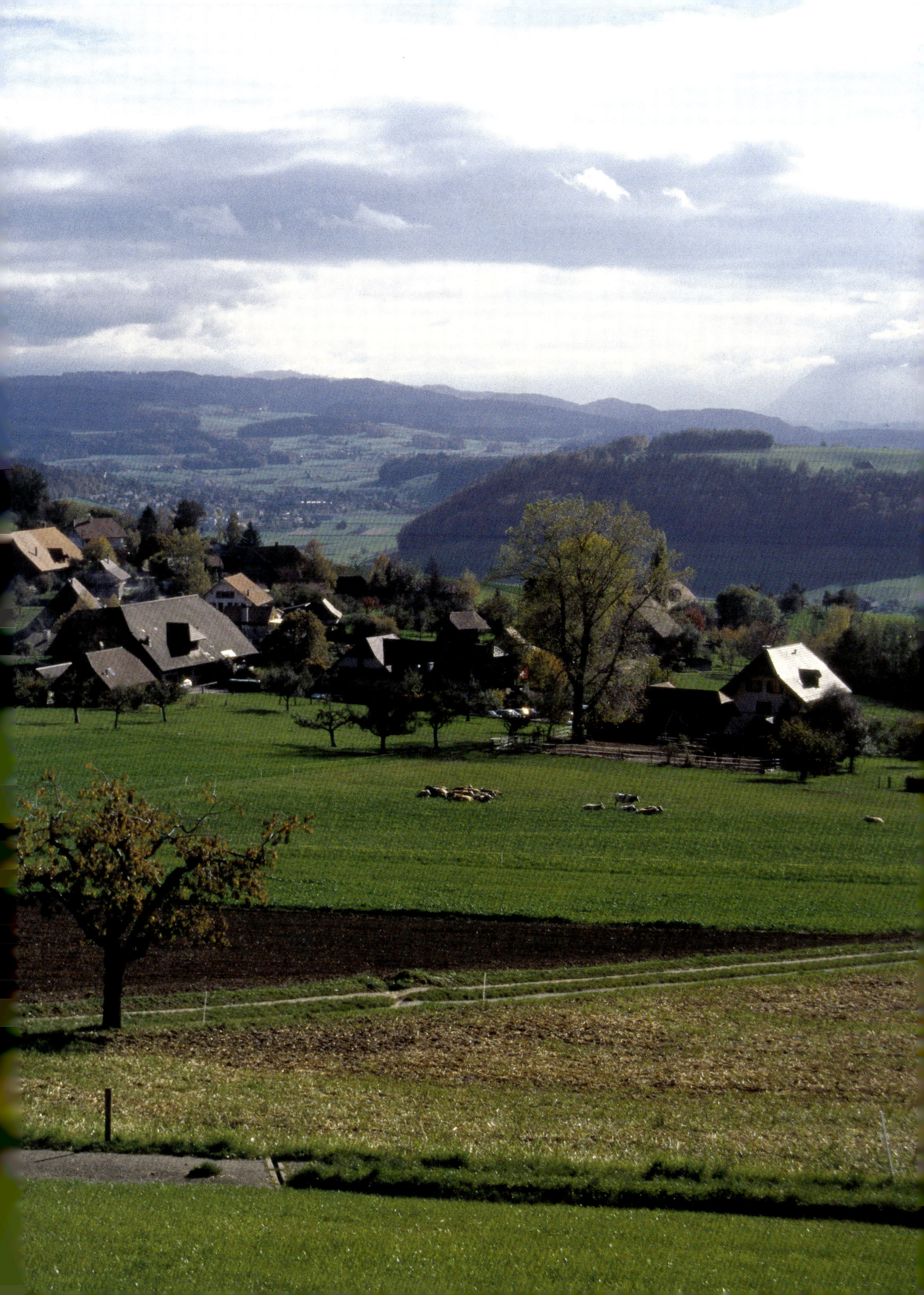

Ulmizberg und Gurten

Vom Ulmizberg schweift der Blick über die liebliche Hügellandschaft des Schwarzenburgerlandes bis zur Stockhorn-Gantrisch-Kette.

«Güsche» nennen ihn die Berner gerne: der Gurten, Berns Hausberg schlechthin. Ein Berg für alle und alles. Versammlungen und Partys, Openair-Festivals, Kleintheater und Kunstausstellungen. Hier treffen sich Sonnenanbeter und Gourmets, Jogger, Walker, Spaziergänger, Biker, Skater, spielende Kinder und Erwachsene und im Winter Schlittler, manchmal Skifahrer und sogar Skitouristen. Auch der Wanderer ist willkommen, und nicht etwa nur für einen Kurzausflug. Am Gurten, seinem Nachbarn Ulmizberg und dem sich südwärts anschliessenden Längenberg mit den Aussichtspunkten Lisiberg und Bütschelegg lassen sich ansehnliche Tagestouren unternehmen.

Eine dieser Wanderungen beginnt in Zimmerwald. Das auf einer Hochfläche am Längenberg gelegene Dörfchen wirkt verschlafen. Vor rund hundert Jahren war Zimmerwald jedoch einmal fast so etwas wie der Nabel der Weltgeschichte. 1915 trafen sich sozialistische Politiker aus zwölf Ländern in der damaligen Gaststätte Beau Séjour zu einer internationalen Tagung. Unter den Teilnehmern der sogenannten Zimmerwalder Konferenz befanden sich Persönlichkeiten wie der russische Revolutionär Lenin und Leo Trotzki.

Wir verlassen das Dorf in Richtung Niedermuhlern und biegen vor der Kirche nach rechts ab zum Weiler Waldhof. Hier steht eine Sternwarte der Universität Bern, die allerdings nicht öffentlich zugänglich ist. Doch nicht weit davon, in Uecht bei Niedermuhlern, gibt es ein zweites Observatorium, das interessierten Besuchern offen steht.

Dem Wald entlang erreicht man bald den Lisiberg, der einen reizvollen Blick über die hügelige Molasselandschaft zwischen Gürbe- und Sensetal freigibt, ein Werk des eiszeitlichen Aare- und Rhonegletschers.

Auf und Ab wechseln sich ab, mal durch Wald und über Weiden, mal über Ackerland und an Obstgärten vorbei, bis ein etwas längerer Aufstieg zum Ulmizberg führt. Eine riesige Antenne «ziert» den Gipfel. Die Aussichtsplattform an der Antenne ist leider nicht sehr hoch, so dass die Sicht durch Baumwipfel und Stahlgerüst beeinträchtigt wird. Von der Wiese am südlichen Berghang hat man einen viel erfreulicheren Blick, der über das Schwarzenburgerland bis zur Gantrischkette reicht. Über Pfade, bei denen streckenweise der Sandstein-Untergrund hervortritt, steigt man durch den Wald hinab ins Gurtentäli, auch Königtal genannt, und auf der anderen Seite hinauf zum Gurten. Die Gurtenbahn lädt zum bequemen «Abstieg» ein. Doch der Fussmarsch durch das romantische Gurtendörfli nach Wabern ist auch nach einem Gurten-Bier noch zu schaffen. Der Schalenstein wenig abseits des Weges erinnert an die ersten paar tausend Jahre vor unserer Zeitrechnung. Der Gneisfindling diente wahrscheinlich als Altar, bei dem Opfergaben in die eingeschliffenen Schalen gelegt und Rituale abgehalten wurden, die gute Zuchtergebnisse und reiche Ernte erwirken sollten. (FJ)

Gebiet
Region Bern

Gipfel
Ulmizberg (937 m ü. M.), Gurten (858 m ü. M.)

Charakterisierung
Abwechslungsreiche Wanderung mit mehreren Aussichtspunkten durch Berns hügeligen Süden.

Schwierigkeit
T1. Gute Wanderwege mit moderaten Steigungen. Kurze Abschnitte nicht ausgeschildert.

Wanderzeit
Zimmerwald–Lisiberg–Moosgraben–Ulmizberg–Gurten: 3½ Std.
Gurten–Gurtendörfli–Schalenstein–Wabern: 1 Std.

Höhendifferenz
Zimmerwald–Lisiberg–Moosgraben–Ulmizberg–Gurten: 540 m Aufstieg, 520 m Abstieg
Gurten–Gurtendörfli–Schalenstein–Wabern: 320 m Abstieg, 20 m Aufstieg

Talorte
Bern (540 m ü. M.), in die Aareschlaufen eingebettetes Weltkulturerbe und Hauptstadt der Schweiz. Übernachtungsmöglichkeiten in allen Kategorien. Bern Tourismus: Telefon +41 (0)31 328 12 12, www.berninfo.com, info@berninfo.com.
Wabern (560 m ü. M.), Vorortsgemeinde der Stadt Bern.
Erreichbar vom Bahnhof Bern mit Tram Nr. 9 bis Haltestelle Gurtenbahn oder mit der S-Bahn Bern–Belp–Thun (Linie S3) bis Haltestelle Wabern. Autobahn bis Ausfahrt (Bümpliz) oder Belp und weiter bis Wabern.

Ausgangspunkt
Zimmerwald (840 m ü. M.), ländliches Dorf auf dem Längenberg über dem Gürbetal. Restaurant, kein Hotel.
Erreichbar von Bern mit Tram bis Endstation Wabern, dann mit Postauto nach Zimmerwald (Station Post); oder von Thun mit Zug über Belp bis Kehrsatz, weiter mit Postauto nach Zimmerwald. Mit Auto über Kehrsatz oder Niedermuhlern nach Zimmerwald. Wenige Parkiermöglichkeiten.

Auf- und Abstieg
Von Zimmerwald kurz der Strasse entlang weiter in Richtung Niedermuhlern, vor der Kirche gegen Westen nach Waldhof (Sternwarte), nördlich von Allmid vorbei zum Lisiberg (972 m ü. M.). Gegen Norden absteigen zu P. 887, aufsteigen über Egg bis Moosgraben (917 m ü. M.), wieder Abstieg über Studweid nach Oberulmiz (809 m ü. M.). In einer Schlaufe nach Westen aufsteigen zum Ulmizberg (Aussichtsplattform). Gegen Norden absteigen, z.T. auf der Karte noch nicht eingezeichnete neue Wegführung zu einer Kreuzung von mehreren Schotterstrasschen auf 780 m ü. M. oberhalb Schlienberg. Rechts in mehreren Kurven ins Gurtentäli absteigen, das man bei «Tal» erreicht. Auf der Strasse ca. 200 m Richtung Kehrsatz, dann nach links über Trottenbüel, Rossacher nach Jennershus und durch den Wald (mehrere Möglichkeiten, Wegweiser beachten) bis Gurten Kulm und auf den neueren Aussichtsturm beim Westgipfel.
Abstieg: Zum Ostgipfel (858 m ü. M., sogenanntes Ostsignal) und dem Strässchen entlang via Gurtendörfli nach Wabern. Auf ca. 650 m ü. M. lohnt sich ein Abstecher zum Schalenstein, auf halbem Weg in Richtung Rossacher am Waldrand (in der Karte eingezeichnet).

Varianten
– Von Niederscherli (Bahnhof) durchs Burisholz und über Hübeli, Oberscherli, Zingghöch nach Moosgraben auf die Hauptroute. Ca. 30 Min. länger, T1.
– Von Oberbütschel (Postautohaltestelle) über die Bütschelegg (Aussichtspunkt), Niedermuhlern, Obermuhlern zur Hauptroute bei Allmid. Ca. 1 Std. länger, T1.
– Aufstieg von Belp (Bahnhof) über Winzenried nach Zimmerwald. 1 Std., T1.

Karten
Landeskarte 1:25 000, 1166 Bern, 1186 Schwarzenburg (für Belp-Variante zusätzlich 1187 Münsingen); oder die Zusammensetzung 2502 Bern und Umgebung (für Varianten zusätzlich 1186 Schwarzenburg, 1187 Münsingen)
Landeskarte 1:50 000, 243 Bern (oder SAW-Wanderkarte 243T)

Führer, Literatur, Informationen
Wanderbuch Region Bern - Gantrisch, Berner Wanderwege BWW, Bern
Pier Hänni: Magisches Bernbiet, Wanderungen zu Orten der Kraft im Emmental, Schwarzenburgerland, Seeland und Mittelland, AT Verlag, Baden
www.bern.ch, www.gurtenbahn.ch, www.sternwarten-bern.ch
Sternwarte Uecht: Telefon +41 (0)31 819 12 57, www.sternwarteuecht.astronomie.ch

Auf dem Aussichtsturm auf dem Westgipfel des Gurten, mit Tiefblick nach Bern.

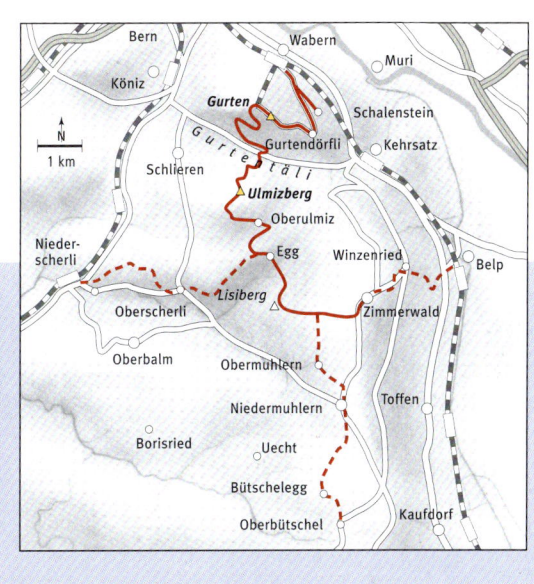

BANTIGER

Die Wanderung beginnt beschaulich mit der Durchquerung des Allmitwaldes hinter dem Bahnhof Zollikofen. Am Ende des Waldes vor der Autobahnbrücke lohnt sich ein kurzer Abstecher links dem Waldweg entlang bis in unmittelbare Nähe der Autobahn. Gleich vor der Abschrankung stehen ein Gneis- und ein Kalksteinbrocken in etwa sieben Metern Abstand einander gegenüber. Hier liegt der Riese Botti begraben; genauer gesagt, wurde sein Grab hierher versetzt, weil es dem Autobahnbau im Weg lag. Ob an der Stelle ein alter Kultplatz war oder ob es sich nur um einen Ort der Sage handelt, ist nicht geklärt. Die Riesen am Bantiger waren jedenfalls bekannte Gestalten. Sie fanden auch Eingang in die Erzählungen von Jeremias Gotthelf. Eine der schönsten Versionen der Sage vom stets hilfsbereiten Riesen hat der Lehrer, Kinderpsychologe und Berndeutsch-Dichter Hans Zulliger überliefert.

Nach der Brücke wandert man am «Forsthus» vorbei in den Grauholzwald, wo der Lärmpegel auf erträgliche Werte sinkt und die Luft wieder bedenkenloser eingeatmet werden kann. Über den Schwarzchopf gelangt man ins Lutzerentälchen und zur Ruine Geristein. Der zerfallene und teilweise renovierte Wehrturm erinnert daran, dass hier schon zu römischen Zeiten, vor allem aber im Mittelalter zur Herrschaftszeit der Freiherren von Gerenstein eine wichtige Verkehrsachse bestand und Wegzölle erhoben wurden.

Auf verschlungenem Pfad wandert man zum «Elefanten», einem skurril geformten Sandsteingebilde. Der Pfad führt unter seinem Bauch hindurch. Wer absolut schwindelfrei und trittsicher ist, kann ihn sogar über eingehauene, kleine Tritte besteigen. Durch das Bantigental und über den Bantigenhubel erreichen wir den Gipfel mit seiner riesigen Antenne. Die Aussichtsplattform – auch an nebligen Herbsttagen meist ein sicherer Wert – bietet eine herrliche Rundsicht von den Alpen bis zum Jura. Auch der Tiefblick über die Flanken des Bantigers beeindruckt. Während der letzten Eiszeit war der Bantiger ein unüberwindliches Bollwerk für den Aaregletscher, der sich im Raum Bern mit dem Rhonegletscher vereinigte. Die Südseite des Bantigers wurde vom Gletscher rundgeschliffen. Die Nordseite blieb jedoch eisfrei, so dass die Erosion stärker angreifen und scharfe Einschnitte formen konnte. Das Bantigental westlich und das unter Naturschutz stehende Lindental östlich des Bantigers sind eiszeitliche Schmelzwasserrinnen. Besonders wertvoll ist die Geismenfluh, eine hohe Sandsteinwand, in der Wanderfalken brüten.

Der Abstieg führt über den schönen Waldgrat namens Chatzenstyg nach Ferenberg, wo besonders an einem sonnigen Tag die Restaurantterrasse lockt, bevor man dann das letzte Stück hinab ins Worblental nach Stettlen unter die Füsse nimmt.

Oben: Beim «Elefant», einem imposanten Sandsteinbogen im Bantigental.
Unten: Ruine Geristein. Sanierte Überreste des Wehrturms.

Eine interessante Aufstiegsvariante beginnt in Krauchthal und führt über den teilweise scharfen Sandsteingrat an der Westseite des Lindentals und vorbei an Felsenwohnungen, die nach wie vor benutzt werden. (FJ)

Gebiet
Region Bern

Gipfel
Bantiger (947 m ü. M.)

Charakterisierung
Der Hausberg der Agglomeration Bern. Bei Hochnebel oft ein sicherer Wert. Abwechslungsreiche Wald- und Hügelwanderung auf kultur- und erdgeschichtlichen Spuren.

Schwierigkeit
T1, beim «Elefanten» T2. Nur kurze Abschnitte nicht markiert. Meistens sehr gute Wanderwege, nur zwischen Ruine Geristein und «Elefanten» nicht leicht zu finden.

Wanderzeit
Zollikofen–Forsthus–Lutzeren–Ruine Geristein–Bantiger: 3 Std.
Bantiger–Chatzenstyg–Ferenberg–Stettlen: 1½ Std.

Höhendifferenz
Zollikofen–Forsthus–Lutzeren–Ruine Geristein–Bantiger: 590 m Aufstieg, 200 m Abstieg
Bantiger–Chatzenstyg–Ferenberg–Stettlen: 395 m Abstieg

Ausgangspunkt/Talorte
Zollikofen (557 m ü. M.), Verkehrsknotenpunkt, Industrie- und Wohnort nördlich von Bern. Hotels und Restaurants. Schweizer Mittelland Tourismus: Telefon +41 (0)31 328 12 28, www.smit.ch, www.berninfo.ch, info@berninfo.ch; www.zollikofen.ch.
Erreichbar mit Zug von Bern (Linie Bern–Solothurn). Mit Auto von der A1 bei der Verzweigung Schönbühl auf die A6 bis Ausfahrt Schönbühl und weiter bis Zollikofen.
Stettlen (558 m ü. M.), Dorf im Worblental mit der bekannten Papierfabrik Deisswil. Mehrere Hotels. Tourismus: siehe oben; www.stettlen.ch.
Erreichbar mit Zug von Bern (RBS-Linie Bern–Worb). Mit Auto über Ittigen, Ostermundigen oder Worb nach Stettlen.

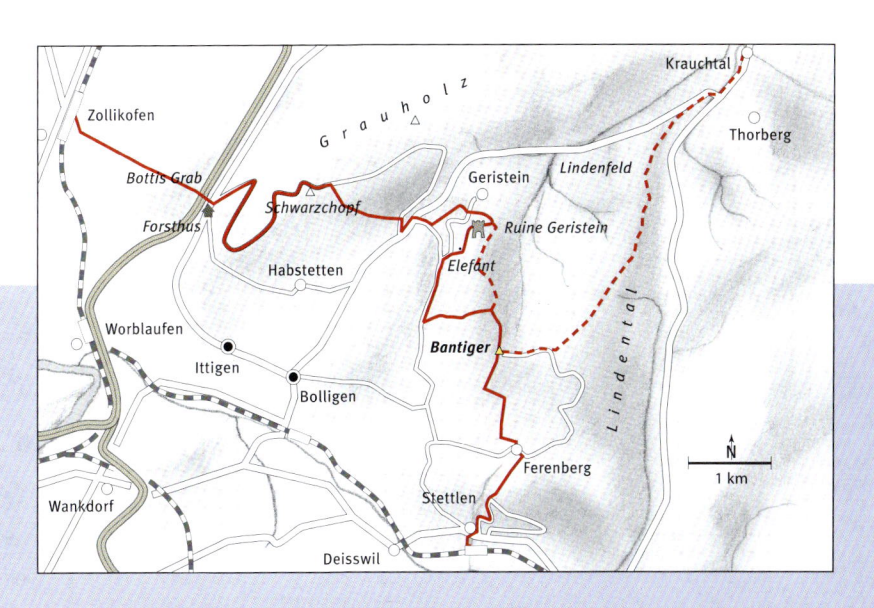

Auf- und Abstieg
Vom Bahnhof Zollikofen durch den Allmitwald zur Autobahnbrücke (606 m ü. M.). (Am Waldrand vor der Brücke ca. 200 m nach Nordosten zu «Bottis Grab» und wieder zurück.) Über die Brücke zum «Forsthus» (614 m ü. M.), nordöstlich der Waldstrasse entlang und nach einer Haarnadelkurve steil hinauf zum Schwarzchopf, wo man wieder auf die Strasse trifft. Dieser ein Stück ostwärts folgen. Auf ca. 795 m ü. M. nach rechts durch das Bannholz und via Wolfeich auf die Hauptstrasse. Kurz Richtung Krauchthal und bei P. 675 Richtung Geristein abbiegen. Auf das zweite Feldsträsschen nach links und bis auf das Strässchen unterhalb des Weilers Geristein; diesem nach rechts folgen. In der ersten Rechtskurve nach links (östlich) abbiegen, unter der bewaldeten Fluh entlang, bei der nächsten Wegverzweigung wieder scharf rechts (westlich) und über Treppenstufen hinauf zur Ruine Geristein.
Westlich gegenüber der Aufstiegstreppe hinter eine Sandsteinkuppe mit einer Höhle. Im Wald südwestlich bis westlich den Sandsteinfelsen entlang, zuerst auf der rechten, dann auf der linken Seite oder bei trockenen Verhältnissen über den Sandsteingrat (Tritte) zum Felsentor «Elefant» (ohne Namen in der Karte). Durch das Felsentor absteigen zur Strasse im Bantigental. Hinauf bis Talhöchi (769 m ü. M.) und ostwärts durch den Wald aufsteigen bis zur Lichtung bei Bantigenhubel. Dem Waldrand entlang und zuletzt über eine Treppe durch den Wald auf das Gipfelplateau mit dem Sendeturm.

Abstieg: Südlich über den Waldgrat (Chatzenstyg) absteigen und über Feldwege nach Ferenberg. Bei der Kreuzung P. 722 gegen Süden absteigen nach Stettlen.

Varianten
– Abkürzungsmöglichkeit: Postauto von Bahnhof Bolligen bis Lutzeren (unregelmässige Verbindungen). Haltestelle bei der Abzweigung nach Geristein. Lutzeren–Bantiger: 1½ Std.
– Von der Ruine Geristein über den Treppenweg zurück, bei der Verzweigung südöstlich ansteigen und südwärts durch den Geristeinwald bis Bantigenhubel wieder zur Hauptroute: ca. 20 Min. kürzer, leichter zu finden.
– Aufstieg von Krauchthal (Postauto) über Hübeli, Lindenfeld (Felsenwohnungen), Chlosteralp, Mülistein auf den Bantiger; zum Teil scharfer Waldgrat: 2½ Std., T2.

Karten
Landeskarten 1:25 000, 1166 Bern, 1167 Worb, für die Krauchthal-Variante zusätzlich 1147 Burgdorf; oder die Zusammensetzung 2502 Bern und Umgebung
Landeskarte 1:50 000, 243 Bern (oder SAW-Wanderkarte 243T), für die Krauchthal-Variante zusätzlich 233 Solothurn (bzw. 233T)

Führer, Literatur, Informationen
Wanderbuch Region Bern - Gantrisch, Berner Wanderwege BWW, Bern
Wanderbuch Bernerland, Berner Wanderwege BWW, Bern
Hans Zulliger: Unghüürig, Alti Gschichte us em Bantigerbiet, Cosmos Verlag, Muri bei Bern
www.rundumbern.ch

Guggershörnli

Natürlich kann man das Guggershörnli auf die Schnelle als Nachmittags- oder gar Vorabendausflug einplanen. Wer aber etwas mehr von der fein gegliederten und sagenträchtigen Hügel- und Flusslandschaft erleben möchte, findet hier auch abwechslungsreiche Tageswanderungen. Eine davon startet bei Zollhaus, wo sich die Warme und die Kalte Sense vereinigen. Der Weg folgt dem Flusslauf der Sense, mal ganz nah am Wasser, mal innerhalb des Auenwaldes. Hier ist das Sensetal noch weit und offen, der Fluss kann sich ausbreiten und hinterlässt ausgedehnte Kiesbänke, die zum Picknick am Feuer oder zum Sonnen- und Flussbad einladen. Unterhalb der Guggisbachbrücke zwängt sich die Sense in eine enge, tiefe Schlucht, wo kein Pfad mehr weiterführt. Hier verlässt man denn auch das Flusstal und steigt nach Guggisberg auf. Bis hierher führt ebenfalls der signalisierte Vreneli-Weg von Plaffeien, auf dem auch grösstenteils unsere Route verläuft.

Das alte Guggisberglied «S'isch äben e Mönsch uf Ärde» ist nicht nur lokal oder unter Volksliedkennern bekannt. Moderne Interpretationen von Popmusikern haben das schwermütige Lied wieder schweizweit berühmt gemacht. Es erzählt von der unglücklichen Liebe zwischen «Vreneli ab em Guggisberg» und «Simes Hans Joggeli änet dem Bärg». Die Sage berichtet, dass das halbwaise, aber wohlhabende Vreneli einen reichen Vormund hatte, der es mit seinem eigenen Sohn verheiraten wollte, um ihre beiden stattlichen Güter zu vereinen. Vreneli aber liebte den aus ärmlichen Verhältnissen stammenden Hans Joggeli auf der andern Seite des Guggershörnlis, wahrscheinlich in Walenhus. Als Hans Joggeli einmal einen wüsten Streit mit dem Sohn des Vormunds hatte, der in einem Kampf endete, meinte er irrtümlicherweise, er hätte seinen Rivalen umgebracht, und floh in fremde Kriegsdienste. Vreneli aber starb an gebrochenem Herzen.

Von Guggisberg ist es nicht mehr weit aufs Guggershörnli. Über Weiden und durch den Wald führt der Weg unter den schmalen Nagelfluhsporn. Auf einer langen Treppe ersteigt man die Gipfelplattform, von der man über die Wipfel der Fichten hinweg über das hügelige und fruchtbare Schwarzenburgerland blickt. Unter wechselnder Berner und Freiburger Herrschaft wurde das Land lange Zeit ausgebeutet. Arme wurden hierher abgeschoben, und noch Anfang des 19. Jahrhunderts herrschte hier tiefstes Elend.

Nicht nur Guggisberg, auch der Nachbarberg des Guggershörnlis, der Schwendelberg, ist sagenumwoben, und ebenso das Schärenholz, durch das wir nordwärts absteigen. In diesem Wald soll man von Zeit zu Zeit hören, wie der «ewige Senn» von Walenhus Holz spaltet. Dieser Senn soll hier so glücklich gewesen sein, dass er nach seinem Tod lieber in seiner Heimat bleiben als in den Himmel kommen wollte. So sehen und hören ihn manche Leute heute noch, wie er im Verborgenen für Mensch und Tier sorgt.

Von Walenhus senkt sich eine lange Rippe in das Tal des Dorfbachs. Der Wanderweg folgt dieser Rippe und dem Tal nach Schwarzenburg. (FJ)

Ausblick vom Guggershörnli in die Abendstimmung über dem Schwarzenburgerland.

Sturmopfer: eine mächtige Fichte über dem Wanderweg zum Guggershörnli.

Auenwald und Kiesbänke an der Sense. Hinten das Guggershörnli (links) und der Schwendelberg.

Eine Treppe führt auf die schwindelerregend schmale Nagelfluhklippe.

Gebiet
Region Bern, Schwarzenburgerland

Gipfel
Guggershörnli (1283 m ü. M.)

Charakterisierung
Markante Konglomeratklippe zwischen Mittelland und Voralpen. Schöner Aussichtspunkt, meistens über dem Nebelmeer. Wanderung auf sagenhaften Spuren.

Schwierigkeit
T1. Leichte Wanderung auf guten und markierten Wanderwegen. Die Gipfelplattform ist mit Geländern gesichert, dennoch nur für Schwindelfreie.

Wanderzeit
Zollhaus–Guggisberg–Guggershörnli: 3 Std.
Guggershörnli–Walenhus–Schwarzenburg: 2 Std.

Höhendifferenz
Zollhaus–Guggisberg–Guggershörnli: 515 m Aufstieg, 100 m Abstieg
Guggershörnli–Walenhus–Schwarzenburg: 500 m Abstieg, 20 m Aufstieg

Talorte
Plaffeien (849 m ü. M.), am Rand der Freiburger Voralpen gelegener Ort mit unter Kulturgüterschutz stehendem Ortskern. Mehrere Übernachtungsmöglichkeiten. Schwarzsee Tourismus: Telefon +41 (0)26 412 13 13, www.schwarzsee.ch und www.plaffeien.ch, info@schwarzsee-tourismus.ch.
Erreichbar mit Zug bis Freiburg und mit Autobus bis Plaffeien. Mit Auto auf demselben Weg oder über Schwarzenberg, Guggisberg oder von Thun über Riggisberg, Rüschegg.
Schwarzenburg (792 m ü. M.), in die hügelige Landschaft zwischen Sense und Schwarzwasser eingebettetes Städtchen. Hotels und Privatzimmer. Verkehrsbüro Schwarzenburg: Telefon +41 (0)31 731 13 91, www.schwarzenburgerland.ch, info@schwarzenburgerland.ch.
Erreichbar mit Zug von Bern, mit Auto von Bern auf demselben Weg oder von Thun via Riggisberg, Rüschegg.

Ausgangspunkt
Zollhaus (871 m ü. M.), kleiner Weiler am Zusammenfluss der Kalten und der Warmen Sense mit ehemaligem Zollhaus der Schwarzseestrasse und Restaurant.
Erreichbar mit Bus von Freiburg über Plaffeien (ohne Umsteigen). Mit Auto bis Plaffeien (siehe oben) und weiter bis Zollhaus.

Auf- und Abstieg
Von Zollhaus kurz auf der Strasse zurück, dann dem Wanderweg Sense-abwärts folgen. Auf Pfaden und Naturstrasschen mehr oder weniger nahe der Sense bis zur Brücke, die nach Guggersbach führt. Dem Wanderweg entlang, der streckenweise dem Strässchen folgt, über Türli, Flöschacheren nach Guggisberg. Vom Ostende des Dorfs den Weg entlang über Wiesen, durch Wald und eine Treppe hinauf auf das Guggershörnli. 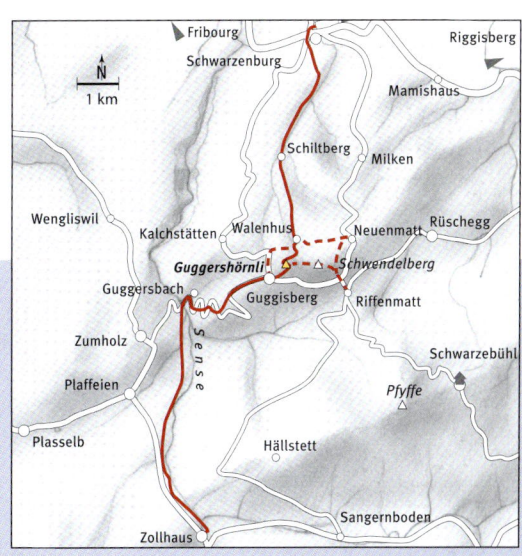
Abstieg über die Treppe zurück, dann auf der Nordseite des Guggershörnlis ostwärts in die Senke bei P. 1215. Gegen Norden durch das Schärenholz über Walenhus, Pfad und Schiltberg ins Tälchen des Dorfbachs. Knapp 2 km dem Strässchen folgen bis unter den linksseitigen, bewaldeten Hügel (867 m ü. M.). Nach links (nördlich) leicht ansteigen, durch das Wäldchen und über Felder nach Schwarzenburg.

Varianten
– Von der Senke bei P. 1215 östlich des Guggerhörnlis weiter gegen Osten den Schwendelberg überschreiten und nach Riffenmatt (Bus von Schwarzenburg) absteigen. Guggershörnli–Riffenmatt: 45 Min., T1–T2.
– Als Kurzausflug von Guggisberg (Bus von Schwarzenburg) über das Guggershörnli und den Schwendelberg, dann via Neuenmatt, Walenhus und Hindereberg zurück nach Guggisberg: 2 Std., T1–T2.

Karten
Landeskarten 1:25 000, 1186 Schwarzenburg, 1206 Guggisberg
Landeskarten 1:50 000, 243 Bern, 253 Gantrisch (oder SAW-Wanderkarten 243T und 253T)

Führer, Literatur, Informationen
Wanderbuch Region Bern - Gantrisch, Berner Wanderwege BWW, Bern
Pier Hänni: Magisches Bernbiet, Wanderungen zu Orten der Kraft im Emmental, Schwarzenburgerland, Seeland und Mittelland, AT Verlag, Baden
www.schwarzseeplus.ch, www.senseland.ch, www.schwarzwasser.ch

Emmental und Entlebuch

Im Unesco-Biosphärenreservat Entlebuch. Weitblick von der Beichlen in die Fürsteinregion.

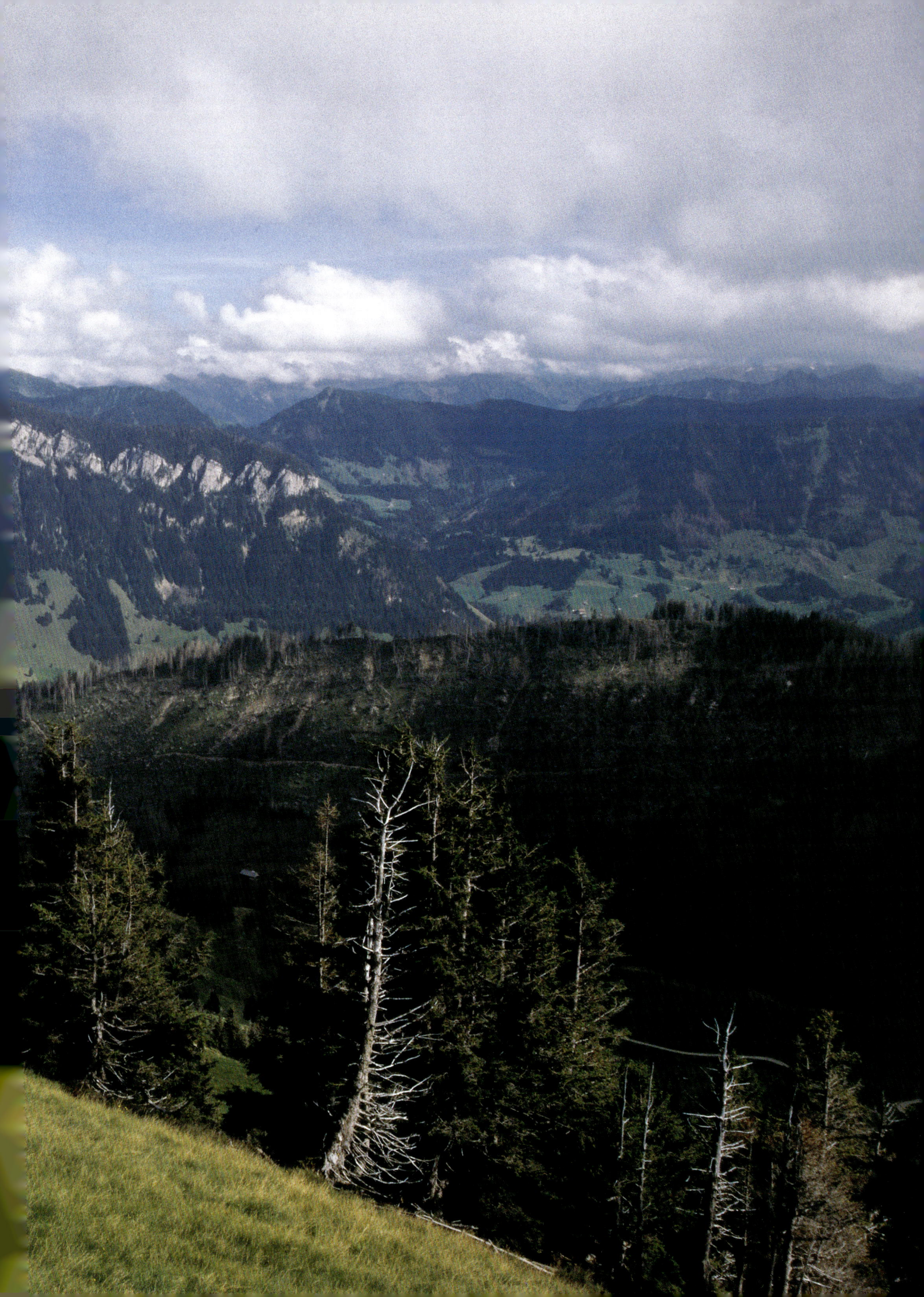

NAPF

Liebliches Hügelland, behäbige Bauernhöfe, löchriger Käse und Gotthelf-Idylle. Das verbreitete Klischee verdeckt die rauhen Seiten des Emmentals und der Napfregion.

In alle Richtungen sendet der Napf lange Grate aus, von denen wiederum unzählige Querrippen ausgehen und ein weit verzweigtes System von etwa 170 Graten und Tälern formen. Die Grate nennt man hier Eggen, und die Täler heissen Gräben, was deutlich macht, dass es sich oft um tiefe und unwegsame Geländeeinschnitte handelt.

Das Napfgebiet war nie von eiszeitlichen Gletschern überdeckt und wurde daher auch nicht von den Eismassen geschliffen und gerundet. Der Napf ist ein riesiger Schuttfächer. Hier hat die Ur-Aare während Jahrmillionen ihr Geschiebe aus den entstehenden Alpen abgelagert. Durch Hebungen und Senkungen des heutigen Mittellandes kam es zum zweimaligen Vordringen und Zurückweichen eines Meeres. Deshalb findet man im Napfgebiet nicht nur die bekannte Nagelfluh, die aus unterschiedlichsten Gesteinen aus dem Alpenraum zusammengesetzt ist, sondern auch Meeresablagerungen mit versteinerten Muscheln, Schnecken und sogar Haifischzähnen. Auch einige

Ausspannen auf dem Napf, mit Blick auf die Berner Hochalpen.

Verführerisch: das Berghotel Napf. Für die Gipfelrast muss man kein Picknick einpacken.

Zahllose Eggen und Gräben prägen das Napfgebiet und seit hundert Jahren auch wieder viel Wald.

Kohleflöze durchziehen den nördlichen Napf, die man jedoch nur während der Weltkriege ausbeutete. Und nicht zu vergessen das Gold! Der Sage nach soll im Innersten des Napfs ein riesiger Goldklumpen verborgen sein. Bisher wurden jedoch nur feinste Goldflitter gefunden und reich wurde noch niemand damit. Aber als aufregendes Freizeitabenteuer wurde das Goldwaschen wiederentdeckt. Das Napfgold gehört übrigens zum reinsten Gold der Welt.

Den Goldwäschern gehören die Gräben, der Wanderer jedoch wird die aussichtsreichen Eggen bevorzugen. Auch auf unserer Wanderung, die im Fankhausgraben beim Schulhaus beginnt, steigt man gegen Osten über eine Seitenrippe auf und gewinnt auf dem Chrützboden bereits einen langen Hauptgrat. Mal auf der Grathöhe, mal mehr in der Flanke, mal durch Wald und mal über offenes Weideland folgt man ziemlich genau diesem Grat nordwärts und biegt erst bei der Stächelegg gegen Westen ab zum Gipfel mit dem prachtvoll gelegenen Berghaus aus dem Jahr 1882. Das erste Gasthaus von 1878 wurde nach einem Blitzschlag Opfer der Flammen. Wer zwei Tage Zeit hat, sollte sich hier den Sonnenunter- und -aufgang nicht entgehen lassen.1891 wurde sogar eine Zahnradbahn auf den Napf geplant, was aber an den Kosten scheiterte. Der Abstieg erfolgt ebenfalls über eine aussichtsreiche Egg, diesmal auf der andern Seite des Fankhausgrabens. Nicht nur die Sicht über die zahlreichen Hügel und in die wilden Gräben, auch die schönen Wälder sind ein nicht selbstverständlicher Genuss, denn vom 18. bis Anfang des 19. Jahrhunderts war der Napf beinahe kahlgeschlagen. Die Entlebucher Glashütten und die Emmentaler Milchzuckerherstellung frassen massenweise Holz. Erst Ende des 19. Jahrhunderts wurde der Raubbau endgültig gestoppt. (FJ)

Gebiet
Emmental

Gipfel
Napf (1405 m ü. M.)

Charakterisierung
Zentrum und höchster Punkt in einer der ausgedehntesten Nagelfluhregionen der Schweiz. Das fein verästelte System von Tälern und Graten hält zahllose Wandermöglichkeiten bereit.

Schwierigkeit
T2. Grösstenteils gute markierte Wanderwege mit nur wenigen abschüssigen Stellen. Abkürzungs- und Verlängerungsmöglichkeiten.

Wanderzeit
Fankhaus (Schulhaus)–Chrüzboden–Champechnubel–Stächelegg–Napf: 4 Std.
Napf–Grüebli–Höhstullen–Fankhaus (Schulhaus): 2 Std.

Höhendifferenz
Fankhaus (Schulhaus)–Chrüzboden–Champechnubel–Stächelegg–Napf: 620 m Aufstieg, 80 m Abstieg
Napf–Grüebli–Höhstullen–Fankhaus (Schulhaus): 550 m Abstieg, 30 m Aufstieg

Talort
Trubschachen (731 m ü. M.), einladender Ort im Oberemmental mit dem berühmten Gebäckhersteller Kambly. Hotels und Restaurants. Pro Emmental Tourismus: Telefon +41 (0)34 402 42 52, www.emmental.ch, info@emmental.ch; www.trubschachen.ch. Erreichbar mit Zug über Konolfingen, Langnau. Mit Auto über Langnau nach Trubschachen.

Ausgangspunkt
Fankhaus Schulhaus (891 m ü. M.), Bushaltestelle an der Linie Langnau–Trubschachen–Mettlenalp in der verstreuten Bauernhaussiedlung im Fankhausgraben. Erreichbar mit Zug über Konolfingen nach Langnau, dann Bus bis Fankhaus. Mit Auto über Langnau nach Trubschachen und weiter bis Fankhaus.

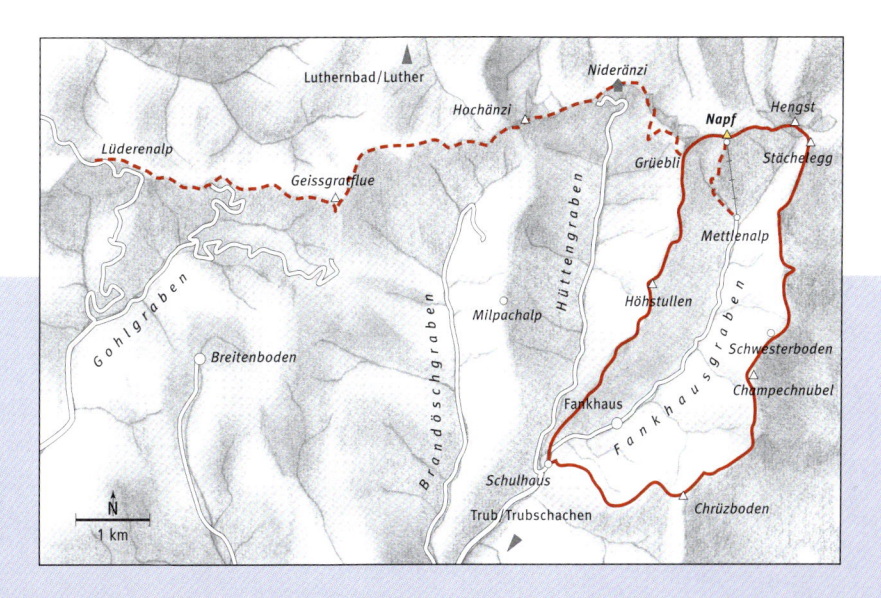

Auf- und Abstieg
Wenig unterhalb der Bushaltestelle Fankhaus Schulhaus über die Fankhausbach-Brücke und über Neubruch und Steli bis Chrüzboden. Der Nordwestflanke der Stutzegg entlang zum Champechnubel, über Schafegg, Schwesterboden zum Sattel P. 1213. Nordwärts immer dem Grat entlang, mal mehr links, mal rechts des Kamms bis Stächelegg, dann nach Westen auf den Napf.
Abstieg: Gegen Westen und Süden absteigen zum Grüebli (1299 m ü. M.) und dem Kamm entlang weiter über Höhstullen, Buechli zurück bis Fankhaus Schulhaus.

Wahrzeichen des Emmentals: behäbige, blumengeschmückte Bauernhäuser.

Varianten
– Direkter Abstieg vom Napf zur Mettlenalp (Restaurant). Von dort Busverbindung über Fankhaus und Trubschachen nach Langnau (nur wenige Verbindungen): 45 Min., T2. Auch gute Aufstiegsvariante.
– Der Klassiker:
Lüderenalp–Geissgratflue–Höchänzi–Napf: 4 Std., T2. Berghotel Lüderenalp (Telefon +41 (0)34 437 16 76) erreichbar mit Bus von Langnau (unregelmässige Verbindungen) oder mit Privatauto.

Alternative
Goldwaschen unter Anleitung. Verschiedene Anbieter und Informationen bei den Tourismusbüros oder unter www.goldwaschen.ch.

Übernachtungsmöglichkeit
Berghotel Napf (1405 m ü. M.), prachtvoll auf dem Gipfel gelegen. Zimmer und Matratzenlager. Telefon +41 (0)34 495 54 08.

Karten
Landeskarten 1:25 000, 1148 Sumiswald, 1149 Wolhusen, 1168 Langnau i. E., 1169 Schüpfheim oder die Zusammensetzung 2522 Napf
Landeskarten 1:50 000, 234 Willisau, 244 Escholzmatt (oder SAW-Wanderkarten 234T, 244T)

Führer, Literatur, Informationen
Wanderbuch Emmental, Berner Wanderwege BWW, Bern
Gratwegs ins Entlebuch, Rotpunktverlag, Zürich
Gold in der Schweiz, Ott Verlag, Thun
www.napf.ch

Beichlen

Vom Hauptgipfel der Beichlen blickt man über den Vorgipfel hinweg ins Entlebuch.

Escholzmatt liegt auf der Wasserscheide zwischen Emmental und Entlebuch. Eigentlich ist auch die Luzerner Seite ein «Emmental», wird doch diese Seite durch die Wiss Emme entwässert, die sich mit der Waldemme zur Kleinen Emme vereinigt. Die Luzerner jedoch lassen sich dadurch nicht beirren: Ihr Tal heisst Entlebuch, das «schönste Buch der Schweiz». Das scherzhafte Wortspiel hat einen ernsten Hintergrund, der dem Entlebuch fast zum Verhängnis wurde. Als im Jahr 1987 die Rothenturm-Initiative angenommen und damit der Moorschutz in der Bundesverfassung verankert wurde, stand mit einem Schlag etwa die Hälfte des gesamten Entlebuchs unter Schutz. Diese Fläche durfte von nun an nicht mehr oder nur eingeschränkt bewirtschaftet werden. Doch die Einwohner wussten sich zu helfen, erklärten die Schönheit der geschützten Natur zu ihrem Kapital und gründeten das erste Biosphärenreservat der Schweiz. Dank der Unterteilung des Reservatgebiets in Kern-, Pflege- und Entwicklungszonen wird nicht nur wertvolle Natur bewahrt, sondern auch eine schonende wirtschaftliche Entwicklung ermöglicht.

Mitten im Biosphärenreservat liegt der fast zehn Kilometer lange Kamm der Beichlen. Der direkteste Aufstieg von Escholzmatt führt durch den Chilenwald und über die sehr steile Holzegg. Die Route ist deshalb für den Abstieg weniger geeignet. Die Flanke ist mit Wald und Alpweiden durchzogen, und zahlreiche Nagelfluhwände zeigen das Innere des Berges. An einigen Stellen wurde der Pfad in den Konglomeratuntergrund gehauen und ist mit einem Drahtseilgeländer abgesichert. Der Ausstieg auf die Grathöhe kommt überraschend, und kurz darauf erreicht man den ersten Gipfel mit Kreuz und Gipfelbuch, dann den zweiten, ungeschmückten, aber höchsten Gipfel. Wieder einmal erweist sich, dass auch ein Berg von weniger als 2000 Metern Höhe ein herrliches Gipfelerlebnis bieten kann. Das 360-Grad-Panorama von den Berner Hochalpen über Titlis und Pilatus zum Napf und dem dahinter schimmernden Schwarzwald wie auch in die umliegenden Täler und Voralpen lässt nichts zu wünschen übrig.

Es geht noch einige Zeit gegen Südwesten über den Beichlengrat weiter, bevor man wieder in die Wälder der Nordwestflanke abbiegt und über etwas weniger steile Pfade zurück nach Escholzmatt absteigt. Man betritt das Dorf beim Sitz der 1883 gegründeten Distillerie Studer und Co. Das Escholzmatter Hochprozentige ist international berühmt und soll schon 1888 dem Psychoanalytiker C. G. Jung bei einer Degustation zu Selbsterfahrungen mit unkontrollierbaren Bewusstseinszuständen verholfen haben. Das Dorf lohnt einen längeren Blick. Das Dorfbild ist von nationaler Bedeutung. Es weist zahlreiche sakrale und historische Kulturdenkmäler auf, am augenfälligsten die mächtige neugotische Pfarrkirche St. Jakob. (FJ)

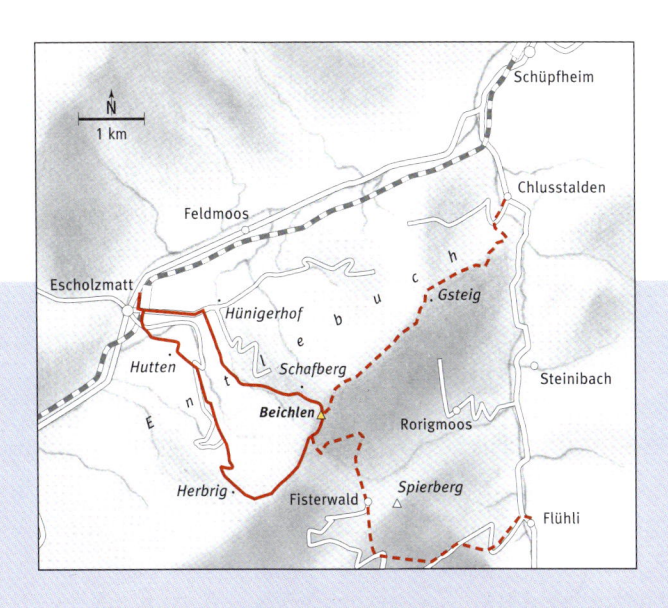

Gebiet
Entlebuch

Gipfel
Beichlen (1769 m ü. M.)

Charakterisierung
Langer, felsdurchsetzter und in den Flanken bewaldeter Kamm mit luftigem Doppelgipfel im Unesco-Biosphärenreservat Entlebuch.

Schwierigkeit
Aufstieg T3, Abstieg T2. Meistens deutliche Bergpfade, aber im Aufstieg nicht immer gut markiert und mit ein paar abschüssigen, steilen Stellen mit Drahtseil. Bei Nässe heikel.

Wanderzeit
Escholzmatt–Chilenwald–Schwand–Schafberg–Beichlen: 3 Std.
Beichlen–Herbrig–Zigerhütten–Escholzmatt: 2 Std.

Höhendifferenz
Escholzmatt–Chilenwald–Schwand–Schafberg–Beichlen: 960 m Aufstieg, 40 m Abstieg
Beichlen–Herbrig–Zigerhütten–Escholzmatt: 950 m Abstieg, 30 m Aufstieg

Talort/Ausgangspunkt
Escholzmatt (852 m ü. M.), zwischen Emmental und Entlebuch gelegene Ortschaft mit bedeutenden Baudenkmälern. Übernachtungsmöglichkeiten vom Hotel bis zum Schlafen im Naturwiesenheu. Escholzmatt Tourismus: Telefon +41 (0)41 486 11 31, www.escholzmatt.ch, tourismus@escholzmatt.ch. Erreichbar mit Zug oder Auto via Langnau.

Auf- und Abstieg
Südlich des Bahnhofs Escholzmatt über die Geleise und auf dem Strässchen nach Osten. Ca. 150 m vor Hünigerhof nach rechts auf den Wanderweg durch den Chilenwald (die Wege des Fitnessparcours können zu falschen Abzweigungen verleiten!). Nach P. 1034 in eine Senke und nach links auf den breiteren Weg nach Schwand und über den Äbnitbach. Bevor man den Wald verlässt, auf kleinem Pfad rechts (östlich) hoch zum Schafberg (Alphütte: 1246 m ü. M.). Auf nicht immer deutlichem Pfad den Schafberg hoch und über die teilweise bewaldete, steile Holzegg (Stelle mit Drahtseil) im Zickzack zu P. 1722 auf dem Gratfirst. Gegen Süden auf den ersten Gipfel (mit Kreuz und Gipfelbuch, ohne Höhenangabe auf der Landeskarte) und weiter auf den zweiten, höchsten Gipfel (nochmals eine abschüssige Stelle).
Abstieg: Nach Südwesten weiter über den Beichlengrat, eine weitere Erhebung (1741 m ü. M.) überschreiten und auf den breiten Alpweg. Nach P. 1661, bevor man wieder den Wald erreicht, den Pfad rechts nehmen und durch die steile Waldflanke über Herbrig zur Mittleren und Unteren Zigerhütte absteigen. Auf dem Strässchen zu P. 985, dann über Hutten nach Escholzmatt.

Varianten
– Sehr schöner, längerer, dafür etwas leichterer und über den ganzen Nordostgrat führender Aufstieg: Chlusstalden (Postautostation der Linie Schüpfheim–Sörenberg)–Änetämmen–Lammberg–Gsteig–Beichlen: 3½ Std., T2–T3.
– Abstieg nach Flühli: Beichlen–Schwarzenberg–Fisterwald–Schwändi–Flühli: 2 Std., T2.

Karten
Landeskarten 1:25 000, 1169 Schüpfheim, 1189 Sörenberg
Landeskarte 1:50 000, 244 Escholzmatt (oder SAW-Wanderkarte 244T)

Führer, Literatur, Informationen
Wanderbuch Emmental, Berner Wanderwege BWW, Bern
Gratwegs ins Entlebuch, Rotpunktverlag, Zürich
www.biosphaere.ch, www.soerenberg.ch, www.distillery.ch

Blick von der Alp Schafberg ins Napfgebiet.

Beichlen, der Vorgipfel mit Kreuz und Gipfelbuch.

JURA

Jura: lange Bergzüge, weiter Himmel, viel Sonne. Abendstimmung auf dem Chasseral.

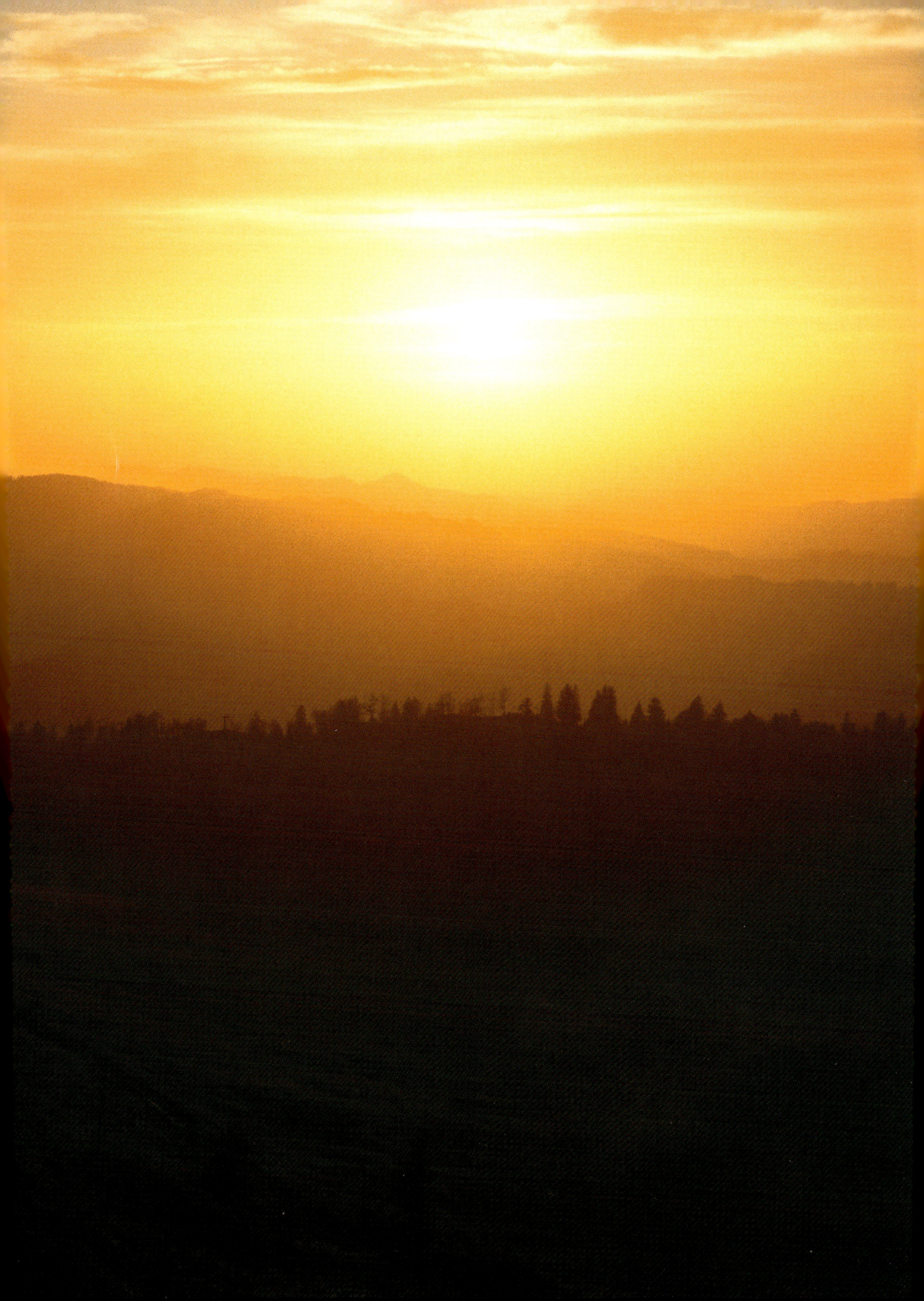

Le Chasseron

Bereits nach einer Viertelstunde vom Bahnhof Môtiers aus steht man unerwartet vor einem Wasserfall. An seinem Fuss befindet sich der Eingang zu einer 500 Meter tiefen Höhle mit unterirdischen Seen und Tropfsteinen. Bei diesem Wasserfall soll sich der Genfer Philosoph Jean-Jacques Rousseau oft aufgehalten haben. Nach der Verbrennung seiner Bücher und wüsten Anfeindungen fand er Mitte des 18. Jahrhunderts in Môtiers für eine Weile Zuflucht und Inspiration für die Arbeit an seiner Naturphilosophie.

Der Wanderweg führt weiter durch die Poëta Raisse, eine Schlucht mit vielen kleinen Wasserfällen und Höhlen. Dank einem französischen Eisenbahningenieur, der an der internationalen Bahnlinie zwischen Frankreich und der Schweiz durchs Val-de-Travers mitbaute, wurde diese Waldschlucht Mitte des 19. Jahrhunderts erstmals mit Brücken und Leitern begehbar gemacht. Obwohl der heutige Ausbau viel sicherer ist, besteht bei feuchter Witterung immer noch Rutschgefahr und ist Vorsicht geboten. Nach der Schlucht öffnet sich ein Tälchen, in dem sich gelegentlich Steinböcke aufhalten. Sie stammen von Tieren ab, die vor bald fünfzig Jahren im Creux du Van ausgesetzt worden sind.

Die mit 1606 Metern vergleichsweise geringe Höhe des Chasseron steht in keinem Verhältnis zur Weite der Aussicht. Die uneingeschränkte Rundsicht vom Säntis bis zu den Savoyer Alpen, von den Jurahöhen über die Vogesen bis zum Schwarzwald hat schon die Römer zum Bau eines Wachturms auf dem Gipfel verleitet. Heute steht in Gipfelnähe ein Berghotel. Bei seinem Bau vor etwas mehr als hundert Jahren wurden römische Münzen und Medaillen gefunden.

Beim Blick über die Kalkpfeiler hinunter ins Naturschutzgebiet Vallon de Deneriaz entdeckt man vielleicht noch Nachkommen der weissen Gemse, die einst hier gelebt haben soll. Direkt am Wanderweg und etwa hundert Meter vom Berghotel entfernt liegt der Friedensstein. In diesen vom Rhonegletscher einst hier deponierten Findling sind die Symbole der Weltreligionen eingemeisselt. Der Platz beim Stein gilt als besonderer Kraftort. Erstaunlicherweise wurden hier sogar höhere Energiewerte gemessen als in Santiago de Compostela, dem Ziel der Jakobspilger.

Unter unseren Füssen wächst eine vielfältige Kalkflora. Ab und zu säumen Stauden des Gelben Enzians den Wanderweg. Aus seinen Wurzeln wird Enzianschnaps gewonnen, der früher den Kühen bei Blähungen half, aber auch ihren Besitzern mundet und als lokale Spezialität gilt. Der aussichtsreiche Abstieg führt über Alpweiden und lichten Fichtenwald nach Ste-Croix. Zusammen mit Genf war Ste-Croix im 19. Jahrhundert Zentrum der Musikdosenherstellung. Von hier aus gelangten die kleinen Kostbarkeiten nach Paris, Wien und Moskau. Im Museum Baud in der Nähe des Bahnhofs kann man in die Welt der Musikdosen eintauchen. (SJ)

Nach sanften Weidehängen ist Vorsicht geboten. Felsabbrüche auf der Nordseite des Chasserongipfels.

Grenzenlose Weite am Chasseron. Rot-gelb sind die Farben des Jura-Fernwanderweges.

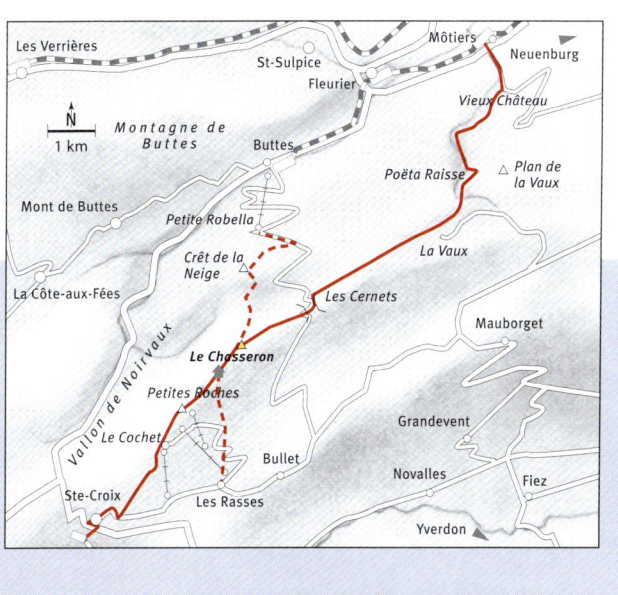

Gebiet
Waadtländer/Neuenburger Jura

Gipfel
Le Chasseron (1606 m ü. M.)

Charakterisierung
Grossartiger Aussichtsgipfel. Wanderung durch scheinbar grenzenlose Weiten und durch enge Schluchten. Einer der schönsten Juragipfel überhaupt.

Schwierigkeit
T2. In der Schlucht Poëta Raisse ist Trittsicherheit erforderlich, sonst problemlose Wanderwege. Ganze Route markiert. Recht lange Wanderung mit kurzen Varianten.

Wanderzeit
Môtiers–Poëta Raisse–La Vaux–La Grandsonne Dessus–Le Chasseron: 5 Std.
Le Chasseron–Petites Roches–Ste-Croix: 1½ Std.

Höhendifferenz
Môtiers–Poëta Raisse–La Vaux–La Grandsonne Dessus–Le Chasseron: 900 m Aufstieg, 25 m Abstieg
Le Chasseron– Petites Roches–Ste-Croix: 605 m Abstieg, 65 m Aufstieg

Talort
Ste-Croix (1066 m ü. M.), für seine Spieldosen und Musikautomaten bekanntes Städtchen am Fuss des Chasseron. Hotels und Jugendherberge. Office Intercommunal du Tourisme: Telefon +41 (0)24 455 41 42, www.ste-croix.ch, ot@ste-croix.ch.
Erreichbar mit Zug über Yverdon-les-Bains nach Ste-Croix. Autobahn bis Yverdon-les-Bains, dann über Vuitebœuf nach Ste-Croix.

Ausgangspunkt
Môtiers (735 m ü. M.), sympathisches Dorf im Val-de-Travers, bekannt durch den Philosophen Jean-Jacques Rousseau, der einige Jahre hier lebte. Hotel und Ferienwohnungen. Tourisme neuchâtelois: Telefon +41 (0)32 889 68 90, www.neuchateltourisme.ch, info@ne.ch; motiers@ne.ch.
Erreichbar mit Zug oder Auto über Neuchâtel.

Auf- und Abstieg
Vom Bahnhof Môtiers südöstlich durch das Dorf zum bewaldeten Schluchteingang (kurzer Abstecher nach links dem Waldrand entlang zum Wasserfall mit der Höhle). In der Schlucht zuerst südwestlich auf gutem Weg ansteigen, dann durch die langsam enger werdende Schlucht und zuletzt über Stege und Treppen durch die obersten Engstellen zu P. 1131 (Verzweigung). Nach Südwesten bei La Vaux vorbei und über Les Cernets Dessus (1410 m ü. M.) zur Strasse. Dieser entlang aufsteigen, bis man kurz vor La Grandsonne Dessus wieder auf den Wanderweg abbiegen kann, der zum Gipfel führt.
Abstieg: Zum Hôtel du Chasseron (Telefon +41 [0]24 454 23 88) absteigen, kurz nach Südwesten über Petites Roches aufsteigen, dann über Weiden durch Skigebiet, weiter unten durch Wald und das letzte Stück auf der Strasse nach Ste-Croix.

Varianten
– Von Buttes (erreichbar mit Zug von Neuchâtel) mit dem Sessellift bis Petite Robella. Über Crêt de Lisières, Crêt de la Neige auf den Chasseron: 2½ Std., T2.
– Aufstieg von Les Rasses (Bus von Ste-Croix, zu gewissen Zeiten Reservation obligatorisch, Telefon +41 [0]24 455 43 30) auf den Chasseron: 1½ Std., T1.

Karten
Landeskarten 1:25 000, 1163 Travers, 1182 Ste-Croix, 1183 Grandson
Landeskarten 1:50 000, 241 Val de Travers (oder SAW-Wanderkarten 241T)

Führer, Literatur, Informationen
Wanderbuch Jurahöhenwege, Schweizerischer Juraverein, Verlag Dietsch AG, Olten
Randonnées en Montagne, Jura–Fribourg–Vaud, SAC-Verlag, Bern
Jura, Genusstouren zwischen Genf und Basel, Bruckmann Verlag, München
Jurawandern, Rotpunktverlag, Zürich

Stege und Treppen führen durch die Engstellen der Schlucht Poëta Raisse.

Beflügelnde Gratwanderung auf den Petites Roches zwischen Chasseron und Ste-Croix.

Tête de Ran und Mont Racine

Im Frühling erfreuen den Wanderer am Tête de Ran ganze Felder voll wilder Aprilglocken.

Vom Bahnhof in Les Hauts-Geneveys taucht man schon nach wenigen Schritten in die typische Juralandschaft ein. Der Wanderweg führt an der ersten Juraweide mit ausladenden Fichten und einem Skilift vorbei, durch den Forêt de la Baume und über ausgedehnte Juraweiden, die mit weiss leuchtenden Kalksteinen durchsetzt sind. Ausserhalb des Waldes bläst meistens der Westwind oder die Bise über die Jurahöhen, dem man nur mit einer winddichten Jacke trotzen kann. Da kommt das Hotel Tête de Ran gerade recht, um vor der Gipfelbesteigung an der Wärme noch einen Kaffee zu geniessen. Nur wenige Minuten vom Hotel entfernt wartet schon der erste Gipfel, der Tête de Ran, und entschädigt mit seiner unbegrenzten Sicht von den Glarneralpen bis zum Genfersee für die Unbill des rauhen Klimas. Zu unseren Füssen liegt La Chaux-de-Fonds, mit über 1000 Meter über Meer die höchstgelegene Stadt Europas. 1794 brannte sie vollständig nieder und wurde nach amerikanischem Vorbild schachbrettartig wieder aufgebaut. Vom Gipfel aus ist dies zwar nicht erkennbar, aber ein Blick auf die Karte zeigt es deutlich. Aus La Chaux-de-Fonds stammen verschiedene berühmte Persönlichkeiten, so der Architekt Le Corbusier, der Schriftsteller Blaise Cendras und der Autokonstrukteur Louis Chevrolet.

Die Wanderroute führt weiter auf dem mit gelb-roten Rauten markierten «Chemin des Crêtes», einem Fernwanderweg zwischen Zürich beziehungsweise Basel und Genf. Mit Rücken- oder Seitenwind folgen wir dem Grat, wandern durch eine weite Senke und wieder hinauf zum Mont Racine. Auch von diesem Gipfel aus wird einem bewusst, wie klein die Schweiz eigentlich ist, sieht man doch nach Frankreich und an klaren Tagen bis zum Schwarzwald in Deutschland. Auf der einen Seite breitet sich unter uns das Val-de-Ruz mit seinem Mosaik aus Wiesen und Weizenfeldern aus. Auf der anderen Seite erstreckt sich das Hochtal Val de Sagne mit seinen Weiden und Wiesen in verschiedenen Grüntönen. «Sagne» bedeutet Sumpfgras, ein Name aus früheren Zeiten. Wahrscheinlich sind damit Seggen oder Binsen gemeint, die auf den nass-sauren Böden dominierten, als das Tal noch grossflächig von Hochmooren und Sümpfen bedeckt war. Bis in die 1950er Jahre wurde Torf abgebaut. Von den einst ausgedehnten Moorlandschaften ist heute nur noch eine kleine Fläche im Naturschutzgebiet Bois des Lattes bei Les Ponts de Martel übrig geblieben. Von weitem hebt sich dieser mit Birken bewachsene Fleck in bräunlicher Farbe vom grünen Talboden ab. Auf abwechslungsreichem Weg über Weiden und durch Wald erreicht man La Tourne. Hier gibt es drei Möglichkeiten: Einkehren, Übernachten und am nächsten Tag weiterwandern oder mit dem Postauto die Heimreise beginnen. (SJ)

Helles Kalkgestein, saftige Wiesen, wettergezeichnete Bäume: ein typisches Bild auf den Jurahöhen.

Trockenmauer auf der Ebene Grandes Pradières.

Gebiet
Neuenburger Jura

Gipfel
Tête de Ran (1422 m ü. M.), Mont Racine (1438 m ü. M.)

Charakterisierung
Langer Kamm mit zwei Gipfeln in typischer Juralandschaft: karge Höhen, lichte Wälder, Berg- und Seesicht.

Schwierigkeit
T1–T2. Genussvolle Wege, moderate Steigungen und durchgehend markiert.

Wanderzeit
Les Haut-Geneveys–Tête de Ran–Mont Racine: 3 Std.
Mont Racine–Grande Sagneule–La Tourne: 1½ Std.

Höhendifferenz
Les Haut-Geneveys–Tête de Ran–Mont Racine: 595 m Aufstieg, 110 m Abstieg
Mont Racine–Grande Sagneule–La Tourne: 370 m Abstieg, 55 m Aufstieg

Talort
Neuchâtel (479 m ü. M.), Universitätsstadt am Neuenburgersee mit mittelalterlichem Burghügel. Zahlreiche Übernachtungsmöglichkeiten. Tourisme neuchâtelois: Telefon +41 (0)32 889 68 90, www.neuchatel tourisme.ch, info@ne.ch.

Erreichbar mit Zug von Bern, Biel und Lausanne oder Autobahn/Hauptstrasse bis Neuchâtel.

Ausgangspunkt
Les Haut-Geneveys (954 m ü. M.), am Fuss der Vue des Alpes gelegenes Dorf im Val-de-Ruz.
Erreichbar mit Zug von Neuchâtel. Mit Auto über Neuchâtel ins Val-de-Ruz und auf Hauptstrasse nach Les Haut-Geneveys.

Auf- und Abstieg
Vom Bahnhof Les Haut-Geneveys in südwestlicher Richtung zur Hauptstrasse hoch, nach der Unterführung durch Wald und Weiden aufsteigen zum Hotel Tête de Ran (Telefon +41 [0]32 853 57 78) und steiler südwestwärts auf den Gipfel des Tête de Ran. Dem Kamm entlang über die Rochers Bruns zur grossen Ebene Grandes Pradières und Aufstieg zum Mont Racine.
Abstieg: Über den Grat weiter bis P. 1383, dann rechts nach Grande Sagneule (1307 m ü. M., Restaurant) und Petite Sagneule absteigen. Bei P. 1224 unterhalb von Petite Sagneule nach rechts in einem Bogen durch den Wald auf eine Ebene aufsteigen. Über die Wiese zum breiten Weg, der über Petit Cœurie bis zum Pass La Tourne (1129 m ü. M., Hotel Telefon +41 [0]32 855 11 50) hinunterführt.

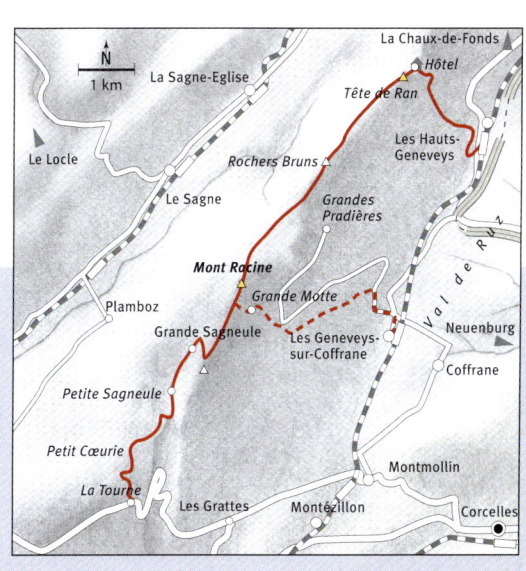

Von dort Postautoverbindung nach Neuchâtel.

Variante
Abstieg vom Mont Racine über Grande Motte (kleines Restaurant), La Gustaldine nach Les Geneveys-sur-Coffrane (Bahnhof). 1½ Std., T1.

Karten
Landeskarten 1:25 000, 1144 Val-de-Ruz, 1164 Neuchâtel
Landeskarten 1:50 000, 232 Vallon de St-Imier, 242 Avanches (oder SAW-Wanderkarten 232T, 242T)

Führer, Literatur, Informationen
Wanderbuch Jurahöhenwege, Schweizerischer Juraverein, Verlag Dietsch AG, Olten
Randonnées en Montagne, Jura–Fribourg–Vaud, SAC-Verlag, Bern
Jura, Genusstouren zwischen Genf und Basel, Bruckmann Verlag, München

Neugierige Kühe am Mont Racine, dahinter glitzert der Neuenburgersee.

Beste Aussicht während der ganzen Grattour; doch am liebsten geniesst man sie vom Gipfel, den das Triangulationssignal markiert.

JURA

Chasseral

Der Chasseral im südlichen Kamm des Kettenjuras – er war früher auch unter dem deutschen Namen Gestler bekannt – ist von beeindruckender Ausdehnung: In der Länge misst er über 30 Kilometer. Will man den ganzen Grat von Westen bei Neuchâtel über den Chaumont bis auf den Gipfel und nach Osten hinab bis Frinvillier überblicken, muss man mehrere Blätter der Landeskarte nebeneinander legen, auch wenn man Karten im Massstab 1:50 000 benutzt. Ein langes Stück Weg liegt somit vor dem Wanderer, der den Gipfel über seine Grate ersteigen will.

Abend auf dem Chasseral. Die tief stehende Herbstsonne bringt den Neuenburgersee zum Glänzen.

Unser Ausgangspunkt, Frinvillier, zu Deutsch Friedliswart, liegt über der Taubenlochschlucht hinter Biel, eingezwängt nicht nur zwischen engen Klusen, sondern auch zwischen lärmenden Schnellstrassen und der Eisenbahnlinie. Im Aufstieg durch den schönen Mischwald nehmen die Dezibelwerte ab, langsam kehrt Ruhe ein. Die Flanke aus Wald und Weiden verengt sich in der Höhe zu einem aussichtsreichen Kamm. Liebhaber von Gratwanderungen kommen hier voll auf die Rechnung. Kilometer um Kilometer nichts als Grat, weite Sicht und noch weiterer Himmel.

Dass auf einem solchen Berg auch eine Antenne stehen muss, verwundert kaum. Das 120 Meter hohe Ungetüm steht wie ein überdimensioniertes Mahnmal für den Versuch, Natur und Technik, Schutz und Nutzen am Chasseral in Einklang zu bringen. Dazu wurde im Jahr 2001 von dreizehn Gemeinden der regionale Naturpark Chasseral gegründet. Der Park ist kein reines Naturschutzgebiet, sondern versucht ein Gleichgewicht zwischen Mensch und Natur, Lebensraum und Wirtschaft herzustellen. Seit den 1930er Jahren, als die Passstrasse von Nods über den Chasseral nach St-Imier gebaut wurde, hat der Tourismus stetig zugenommen. Für die lokale Wirtschaft ist dies erfreulich, der Druck auf die sensible Natur wird dadurch jedoch immer stärker. So leidet beispielsweise die einzigartige, berühmte Pflanzenwelt im Gipfelbereich enorm unter den Trittschäden der Menschenmassen, die an sonnigen Wo-

Stundenlang unter weitem Himmel auf dem langen Grat zwischen Chasseral und Frinvillier.

chenenden den Gipfel besetzen. Verbote sind nicht das Ziel des Parks, mit Themenpfaden und Beschilderungen sollen die Ausflügler überzeugt werden, dass man sich in diesem Gebiet besser an die Wege hält. Überfüllte Wanderwege braucht man dennoch nicht zu befürchten, denn die langen Kammrouten sind nicht jedermanns Sache.

Natürlich gibt es am Chasseral auch kürzere Wege. Spannend und bestens geeignet auch bei bewölktem Wetter ist etwa der Aufstieg von St-Imier durch die Combe Grède auf den Gipfel. Über einige Leitern führt der Pfad durch die enge, sagenumwobene Wald- und Felsschlucht, wo man mit etwas Glück auch Gemsen beobachten kann, die nach ihrer Ausrottung vor etwa sechzig Jahren wieder angesiedelt wurden. Auch seltene Tiere wie der Auerhahn sind am Chasseral heimisch, doch dem Wanderer werden sie sich kaum zeigen. (FJ)

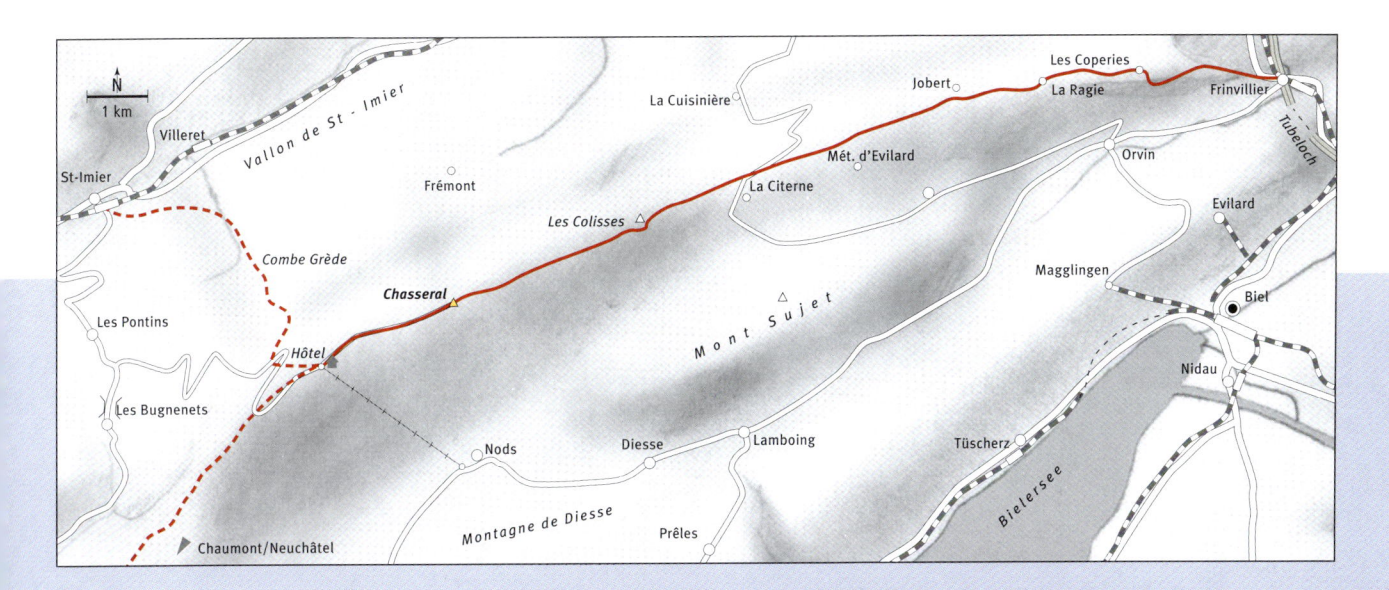

Gebiet
Berner Jura

Gipfel
Chasseral (1607 m ü. M.)

Charakterisierung
Der Juraberg schlechthin, höchster Gipfel des Berner Juras und von weit her auffälliger Kamm. Schönste Aussicht über Jura, Seeland und zu den Alpen. Abwechslungsreiche Grat- und Schluchtwanderung.

Schwierigkeit
T2. Zu Beginn etwas steil, meist jedoch moderate Steigungen auf guten markierten Wanderwegen. Lange Aufstiegstour, Abstieg mit Bus. Kürzere Varianten möglich.

Wanderzeit
Frinvillier–La Ragie–Les Colisses–Chasseral Gipfel–Chasseral Hôtel: 6½ Std.

Höhendifferenz
Frinvillier–La Ragie–Les Colisses–Chasseral Gipfel–Chasseral Hôtel: 1130 m Aufstieg, 155 m Abstieg

Talort
St-Imier (793 m ü. M.), altes Uhrenindustriestädtchen im gleichnamigen Tal zwischen Chasseral und Mont Soleil. Hotels und Restaurants. Jura Bernois Tourisme: Telefon +41 (0)32 942 39 42, www.jurabernois.ch, saintimier@jurabernois.ch; www.st-imier.ch. Erreichbar mit Zug oder Auto über Biel und Sonceboz.

Auf- und Abstieg
Vom Bahnhof Frinvillier der Strasse entlang absteigen über die Suzebrücke. Nach der Brücke rechts den Wald hoch und über Les Coperies (1130 m ü. M.), La Ragie, Cabane CAS (Jurahaus der SAC-Sektion Biel, Telefon +41 [0]32 355 19 76 oder +41 [0]79 650 43 71), Les Colisses (1338 m ü. M.) auf den Chasseralgipfel mit der Antenne. Kurzer Abstieg über die Strasse zum Hotel (1548 m ü. M., Telefon +41 [0]32 751 24 51) und Bushaltestelle. Von dort Verbindung nach St-Imier (oder Nods, jedoch schlechte Verbindungen). Zufahrt mit Privatauto gebührenpflichtig.

Varianten
– Aufstieg von St-Imier durch die imposante Combe Grède (Abschnitte über Leitern) zum Chasseral: 3 Std., T3.
– Abstieg vom Chasseral über den Südwestrücken bis zum Chaumont (Standseilbahn und Bus bis Neuenburg Bahnhof) oder bis hinab nach Neuenburg: 4 Std. bis Chaumont, 6 Std. bis Neuenburg, T2.

Karten
Landeskarten 1:25 000, 1125 Chasseral, 1145 Büren a. A. oder Zusammensetzung 2504 Magglingen/Macolin; je nach Variante zusätzlich 1124 Les Bois, 1144 Val-de-Ruz, 1145 Bieler See
Landeskarten 1:50 000, 232 Vallon de St-Imier, 233 Solothurn (oder SAW-Wanderkarten 232T, 233T)

Führer, Literatur, Informationen
Wanderbuch Jurahöhenwege, Schweizerischer Juraverein, Verlag Dietsch AG, Olten
Wanderbuch Bernerland, Berner Wanderwege BWW, Bern
Randonnées en Montagne, Jura–Fribourg–Vaud, SAC-Verlag, Bern
www.parcchasseral.ch

In der abenteuerlichen Combe Grède kann im Frühling noch lange Schnee liegen.

Alpenidylle und Fortschrittssymbol, Gegensätze auf dem Chasseralgipfel.

Moron

Moutier – mit deutschem Namen Münster – liegt an der Verkehrsachse Biel–Basel, ist jedoch nur durch einen langen Eisenbahntunnel oder durch tiefe Klusen erreichbar: die Gorges de Court im Süden und die Gorges de Moutier im Norden. Eine Klus ist ein meist enges Tal, das eine Jurafalte quer durchschneidet. Für das ungewöhnliche geologische Phänomen gibt es zwei Erklärungen: Entweder konnte ein bestehender Fluss den Untergrund mindestens so schnell abtragen, wie die Jurafaltung voranschritt. Oder auf einer Falte entspringt ein Gewässer, das seinen Weg durch Geländebrüche seitlich der Falte bahnt und sich in tiefere Schichten gräbt. Mit der Zeit kann so die ganze Falte durchbrochen werden. Die Klus von Moutier ist ein beliebtes Klettergebiet, berühmt geworden ist sie aber, als in ihren Kalksteinplatten Fussabdrücke von Dinosauriern entdeckt wurden, die ihre Spuren vor Jahrmillionen hinterlassen haben, als die heutigen Felswände noch den weichen Boden eines warmen, seichten Meeres bildeten.

Vom Bahnhof durchquert man Moutier entweder zu Fuss oder nimmt den Bus bis Perrefitte Blocs. Kurz nach der Haltestelle biegt man in die Combe Fabet ein. Sie steht zwar etwas im Schatten der grossen Klusen, ist aber dennoch ein imponierender Einschnitt. Von Farn und Moos bewachsene, wulstige Felswände rücken eng zusammen und werden von einem Dach aus Buchenwald überdeckt. Und still ist es hier, im Gegensatz zu den berühmten Klusen, wo der Verkehrslärm vom Wider-

Oben: «Beengender» Beginn der Wanderung in der Combe Fabet. Unten: Kornfeld vor Champoz, einem hoch gelegenen Dorf im Berner Jura.

hall der Wände noch verstärkt wird. Die Combe Fabet läuft in ein sanftes Hochtal aus, an dessen Ende Champoz liegt, eines der höchstgelegenen Dörfer im Berner Jura, wo oft ein steifer Wind wehen kann. Man sieht es den langgebauten Häusern an, die ihre schmale Seite gegen die Windrichtung stemmen.

Nun steigt der Weg steiler an auf den Höhenzug des Moron und zum Aussichtsturm nahe des Gipfels. Im Sommer 2004 wurde der rund 30 Meter hohe Turm eingeweiht. Entworfen hat ihn der berühmte Luganeser Architekt Mario Botta. Gebaut wurde er vorwiegend von etwa 700 Maurer- und Strassenbaulehrlingen, die sich an diesem wegweisenden Projekt in Fertigkeiten wie der Steinmetzarbeit üben konnten. Trotz den insgesamt 1000 Tonnen Gewicht aus Kalkstein, Beton und Stahl macht der schraubenförmige Turm einen zierlichen Eindruck. Der Rundblick bis zu den Alpen und den Vogesen ist prächtig, und bei klarer Sicht soll sogar das Strassburger Münster zu sehen sein. An schönen Wochenenden zieht das neue Wahrzeichen des Berner Juras eine Menge Ausflügler an, die leider oft mit dem Auto bis fast zum Turm hinauffahren. Vergessen wird dabei der eigentliche Gipfel, zu dem nicht mal ein Weg führt. Der Abstieg nach Westen führt wieder über herrliche Weiden mit lichtem Baumbestand, dann durch die steilere Waldflanke nach Loveresse, den Geburtsort des berühmten Clowns Grock (1880–1959), und bald darauf nach Reconvilier. (FJ)

Vom Stararchitekten geplant, von Lehrlingen gebaut. Der Aussichtsturm auf dem Moron.

34 JURA

Der Moron im Zwielicht. Bei klarer Sicht soll der Blick bis zum Strassburger Münster reichen.

Gebiet
Berner Jura, Vallée de Tavannes

Gipfel
Moron (1336 m ü. M.)

Charakterisierung
Langer Höhenzug zwischen Moutier und Tavannes. Als Einstimmung eine enge Schlucht, als Höhepunkt ein von Lehrlingen gebauter Aussichtsturm.

Schwierigkeit
T1–T2. Nur in der Combe Fabet zum Teil etwas holprig, sonst sehr gute und markierte Wanderwege.

Wanderzeit
Perrefitte Blocs (Postautohaltestelle)–Champoz–Moron: 3½ Std.
Moron–Bergerie de Loveresse–Loveresse–Reconvilier (Bahnhof): 2 Std.

Höhendifferenz
Perrefitte Blocs (Postautohaltestelle)–Champoz–Moron: 775 m Aufstieg
Moron–Bergerie de Loveresse–Loveresse–Reconvilier (Bahnhof): 640 m Abstieg, 30 m Aufstieg

Talorte
Moutier (529 m ü. M.), zwischen engen Klusen gelegenes, einstiges Uhrmacherstädtchen mit nach wie vor bedeutender Feinmechanikindustrie. Mehrere Hotels und Restaurants. Jura Bernois Tourisme: Telefon +41 (0)32 494 53 43, www.jurabernois.ch, info@jurabernois.ch; www.moutier.ch. Erreichbar mit Zug über Biel und Grenchen. Mit Auto via Biel, Tavannes, Court nach Moutier.
Reconvilier (728 m ü. M.), Landwirtschafts- und Industriestädtchen im Vallée de Tavannes. Hotels und Restaurants. Tourismus: siehe Moutier; www.reconvilier.ch.
Mit Zug oder Auto erreichbar von Biel über Sonceboz und Tavannes.

Ausgangspunkt
Perrefitte Blocs (ca. 560 m ü. M.), Postautohaltestelle kurz vor dem Dörfchen Perrefitte auf der Linie Moutier–Souboz. Ausserhalb der spärlichen Fahrplanzeiten als Rufbus (PubliCar): Telefon +41 (0)800 55 30 00. Für Privatautos keine Parkplätze in der Nähe.

Auf- und Abstieg
Von der Postautohaltestelle Perrefitte Blocs kurz der Strasse entlang weiter, Wegweiser zur Combe Fabet. Durch die Combe und das anschliessende Hochtal bis Champoz (849 m ü. M.), zuletzt auf dem Strässchen. Bergwärts durch Champoz hindurch und auf dem Wanderweg die bewaldete Flanke hinauf nach Haut de la Charrière (1075 m ü. M.). Nun teils auf breitem Weg, teils auf Naturstrassen über Les Plans Prés auf den Moron zum Turm, der nicht ganz auf dem Gipfel steht. Dieser liegt unscheinbar wenig westlich des Turms. Abstieg: Vom Turm auf dem Weg oder vom Gipfel kurz weglos gegen Westen zur Montagne de Loveresse, südwestlich zur Bergerie de Loveresse (1186 m ü. M.), dann auf dem Strässchen durch den Forêt du Droit nach Loveresse (eine Strassenkehre kann auf steilem, nur unbedeutend kürzerem Pfad umgangen werden). Von Loveresse über Champ du Moulin zum Bach La Trame hinab, über die Brücke und hinauf zu den oberen Quartieren von Reconvilier (P. 758). Der Strasse entlang zum Bahnhof hinunter.

Varianten
– Beginn beim Bahnhof Moutier: zusätzlich 45 Min., T1.
– Statt durch die Combe Fabet kann man zuerst etwa 100 m weiter der Strasse entlang in Richtung Perrefitte gehen, dann direkt über die Pâturage du Moron nach Haut de la Charrière zur Hauptroute aufsteigen: ca. 30 Min. kürzer, T1.
– Direkter Abstieg vom Moron nach Malleray über Champois des Jabas, Pâturage Dessous, Sagne Arbot: 1½ Std., T1.

Karten
Landeskarten 1:25 000, 1105, Bellelay, 1106 Moutier
Landeskarten 1:50 000, 222 Clos du Doubs, 223 Delémont (oder SAW-Wanderkarte 222T, 223T)

Führer, Literatur, Informationen
Wanderbuch Berner Jura, Berner Wanderwege BWW, Bern
20 Bergwanderungen Region Jura, Werd Verlag, Zürich
www.tourdemoron.ch,
www.seelandjura.ch, www.clowngrock.ch

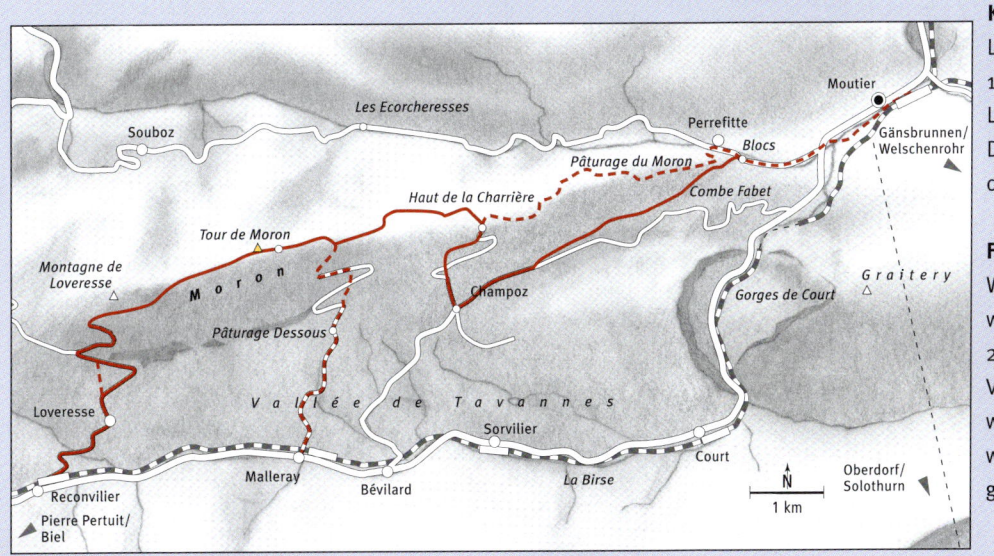

Hasenmatt

Solothurn gilt als die schönste Barockstadt der Schweiz, und neben dem Barock gibt es in der bestens erhaltenen Altstadt historische Bauten zu bewundern, die bis ins 12. Jahrhundert zurückgehen. Der Stadtbummel muss aber warten, denn heute fahren wir weiter auf Solothurns Sonnenterrasse, den Weissenstein. Während im Herbst die Sankt-Ursen-Stadt oft unter einer zähen Nebeldecke dämmert, lacht auf dem Weissenstein meistens die Sonne vom Himmel. Tut sie dies einmal nicht, kann man eine Sonne im Massstab eins zu einer Milliarde hinter dem Hotel Weissenstein betrachten. Hier beginnt ein Planetenweg, auf dem teilweise auch unsere Wanderroute verläuft.

Wir steigen zum Restaurant Sennhaus ab und biegen dahinter links in den Wanderweg ein. Im Weideland erkennt man eine lange Reihe von Dolinen, Sickerlöcher, wo das Regenwasser das Kalkgestein gelöst hat und in den Untergrund abfliesst. Weite Teile des Juras sind von komplizierten Systemen von Höhlen und Klüften durchzogen, durch die versickertes Wasser auf verschlungenen Wegen zu irgendeiner Quelle gelangt.

Einziges Steilstück der Wanderung: im Abstieg von der Stallflue zum Ober Brüggli.

So auch in der Weissensteinregion, in der sich das Nidleloch befindet, eines der ausgedehntesten Höhlensysteme des Juras. Sein Eingang befindet sich anderthalb Kilometer westlich hinter dem Gasthof Hinter Weissenstein. Bei den Dolinen, die wir hier sehen, untersuchte man den Weg des Wassers durch den Untergrund, indem man es färbte und kontrollierte, wo das verfärbte Wasser den Berg wieder verliess. Erstaunlicherweise trat das Wasser nicht gleich am Fuss des Weissensteins hervor, sondern weit östlich davon in der Klus von Balsthal, und dies erst drei Wochen nachdem es versickert war.

Vor dem Gasthof Hinter Weissenstein biegt man links ab auf den Weg zum Schilizmätteli, wo man am Uranus vorbei den Wald betritt. Bald gelangt man über den schmalen, zuweilen steilen Pfad auf die Hasenmatt, den höchsten Berg des Kantons Solothurn. Vielleicht auch der windigste. Der Gipfel ist kahlgefegt, niedrige Föhren ducken sich an den Flanken. Auf der einen Seite reiht sich Jurafalte an Jurafalte, auf der andern Seite glitzert die Aare im Dunst des Tales und der Alpenbogen in der Ferne. Auf der Stallflue, wo links senkrechte Felswände und rechts sanfte Weiden abfallen, geniessen wir nochmals die Weitsicht in alle Richtungen, bevor wir steil nach Süden hinunterstechen zu den drei Brügglialpen (zwei mit Restaurationsbetrieb) und durch die malerische Brügglibachschlucht. Auf dem Strässchen ist Selzach bald erreicht. Zahlreiche Funde und Ausgrabungen zeugen von der Bedeutung des Ortes in römischen Zeiten. Beim Weiler Altreu an der Aare können Taucher unter Wasser sogar die Überreste einer Römerbrücke bewundern. International bekannt geworden ist Altreu mit seinen Storchensiedlungen. (FJ)

Oben: Beschaulicher Beginn beim Hinter Weissenstein. Über dem Wald ist die Hasenmatt zu erkennen. Unten: Der Gipfel der Hasenmatt ist kahl gefegt, im Dunst glänzen die Aareschlaufen.

Gebiet
Solothurner Jura

Gipfel
Hasenmatt (1444 m ü. M.)

Charakterisierung
Höchster Berg des Kantons Solothurn und markanter Gipfel auf dem Höhenzug zwischen Weissenstein und Grenchenberg.

Schwierigkeit
T2. Meistens leichte Wanderwege, durchgehend markiert. Einige Stellen, die Trittsicherheit verlangen, besonders im Abstieg von der Stallflue zum Ober Brüggli.

Wanderzeit
Weissenstein (Seilbahnstation)–Schilizmätteli–Hasenmatt: 2 Std.
Hasenmatt–Stallflue–Brüggli–Moos–Selzach (Bahnhof): 2½ Std.

Höhendifferenz
Weissenstein (Seilbahnstation)–Schilizmätteli–Hasenmatt: 265 m Aufstieg, 100 m Abstieg
Hasenmatt–Stallflue–Brüggli–Moos–Selzach (Bahnhof): 1095 m Abstieg, 90 m Aufstieg

Talorte
Solothurn (432 m ü. M.), Kantonshauptort mit bestens erhaltener Altstadt. Zahlreiche Übernachtungsmöglichkeiten. Region Solothurn Tourismus: Telefon +41 (0)32 626 46 46, www.solothurn-city.ch, info@solothurn-city.ch. Erreichbar mit Zug oder auf Autobahn A5 bzw. A1 bis Verzweigung Luterbach, dann A5 bis Solothurn.
Selzach (439 m ü. M.), Landwirtschafts- und Industriestädtchen am Südfuss der Weissensteinkette. Grenchen Tourismus: Telefon +41 (0)32 644 32 11, www.grenchentourismus.ch, info@grenchentourismus.ch; www.selzach.ch.
Erreichbar mit Zug von Solothurn oder Biel. Oder Autobahn A5 bis Solothurn oder Grenchen und weiter bis Selzach.

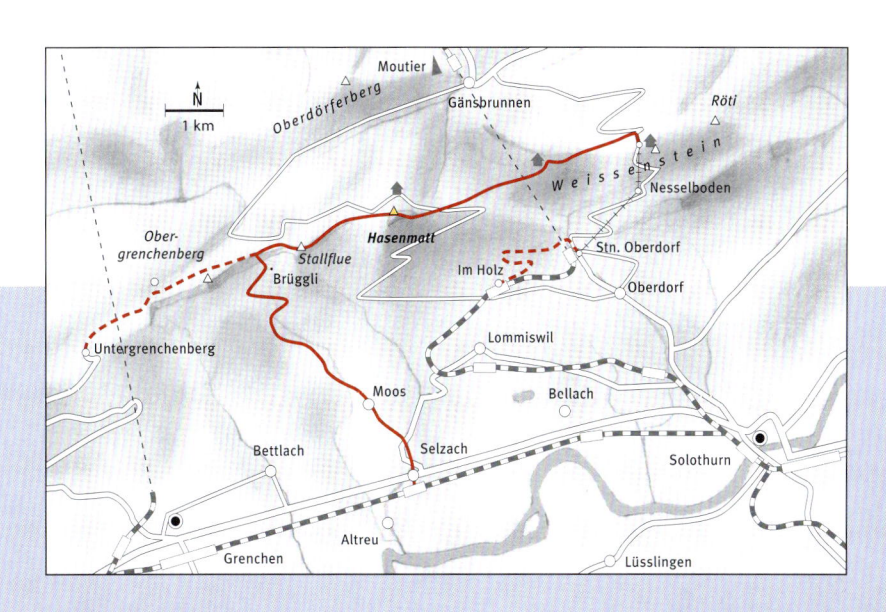

Ausgangspunkt
Weissenstein (1284 m ü. M.), Solothurns «Naherholungsberg» mit Hotels und Restaurants, Planetenweg, botanischem Garten und Museum.
Erreichbar von Solothurn mit Zug bis Station Oberdorf, mit Sessellift bis Weissenstein. Mit Auto bis auf den Weissenstein.

Auf- und Abstieg
Vom Weissenstein gegen Westen die Strasse überqueren und dem Wanderweg entlang etwas ab- und wieder aufsteigen bis Hinter Weissenstein, wo man wieder auf die Strasse trifft. Ca. 150 m vor dem Gasthof Hinter Weissenstein (1226 m ü. M.) nach links und über breiten Weg über Schilizmätteli in den Wald. Auf schmalem Wanderweg dem bewaldeten Grat entlang auf die Hasenmatt.
Abstieg: Nach Westen in einen Sattel, dann nord- und wieder westwärts nach Müren (1318 m ü. M.), wo man auf ein Strässchen trifft. Dieses gleich wieder westwärts verlassen und Gegenaufstieg zur Stallflue (1409 m ü. M.). Abstieg der Fluhkante entlang bis P. 1309 (Verzweigung). Ziemlich steil nach Süden absteigen bis Ober Brüggli (Restaurant mit Übernachtungsmöglichkeit, Telefon +41 [0]32 645 19 32), auf dem Strässchen zum Mittler Brüggli (Restaurant) und Unter Brüggli. Wenig unterhalb auf dem Wanderweg durch die Schlucht des Brügglibachs. Kurz vor P. 612 auf die Strasse und bis Selzach Bahnhof.

Varianten
– Von Im Holz (eine Station vor Oberdorf) zum Steinbruch «Steingrueben», wo man von einer Plattform aus Dinosaurierspuren betrachten kann. Weiter bis Oberdorf Station: 1 Std., T1.
– Von der Verzweigung P. 1309 unterhalb der Stallflue auf dem Höhenweg weiter über Obergrenchenberg (Übernachtungsmöglichkeit, Telefon +41 [0]32 652 16 42) bis Untergrenchenberg (Busstation, Restaurant/Hotel, Telefon +41 [0]32 652 16 43). Hasenmatt–Untergrenchenberg: 2 Std., T2.

Karten
Landeskarten 1:25 000, 1106 Moutier, 1107 Balsthal, 1126 Büren a. A.
Landeskarten 1:50 000, 223 Delémont, 233 Solothurn (oder SAW-Wanderkarten 223T, 233T)

Führer, Literatur, Informationen
Wanderbuch Jurahöhenwege, Schweizerischer Juraverein, Verlag Dietsch AG, Olten
Jurawandern, Rotpunktverlag, Zürich

Abstieg von der Hasenmatt zur Stallflue, die sich bis zum Grenchenberg fortsetzt.

Belchenfluh

«Belchen», das Reizwort für jeden Autofahrer. Auch nach dem Tunnelausbau sorgen stickige Luft und überfüllte Schnellstrassen bei den motorisiert Reisenden für alles andere als Hochstimmung. Für den Fussreisenden hingegen ist «Belchen» ein Zauberwort, denn abwechslungsreiche Wanderrouten führen auf und über die Belchenfluh.

Beim Bahnhof Olten überquert man die Aare und marschiert einige Minuten durch die Stadt in Richtung Trimbach. Schon die Römer hatten hier eine Befestigung gegen die Germanen gebaut. Die Stadt wurde jedoch erst im Mittelalter von den Froburgern gegründet, welche die verkehrspolitische Bedeutung des Aareübergangs und des Unteren Hauensteins erkannten. Die Froburger waren im 12. und 13. Jahrhundert ein mächtiges Geschlecht in der Region. Sie gründeten noch zahlreiche andere Städte wie Liestal, Zofingen und Waldenburg; Letzteres ist das Ziel dieser Überschreitung.

Über einen bewaldeten Rücken gewinnt man bald Höhe. Auf dem Waldweg oder entlang der Gratkante erreicht man das «Felstörli», Punkt 644 bei den Rumpelflüe. Bald darauf überschreitet man eine weitere Scharte, die Homberglücke, und wandert vorbei am General-Wille-Haus, einer Truppenunterkunft aus dem Ersten Weltkrieg. Im Westen locken bereits die Felszähne der Belchenfluh. Ein Militärsträsschen wurde während des Ersten Weltkrieges in die Belchenflanke gehauen; Erinnerungstafeln und Wappen der Einheiten mahnen an die

Wenig Platz auf dem markanten Gipfel des Belchen. Im Tal die Dampfsäule über dem Atomkraftwerk Gösgen.

Die hügelige Landschaft des Juras weckt die Lust auf weitere Wanderungen.

Grenzbesetzungszeit. Zum Schluss geht es steil über Stufen und an Geländern hoch auf den Gipfel. An einem klaren Tag schweift der Weitblick über die Landschaft zwischen Vogesen, Schwarzwald und Alpen und wird bloss von der Dampfsäule über dem Kühlturm des Atomkraftwerks Gösgen etwas getrübt.

Auch ohne geschultes Geologenauge lohnt es sich, die Gestalt der Juraberge genauer zu betrachten. Wir befinden uns in der Übergangszone vom Ketten- zum Tafeljura. Die runden Formen der Berge im Südwesten werden gegen Osten und Norden hin allmählich von schollenförmigen Bergen abgelöst.

Der zweite Teil der Überschreitung führt über den langen, aussichtsreichen Grat namens Rehhag. Überreste von Bunkern und Schützengräben säumen den Weg. Kurz vor Waldenburg gelangt man zur gleichnamigen Ruine, schon wieder ein kriegerisches Bauwerk. Doch mittelalterliche Ruinen bringt man eher mit edlem Rittertum in Verbindung als mit düsterem Kriegswesen. Auf den imposanten Bergfried führt eine steile, gewundene Treppe. Die Aussicht über die Zinnen ins Baselbiet und der Tiefblick nach Waldenburg, dem Wanderziel, sind überaus lohnend. Auch hier waren schon die Römer via Oberen Hauenstein durchgezogen. Gegründet wurde das Städtchen aber erst im 13. Jahrhundert von den besagten Froburgern. Aus dieser Zeit bestehen noch das obere Tor mit der Sonnenuhr und der mittelalterliche Stadtkern. (FJ)

Die gut erhaltene Ruine Waldenburg mit dem für Besucher offenen Bergfried.

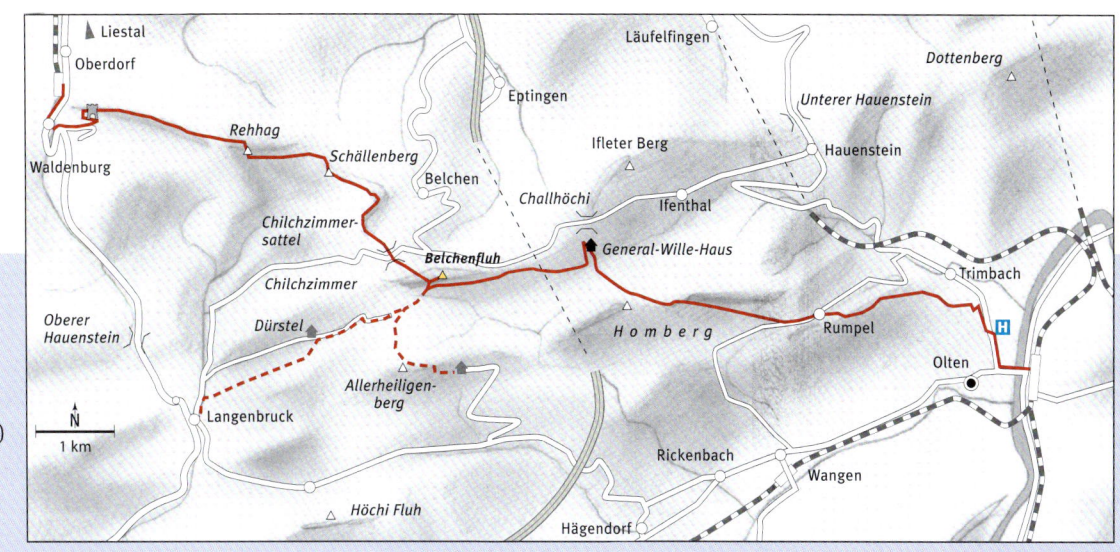

Gebiet
Solothurner/Basler Jura

Gipfel
Belchenfluh (1098 m ü. M.)

Charakterisierung
Ausgeprägter Juragipfel, umgeben von langen Graten und bewaldeten Hügeln. Geologisch interessante Landschaft zwischen Ketten- und Tafeljura.

Schwierigkeit
T2. Leichte Wanderung auf vorwiegend guten Wegen, aber von nicht zu unterschätzender Länge. Zahlreiche Abkürzungsmöglichkeiten.

Wanderzeit
Olten–Belchenfluh: 3½ Std.
Belchenfluh–Waldenburg: 2 Std.

Höhendifferenz
Olten–Belchenfluh: 790 m Aufstieg, 90 m Abstieg
Belchenfluh–Waldenburg: 670 m Abstieg, 100 m Aufstieg

Ausgangspunkt/Talorte
Olten (396 m ü. M.), grösste Stadt des Kantons Solothurn an der Verkehrsachse Bern–Zürich, sehenswerte Altstadt. Olten Tourismus: Telefon +41 (0)62 212 30 88, www.oltentourismus.ch, info@oltenturismus.ch.
Erreichbar mit Zug Linie Bern–Zürich oder Autobahn A1/A2 bis Ausfahrt Egerkingen oder Ausfahrt Rothrist und weiter bis Olten.
Waldenburg (527 m ü. M.), charmantes Städtchen mit gut erhaltenem mittelalterlichem Kern, einstiges Zentrum der Basler Uhrenindustrie. Hotels und Restaurants. Baselland Tourismus: Telefon +41 (0)61 927 65 35, www.baselland-tourismus.ch, info@baselland-tourismus.ch.
Erreichbar mit Schmalspurbahn von Liestal oder mit Auto auf demselben Weg. (Etwa drei Mal im Jahr ist die Dampflokomotive der Waldenburger Bahn aus dem Jahre 1912 in Betrieb. Auskunft unter Telefon +41 [0]61 965 94 94.) Oder mit Zug von Oensingen nach Balsthal und mit Postauto via Langenbruck nach Waldenburg. Autobahn bis Oensingen und via Balsthal und Langenbruck nach Waldenburg.

Auf- und Abstieg
Vom Bahnhof Olten Richtung Trimbach. Noch vor dem Spital links abbiegen und den Waldweg oder den Grat der Rumpelflüe entlang (Wegspuren) bis P. 644 (Felstörli, Name nicht auf der Karte). Kurzer Abstieg nach Rumpel (Restaurant) und via Rumpelhöchi zur Homberglücke (905 m ü. M., Name nicht auf der Karte). Wieder kurzer Abstieg zwischen den Truppenübungsplätzen «Erli» und «Spittelberg» hindurch zum General-Wille-Haus. Dem Militärsträsschen folgend bis unter die Belchenfluh. Steinstufen und Geländer bis zum Gipfel.
Abstieg: Das Strässchen hinab zum Chilchzimmersattel, dann dem Wanderweg folgend über Spitzenflüeli, Schällenberg und den langen Grat namens Rehhag bis zur Ruine und dem Städtchen Waldenburg.

Varianten
Verschiedene Abkürzungsmöglichkeiten, z.B.:
– Allerheiligenberg (880 m ü. M., Bus von Olten via Hägendorf)–Belchenfluh: 1 Std., T2.
– Ifenthal (706 m ü. M., Bus von Olten)–Belchenfluh: 1½ Std., T2.
– Abstieg Belchenfluh–Langenbruck (708 m ü. M., Postauto nach Waldenburg oder Balsthal, Bus nach Olten): 1½ Std., T2.

Karten
Landeskarte 1:25 000, 1088 Hauenstein
Landeskarte 1:50 000, 224 Olten (oder SAW-Wanderkarte 224T)

Führer, Literatur, Informationen
Jura, Genusstouren zwischen Genf und Basel, Bruckmann Verlag, München
Wanderbuch Jurahöhenwege, Schweizerischer Juraverein, Verlag Dietsch AG, Olten
Jurawandern, Vom Wasserschloss bei Brugg zur Rhoneklus bei Genf, Rotpunktverlag, Zürich
Querungen, Dreimal zu Fuss durch die Schweiz, Rotpunktverlag, Zürich
www.olten.ch, www.waldenburg.ch

Mit Liebe hergerichtete Wegweiser zeigen die Wandermöglichkeiten an.

Waadtländer und Freiburger Voralpen

*Aussicht von der Dent de Broc in die Haute Gruyère.
Rechts im Bild der massige Moléson.*

Rochers de Naye und Dent de Jaman

Die Rochers de Naye sind der zweite Waadtländer Berg in diesem Buch. Der erste, der Chasseron, liegt im Jura. Die Kantone Waadt und Bern sind die einzigen, die sich vom Jura über das Mittelland bis zu den Alpen erstrecken.

Die Riviera, das Genferseeufer um Montreux und die darüber thronenden Rochers de Naye bilden einen reizvollen Gegensatz. In Montreux siedelte der Genfer Philosoph und Schriftsteller Jean-Jacques Rousseau im 18. Jahrhundert seinen Briefroman «Julie ou La Nouvelle Héloïse» an. Wie der Berner Dichter Albrecht von Haller hat Rousseau dazu beigetragen, dass die Furcht vor der ungezähmten Natur der Bewunderung ihrer Schönheit wich. Von rousseauscher Naturphilosophie wird man mittlerweile jedoch eher im gebirgigen Hinterland angeregt als am zersiedelten Ufer des Genfersees. Unfreiwillig

Über der Station de Jaman erhebt sich die Dent de Jaman, ein lohnender Gipfel am Weg zum höheren Ziel.

Luftiger Grat zwischen Grande Chaux de Naye und Rochers de Naye.

Prächtiger Weitblick von den Rochers de Naye über den Genfersee zu den Savoyer Alpen.

legte Rousseau den Grundstein für den Tourismus in Montreux. Nicht nur andere Dichter taten es ihm gleich und suchten hier nach Inspiration, vom 19. Jahrhundert an wurde Montreux auch zum Treffpunkt der europäischen Noblesse. Das milde Klima am Seeufer mit seinen Rebbergen, den Palmenpromenaden und der südländischen Blumenpracht vermittelt eine mediterrane Atmosphäre. 1700 Meter oder eine knappe Stunde Zahnradbahn höher befindet man sich bereits im Reich der Alpenblumen. Die klimatischen Gegensätze bedeuten auch, dass man am besten mehrmals in die Region reist. Denn wenn wir etwa Anfang Mai durch die Narzissenfelder bei Les Avants streifen, sind die Grottes de Naye an unserer Hauptroute noch mit Schnee gefüllt.

Mit der Montreux-Berner-Oberland-Bahn fahren wir bis zum kleinen Bahnhof Jor und wandern auf den Col de Jaman. Die schon von weitem beeindruckende Dent de Jaman wird über einen steilen Pfad erstiegen. Die exponierte Spitze wurde 1770 vom Genfer Naturwissenschaftler Horace Bénédict de Saussure erstmals bestiegen, demselben Mann, der 1760 eine Belohnung für die Erstbesteigung des Mont Blanc ausschrieb und 27 Jahre später bei der dritten Besteigung selbst dabei war.

Erst über den Berg, dann durch den Berg: Wenn der Schnee geschmolzen ist, und das kann Mitte Juli werden, ist die Route durch die Grottes de Naye ein spannendes Zwischenspiel. Ein gesicherter Steig führt etwa 100 Meter auf verschlungenem Pfad durch Gänge und Schächte im Berg. Ohne Taschenlampe geht hier gar nichts! Man kann jedoch auch aussen herum: Der Weg führt zum Teil über Treppen den steilen Wänden entlang auf die Gratecke unterhalb der Grande Chaux de Naye. Über den Grat setzt sich die Wanderung fort bis auf die Rochers de Naye. Die Antenne stört, aber die Rundsicht entschädigt dafür. Imposant die Felstürme von Leysin, zu neuen Wanderungen einladend die Savoyer Alpen, und gleich einer Meereszunge entfaltet der Genfersee aus der Vogelperspektive seine wahre Grösse. (FJ)

Ein Höhepunkt abseits der Gipfel: Felder von schneeweissen Narzissen bei Les Avants.

Gebiet
Waadtländer Voralpen

Gipfel
Rochers de Naye (2041 m ü. M.),
Dent de Jaman (1875 m ü. M.)

Charakterisierung
Die Rigi der Westschweiz, ein kleines Massiv mit spitzen Nebengipfeln und einer begehbaren Höhle. Gegensätze zwischen mediterranem und alpinem Klima.

Schwierigkeit
T3. Meist problemlose Wege, die jedoch Schwindelfreiheit und Trittsicherheit verlangen. Einige Abschnitte mit Treppen und Stahlseilen. Durch die Höhle führt ein leichter Klettersteig, der ausser einer Taschenlampe keine besondere Ausrüstung erfordert.

Wanderzeit
Jor–Col de Jaman–Dent de Jaman–Grottes de Naye–Rochers de Naye: 4 Std.

Höhendifferenz
Jor–Col de Jaman–Dent de Jaman–Grottes de Naye–Rochers de Naye: 1170 m Aufstieg, 215 m Abstieg

Talort
Montreux (396 m ü. M.), altehrwürdige Waadtländer Metropole des Tourismus und der Kultur. Übernachtungsmöglichkeiten von der Jugendherberge bis zum Luxushotel. Montreux-Vevey Tourisme: Telefon +41 (0)848 86 84 84, www.montreuxtourism.ch, info@mvtourism.ch.
Erreichbar mit Zug via Fribourg, Lausanne oder vom Berner Oberland mit der MOB (Montreux-Berner-Oberland-Bahn). Autobahn bis Montreux.

Ausgangspunkt
Jor (1984 m ü. M.), Haltestelle der MOB, wenige Minuten Bahnfahrt von Montreux; vom Berner Oberland her schöne, aber lange Fahrt.
Mit dem Privatauto Anfahrt nur bis Les Avant möglich, knapp 2 km von Jor entfernt.

Auf- und Abstieg
Vom Bahnhof Jor nordwestlich zum kleinen Strässchen aufsteigen, auf dem man auch von Les Avant hierher gelangt. Dem Strässchen entlang aufsteigen und vor der grossen Kurve auf dem Wanderweg durch den Wald wenig absteigen, über den Bach und zweimal das Strässchen kreuzend aufsteigen; beim dritten Mal auf dem Strässchen bis auf den Col de Jaman (1512 m ü. M.). Gegen Süden am Restaurant (Übernachtungsmöglichkeit, Telefon +41 (0)21 943 34 30) vorbei in Richtung Dent de Jaman (1875 m ü. M.), die man von Osten her besteigt. Abstieg zur Station de Jaman (Restaurant), in einem Bogen gegen Süden und Osten über den Col de Bonaudon zum Einstieg in die Grottes de Naye. Durch die Grotten hindurch oder ausserhalb über Leitern. Beide Wege treffen sich nach ca. 100 m wieder. Weiter auf den Ostgrat der Grande Chaux de Naye (1982 m ü. M.). Diese überschreiten und gegen Südwesten weiter bis auf die Rochers de Naye. Kurzer Abstieg zur Bergstation (ca. 1970 m ü. M.) der Zahnradbahn nach Montreux. (Die Zahnradbahn verkehrt bei sehr schlechtem Wetter nur bis Caux, Auskunft: Telefon +41 (0)900 245 245; Berghotel Telefon +41 (0)21 963 74 11.)

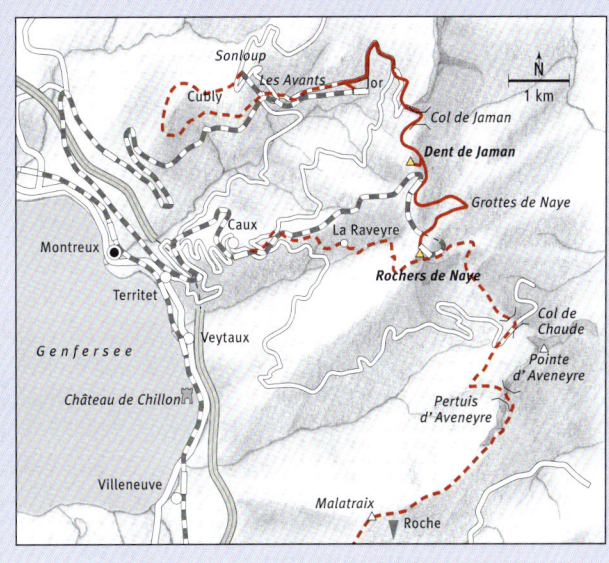

Varianten
– Mit der Standseilbahn von Les Avants nach Sonloup und über den Chemin des Narcisses entlang dem Cubly zurück nach Les Avants: 1 Std., T1.
– Abstieg von den Rochers de Naye über Sautodo, La Raveyre nach Caux (Bahnhof der Rochers-de-Naye-Bahn): 2 Std., T2–T3.
– Von den Rochers de Naye über Plan d'Areine, Col de Chaude, Pertuis d'Aveneyre, Malatraix nach Roche (Bahnhof): T2–T3, 6½ Std.

Karten
Landeskarte 1:25 000, 1264 Montreux
Landeskarte 1:50 000, 262 Rochers de Naye
(oder SAW-Wanderkarte 262T)

Führer, Literatur, Informationen
Guide des Alpes et Préalpes vaudoises, SAC-Verlag, Bern
Randonnées en Montagne, Jura - Fribourg - Vaud, SAC-Verlag, Bern
Rund um den Genfer See, Bergverlag Rother, München
Klettersteige Schweiz, Bergverlag Rother, München

Le Moléson und Teysachaux

Wie ein mächtiger Bergwächter beeindruckt der Moléson schon von weitem durch seine isolierte Lage und seine besondere Ausstrahlung. Auffallend ist seine massige, stumpfe Kegelform in einer Region von lauter spitzen «Dents» und «Vanils». Während der Fahrt nach Moléson-Village türmt sich seine von Felsbändern durchzogene Nordseite scheinbar immer steiler auf, so dass man keine leichten Wanderwege zum Gipfel erwartet. Doch Aufstiegsvarianten gibt es zahlreiche. Am bequemsten geht es natürlich mit der Bahn. Von Moléson-Village fährt eine Standseilbahn bis Plan-Francey und von dort eine Gondel bis knapp unter den Gipfel. Die Wanderung von zuunterst ist schon eine mehrstündige Tour, und wer es abenteuerlich mag, kann sich sogar an den Klettersteig über den Nordgrat wagen. Wir schlagen einen Kompromiss vor, weil vom Gipfel noch ein langer Abstieg mit der Überschreitung des Teysachaux wartet. Wir fahren bis Plan-Francey und wandern über die Westseite auf den Gipfel des Moléson.

Obwohl nur ein Gerade-noch-Zweitausender, ist das Panorama vom Moléson dank seiner exponierten Lage ausserordentlich. Man sieht die Zentralschweizer Alpen mit dem Titlis, die Berner Berühmtheiten, eine Reihe Walliser Viertausender und den Mont Blanc. Bei klarem Wetter glitzert auch der Genfersee und im Norden Neuenburger-, Murten- und Bielersee. Wer alles etwas genauer sehen möchte, dem sei ein Besuch des öffentlichen Observatoriums im Berghaus empfohlen, das nicht nur nachts zum Sternegucken einlädt. Eindrücklich ist auch die Vogelperspektive auf Gruyères. Das pittoreske Burgstädtchen ist unbedingt einen Besuch wert. Vom 11. bis zum 16. Jahrhundert residierten in Folge neunzehn Grafen im Schloss. Die Ursprünge des Grafenhauses liegen im Dunkel. Nur von Michael, dem letzten Grafen von Greyerz, weiss man, dass er Bankrott ging und seine Besitztümer an Bern und Freiburg abtreten musste. Nach wechselvollen Jahrhunderten ist das Schloss wieder im Besitz des Kantons Freiburg, der darin ein Museum einrichtete. Gruyères verbindet sein geschichtliches Erbe jedoch auch mit der Moderne. So beherbergt das Städtchen beispielsweise das Museum des Science-Fiction-Künstlers und Alien-Kreators H. R. Giger.

Die eigentliche Wanderung beginnt erst auf dem Gipfel. Der Gratweg senkt sich nach und nach gegen Südwesten bis an den Fuss des Teysachaux. Hier endet fürs Erste das beschauliche Aussichtswandern. Steil und in engen Windungen führt der Pfad auf den spitzen Teysachaux. Auch zu Beginn des Abstiegs ist Konzentration auf die Füsse angesagt. Bald aber geht der felsdurchsetzte Grat in eine Gras- und Waldflanke über. Die Spur verliert sich für einen Moment. Wo die Hänge flacher werden, trifft man auf den Pfad nach Belle Chaux. Der Wanderweg und später das Strässchen schlängeln sich langsam hinunter durch die enge Gorges de l'Evi nach Albeuve. (FJ)

Gebiet
Freiburger Voralpen, Greyerzerland

Gipfel
Le Moléson (2002 m ü. M.),
Teysachaux (1909 m ü. M.)

Charakterisierung
Massiger Bergkegel, der die Gegend weit herum dominiert und eine fast mystische Ausstrahlung auf seine Umgebung ausübt.

Schwierigkeit
T2–T3. Meist angenehme Bergwanderwege, nur die Überquerung des Teysachaux ist steil und etwas ausgesetzt. Dank der Seilbahn auch kurze Varianten möglich.

Wanderzeit
Plan-Francey–Petit Plané–Le Moléson: 1½ Std.
Le Moléson–Teysachaux–Les Moilles–Gorges de l'Evi–Albeuve: 4 Std.

Höhendifferenz
Plan-Francey–Bonne Fontaine–Le Moléson: 535 m Aufstieg, 30 m Abstieg
Le Moléson–Teysachaux–Les Moilles–Gorges de l'Evi–Albeuve: 1355 m Abstieg, 125 m Aufstieg

Talorte
Moléson-Village (1107 m ü. M.), auch Moléson-sur-Gruyères genannt, Feriensiedlung am Fuss des Moléson. Restaurants, Ferienwohnungen. Office du Tourisme de Moléson: Telefon +41 (0)26 921 85 00, www.moleson.ch, info@moleson.ch. Erreichbar von Freiburg mit Bus bis Bulle, mit Zug bis Gruyères und nochmals mit Bus bis Endstation Moléson-sur-Gruyères. Autobahn bis Bulle, durch Bulle hindurch und via Epagny und Pringy nach Moléson-Village.
Albeuve (769 m ü. M.), freundliches Greyerzer Dorf mit einem Hotel/Restaurant (Telefon +41 [0]26 928 11 13).
Erreichbar mit Zug oder Auto via Bulle, Epagny.

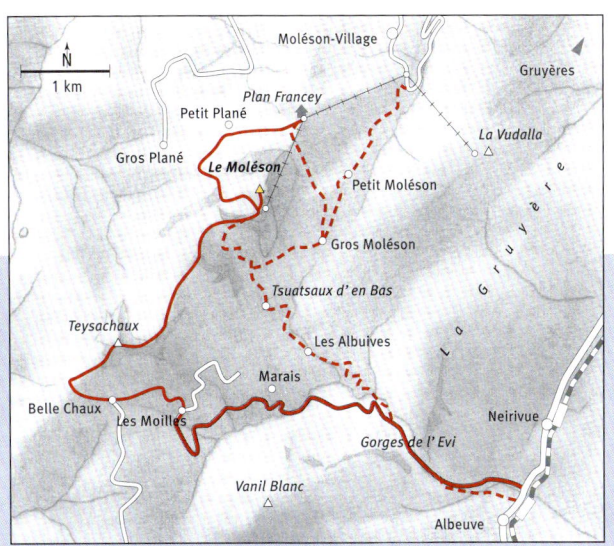

Ausgangspunkt
Plan-Francey (1517 m ü. M.), Bergstation der Standseilbahn von Moléson-Village und Umsteigeort, wenn man mit der nachfolgenden Gondelbahn bis zum Gipfel fahren will. Hotel/Restaurant (Telefon +41 [0]26 921 10 42).

Auf- und Abstieg
Von Plan-Francey nach Westen Richtung Petit Plané. Noch vor der Alp links ansteigend um den Moléson herum und durch seine Westflanke mit ein paar steileren Stellen hoch, bei Bonne Fontaine (1809 m ü. M.) vorbei und zur Gondelbahnstation mit Hotel, Restaurant und öffentlichem Observatorium (Telefon +41 [0]26 921 29 96). In wenigen Minuten nördlich zum Gipfel.
Abstieg: Vom Gipfel zurück zum Restaurant, dann auf der Höhe des Südwestgrats über P. 1914 bis P. 1788 am Fuss des Teysachaux allmählich absteigen. Steil und in engen Windungen auf den Gipfel (1909 m ü. M., Kreuz). In südwestlicher Richtung zu Beginn etwas ausgesetzt absteigen. Auf ca. 1540 m, wo die Grasflanke flach ausläuft, verliert sich der Weg auf einer kurzen Strecke. Hier nach Osten abbiegen nach Belle Chaux, Vieille Chaux und Les Moilles (kleiner Restaurationsbetrieb). Nun auf dem Strässchen über Gobalet, Pra Catîle, Marais, Les Charbonnières in die Gorges de l'Evi. Auf der Nordseite des Baches La Marive bleiben und am Schluchtausgang über einen kleinen Weg bis Albeuve, oder noch vor dem Schluchtausgang über eine Brücke und auf der Südseite der Marive bis Albeuve.

Varianten
– Aufstieg durch die Südflanke: Von Moléson-Village über Petit Moléson, Gros Moléson, Tsuatsaux d'en Haut auf den Gipfel des Moléson: 3 Std., T2.
Oder ca. 45 Min. kürzer von Plan-Francey bis Gros Moléson und auf der gleichen Route weiter zum Gipfel.
– Abstieg vom Gipfel über Tsuatsaux d'en Haut, Tsuatsaux d'en Bas, Les Albuives, Gorges de l'Evi nach Albeuve: 3 Std., T2.

Karten
Landeskarten 1:25 000, 1244 Châtel-St-Denis, 1245 Château-d'Œx
Landeskarte 1:50 000, 262 Rochers de Naye (oder SAW-Wanderkarte 262T)

Führer, Literatur, Informationen
Guide des Préalpes fribourgeoises, SAC-Verlag, Bern
Genfer See, Bergverlag Rother, München
Randonnées en Montagne, Jura - Fribourg - Vaud, SAC-Verlag, Bern

Im steilen Aufstieg zum Teysachaux braucht es die Hände fürs Gleichgewicht.

Dent de Broc

Wenn es einen Felszahn gibt, für den diese Bezeichnung ohne Vorbehalte zutrifft, dann ist es die Dent de Broc. Wie eine in die Senkrechte gestellte, riesige Felsplatte verbindet ein Felsgrat die beiden Täler der Flüsse Saane oder Sarine und Motélon. Zuoberst thront als klippenartige Auswuchtung die Dent de Broc, von Norden und Süden gesehen wie ein breiter Stockzahn, von Westen und Osten wie ein spitzer Reisszahn. Mit der ähnlich geformten Dent du Chamois bildet sie fast einen Doppelgipfel. Dazwischen eingeschlossen liegen zwei steile Tälchen, die sich auf dem Col des Combes (ohne Namen auf der Landeskarte) treffen. Durch das östliche dieser Täler führt unsere Aufstiegsroute. Der Abstieg erfolgt direkt nach Broc. So ergibt sich einmal mehr eine spannende Überschreitung.

Wir fahren nach Charmey, einem alten Kurort am Beginn des Jaunpasses. Schon lange vor dem Bau der Jaunpassstrasse Ende des 19. Jahrhunderts war Charmey beliebtes Ausflugsziel der Greyerzer, damals eben zu Fuss oder mit der Postkutsche. Die Wanderung beginnt beim Weiler La Tsintre und überquert als ersten Höhepunkt das versteckte Plateau von La Monse mit einer romantisch gelegenen Kapelle. Dann geht es absteigend ins Vallée de Motélon und wenig später in das namenlose Seitental, das über die Alpen von Les Groins auf den Pass zwischen Dent du Chamois und Dent de Broc führt. Im rechten Bereich des Felszahns kann man die Wanderroute ausmachen. Der grosse Rest der Dent de Broc besteht aus steilen Kalkwänden und ist den Kletterern vorbehalten.

Die Dent de Broc (links) und die Dent du Chamois hinter dem Burgstädtchen Gruyères.

Von der Dent de Broc geht der Blick das Jaunbachtal hinauf bis zu den fernen Berner Alpen.

Der «Gipfelsturm» erfordert Konzentration. Der Pfad ist abschüssig, einige Absätze müssen überwunden und ein steiles Couloir erstiegen werden. Wanderstöcke deponiert man am besten gleich am Fuss der Wand, damit man die Hände frei hat, um sich festzuhalten oder zu stützen. Lohn des etwas heiklen Aufstiegs ist ein Aussichtsgipfel, der seinesgleichen sucht. Im Westen dominiert der Moléson, im Süden zeigen sich weitere bizarre Felszähne und das Gebiet der «Vanils» zwischen Greyerzerland und Pays d'Enhaut, nach Osten geht der Blick durch das Jaunbachtal hinauf bis zu den Berner Hochalpen. Am überraschendsten für den Bergwanderer ist die Sicht nach Norden, wo nicht mehr Berge herrschen, sondern scheinbar grenzenlose Weite. Hinter Bulle und dem Lac de la Gruyère verliert sich das Freiburger Mittelland im Dunst. Dann folgt nur noch Himmel. Tief unter uns liegt Broc, wo 1898 Alexandre Cailler seine Schokoladefabrik gründete. Seither rühmt sich das Städtchen, «Welthauptstadt der Milchschokolade» zu sein. Von Bedeutung sind auch Brocs Elektrizitätswerke. Die Bogenstaumauer, die seit dem Jahr 1921 den Lac de Montsalvens staut, soll europaweit die Erste dieser Art gewesen sein. Wer nach dem steilen Abstieg von der Dent de Broc noch mag, kann zur Staumauer und durch die imposante Gorges de la Jogne nach Broc wandern. (FJ)

Überraschende Aussicht vom Gipfel ins weite Freiburger Mittelland.

Die Felswände der Dent de Broc, gesehen vom Col des Combes. Der Aufstieg erfolgt ganz rechts.

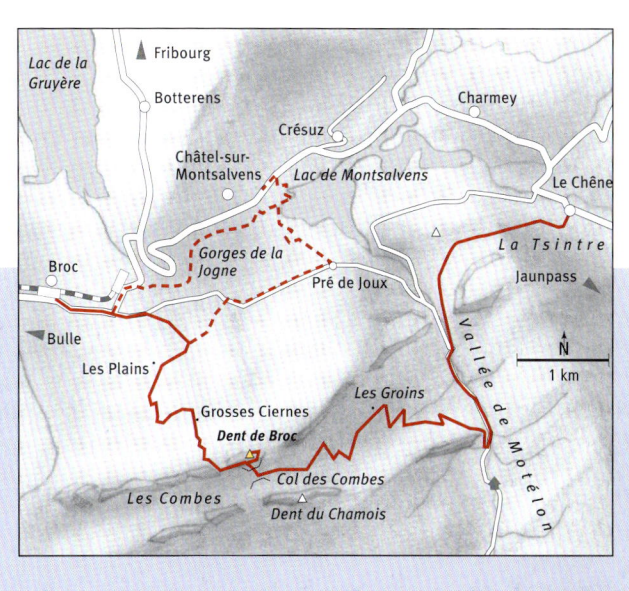

Gebiet
Freiburger Voralpen, Greyerzerland

Gipfel
Dent de Broc (1829 m ü. M.)

Charakterisierung
Beeindruckender Felszahn über Bulle und Broc. Ein Wahrzeichen des Greyerzerlandes und Aussichtspunkt par excellence.

Schwierigkeit
T3. Bis unter den Gipfelaufbau ohne Schwierigkeiten, jedoch zum Teil steil. Gutes Orientierungsvermögen nötig, da nur spärliche Markierungen vorhanden. Steile, exponierte Pfadspur auf den ausgesetzten Gipfel.

Wanderzeit
Charmey (Le Chêne)–La Monse–Les Fossalets–Les Groins–Dent de Broc: 3½ Std.
Dent de Broc–Grosses Ciernes–Les Plains–Broc-Village (Bahnhof): 2½ Std.

Höhendifferenz
Charmey (Le Chêne)–La Monse–Les Fossalets–Les Groins–Dent de Broc: 1060 m Aufstieg, 80 m Abstieg
Dent de Broc–Grosses Ciernes–Les Plains–Broc-Village (Bahnhof): 1150 m Abstieg, 40 m Aufstieg

Talort
Broc (718 m ü. M.), kleines Städtchen mit berühmter Schokoladefabrik. Ein Hotel (Telefon +41 [0]26 921 13 13), Restaurants. Bureau d'informations de Broc: Telefon +41 (0)26 921 16 36, www.broc.ch, www.tiscover.ch/broc; oder Office du Tourismede Bulle: Telefon +41 (0)26 912 80 22, www.info-bulle.ch, info@moleson.ch. Erreichbar von Freiburg mit Bus via Bulle (umsteigen). Autobahn bis Ausfahrt Bulle und durch Bulle hindurch nach Broc; oder von Spiez via Boltigen, Jaunpass.

Ausgangspunkt
Charmey (887 m ü. M.), Ferienort an der Jaunpass-Strecke, über dem malerischen Lac de Montsalvens. Hotels und Restaurants. Office du Tourisme de Charmey: Telefon +41 (0)26 927 55 80, www.char-mey.ch, office.tourisme@charmey.ch.
Erreichbar von Freiburg mit Bus via Bulle (umsteigen auf Linie Bulle–Jaunpass–Boltigen) bis Station Le Chêne (etwas ausserhalb von Charmey, kurz vor dem Weiler La Tsintre). Autobahn bis Bulle und auf der Jaunpass-strasse bis Charmey. Bei La Tsintre sehr wenige Parkiermöglichkeiten.

Auf- und Abstieg
Von der Bushaltestelle Le Chêne kurz der Strasse folgen. In der grossen Kurve, die nach La Tsintre führt, auf das kleinere Strässchen abbiegen, das über die Jogne führt. Nach der Brücke rechts dem Strässchen in den Wald folgen. Nach ca. 300 m links den Wanderweg hoch, über die Höhe von Le Monse und südwärts ins Vallée de Motélon absteigen. Auf dem Strässchen hoch bis P. 1001, wo das Alpsträsschen nach Norden abzweigt, auf diesem ins Tal von Les Groins und in vielen Kehren, im oberen Teil auf dem Bergweg, zum Sattel auf 1669 m ü. M. (Col des Combes, ohne Namen auf der Landeskarte). In nördlicher Richtung an den Fuss der Felswand, nach rechts über ein abschüssiges Band, durch Schrofen und ein Couloir auf den Gipfel. Abstieg: Zurück zur Verzweigung am Wandfuss, dann nahe der Wand entlang weiter westlich absteigen (steil, manchmal etwas rutschig) durch den Wald bis zu einer Verzweigung auf ca. 1600 m ü. M. Kurzer Aufstieg zur Lücke P. 1634. Den Waldweg hinab auf die Weiden bei Grosses Ciernes (1300 m ü. M.), wo sich der Weg kurz auf dem Weideland verliert. 50 m unterhalb der Alp wieder auf deutlichem Weg nach Westen und durch den Wald nach Les Plains (950 m ü. M.). Auf dem Alpweg östlich durch einen bewaldeten Graben. Auf der andern Grabenseite links den Pfad durch den Wald hinunter auf ein Strässchen, das nach Broc führt.

Varianten
– Aufstieg von Broc (gleiche Route wie Abstieg): 3 Std., T3. Oberhalb von Grosses Ciernes ist der Weiterweg in den Wald nicht leicht zu finden.
– Beim Abstieg von Les Plains dem Alpweg weiter folgen bis Grosse Gîte, auf der Strasse bis P. 847, dann rechts bis Pré de Joux aufsteigen und links hinab über Gîte d'Avau zur Staumauer des Lac de Montsalvens; über die Staumauer und hinauf nach Châtel-sur-Montsalvens (Busstation, Restaurant). Dent de Broc–Châtel-sur-Montsalvens: T3, 3 Std. Oder von der Staumauer durch die imposante Gorges de la Jogne nach Broc: zusätzlich 45 Min.

Karten
Landeskarte 1:25 000, 1225 Gruyères
Landeskarte 1:50 000, 252 Bulle (oder SAW-Wanderkarte 252T)

Führer, Literatur, Informationen
Guide des Préalpes fribourgeoises, SAC-Verlag, Bern
Randonnées en Montagne, Jura - Fribourg - Vaud, SAC-Verlag, Bern

Schopfenspitz

Auf dem Gipfel des Schopfenspitz, dahinter der Chörblispitz.

Im Aufstieg zum Patraflon schaut man über die Bergstation Vounetse hinweg zur spitzen Dent de Broc.

Im Sense-Oberland heissen die Täler Schlünde, als ob es sich um gefährliche, alles verschlingende Rachen handelte. Rauh sind sie wirklich, diese Täler, zum Teil auch einsame und naturbelassene Rückzugsgebiete für Tiere und Pflanzen. Schon auf der Hinreise werden wir vom Seeschlund verschluckt. Doch dahinter empfängt uns ein liebliches, offenes Hochtal mit dem Schwarzsee, der trotz seinen anderthalb Kilometern Länge und 500 Metern Breite nur 12 Meter tief ist.

Den See werden wir erst am Nachmittag nach der Wanderung geniessen. Für die Tour auf den Schopfenspitz lässt man den Schwarzsee zu Beginn noch buchstäblich links liegen und fährt mit dem Bus seinem Ufer entlang bis Schwarzsee Bad. Auf dem Alpweg gewinnt man ziemlich rasch an Höhe und erreicht nach den Alpen Unter und Ober Recardets eine Wegverzweigung, wo uns ein Schild mitteilt, dass hier der Wanderweg zu Ende sei, aber dennoch ein Pfeil den Weiterweg markiert. Der Wanderweg endet hier tatsächlich, aber weiter geht der Bergweg. Vielleicht etwas spitzfindig, doch die Fortsetzung ist wirklich anspruchsvoller. Ein schmaler Pfad schlängelt sich zum Patraflon hinauf. Die Rundsicht hat sich schon wunderbar geöffnet. Man erkennt das Kartäuserkloster La Valsainte im Javrotal, die Bergstation der Gondelbahn Vounetse, von wo man ebenfalls auf den Schopfenspitz starten kann, dahinter die spitze Dent de Broc und im Dunst fast aufgelöst den mächtigen Moléson. Auf dem nun folgenden Grat hält man sich vorwiegend an den luftigen, begrasten First. Gut möglich, dass man hier von Murmeltieren ausgepfiffen wird. Vielleicht sind aber gar nicht wir der Grund für ihren schrillen Schrei, sondern der Adler, der hier sein Revier hat und über unseren Köpfen seine Kreise zieht.

Auf dem Schopfenspitz steht man im Zentrum einer zerklüfteten Bergreihe und einer kompliziert gestaffelten Landschaft aus steilen Grasflanken, senkrechten Felswänden und tiefen, geröllgefüllten Wannen. Französisch heisst der Schopfenspitz Gros Brun. Von seinem Gipfel sehen wir direkt nach Jaun hinab, von wo man ebenfalls auf einem lohnenden Weg auf seinen Gipfel wandern kann. Auch Jaun, die einzige deutschsprachige Gemeinde im Greyerzerland, hat einen französischen Namen: Bellegarde, benannt nach der Burg, von der nur noch die Ruinen auf einer Kuppe zwischen Jaun und Kappelboden übrig geblieben sind. Der Name Jaun wie auch der französische Name Jogne für den Jaunbach sind vom helvetischen und alemannischen «Jagona» abgeleitet, was «die Kalte» bedeutet.

Der Abstieg führt durch eine steile Karmulde, in der oft Gemsen beobachtet werden können, in den Breccaschlund. Das reich strukturierte Tal mit seiner urtümlichen Ausstrahlung beherbergt bedrohte Tiere und geschützte Pflanzen. Seit 1996 gehört der Breccaschlund zum Bundesinventar für schützenswerte Landschaften und Naturdenkmäler. (FJ)

Gebiet
Freiburger Voralpen, Sense-Oberland

Gipfel
Schopfenspitz (2104 m ü. M.)

Charakterisierung
Höchster Gipfel in der Bergkette zwischen Schwarzsee und Charmey. Wilde Felskessel und naturbelassene Täler, insbesondere der geschützte Breccaschlund.

Schwierigkeit
T3. Zwischen Patraflon, Schopfenspitz und Alp Combi Bergwege, die gute Trittsicherheit erfordern. Route markiert, aber trotzdem gute Orientierung nötig.

Wanderzeit
Schwarzsee Bad–Patraflon–Schopfenspitz: 4½ Std.
Schopfenspitz–Combi–Stierenberg–Schwarzsee Gypsera: 2½ Std.

Höhendifferenz
Schwarzsee Bad–Patraflon–Schopfenspitz: 1170 m Aufstieg, 105 m Abstieg
Schopfenspitz–Combi–Stierenberg–Schwarzsee Gypsera: 1085 m Abstieg, 20 m Aufstieg

Talort/Ausgangspunkt
Schwarzsee (1050 m ü. M.), aus verstreuten Siedlungen bestehender Ferienort beim idyllischen Schwarzsee. Verschiedene Übernachtungsmöglichkeiten. Schwarzsee Tourismus: Telefon +41 (0)26 412 13 13, www.schwarzsee.ch, info@schwarzsee.ch.
Erreichbar mit Zug bis Freiburg und mit Autobus bis Schwarzsee, Haltestelle Bad bzw. Gypsera. Mit Auto nach Plaffeien und weiter bis Schwarzsee.

Auf- und Abstieg
Von Schwarzsee Bad über die Brücke des Seeweidbachs, dann rechts gegen Recardets. Ca. 300 m nach der Brücke lohnender Abstecher zum Wasserfall des Seeweidbachs (Wegweiser). Dem Alpweg folgend über Unter und Ober Recardets aufsteigend, ab P. 1590 kurzes Stück wenig ausgeprägter Bergweg auf den Patraflon (1888 m ü. M.). Nach Süden in einigem Auf und Ab dem Grat folgend über die Pointe de Balachaux in den Col de Balachaux (P. 1873, Verzweigung mit Wegweisern, ohne Namen auf der Landeskarte) und weiter zu einem nächsten Sattel unterhalb des Gipfels (Verzweigung ohne Wegweiser und ohne Höhenangabe auf der Landeskarte, ca. 2010 m ü. M.). In wenigen Minuten zum Gipfel aufsteigen.
Abstieg zurück zum Sattel unterhalb des Gipfels, dann nach rechts (Nordosten) steil durch den Geröllkessel (1811 m ü. M.) zur Alp Combi. Weiter nach Nordosten, manchmal leicht aufsteigend unter der Felswand der Türmli vorbei zur Verzweigung oberhalb der Alphütte auf 1548 m ü. M. In gleicher Richtung weiter über Rippetli, Stierenberg nach Unter Bödeli und über den breiteren Weg nach Schwarzsee Gypsera.

Varianten
– Aufstieg von Vounetse (Bergstation der Gondelbahn von Charmey)–Tissiniva Derrey–La Gitetta–Balachaux–Schopfenspitz: 3 Std., T2–T3.
– Aufstieg von Jaun durch den Felskessel Maischüpfen auf den Schopfenspitz: 3½ Std. T2–T3.

Karten
Landeskarten 1:25 000, 1225 Gruyères, 1226 Boltigen
Landeskarten 1:50 000, 252 Bulle, 253 Gantrisch (oder SAW-Wanderkarten 252T, 253T)

Führer, Literatur, Informationen
Guide des Préalpes fribourgeoises, SAC-Verlag, Bern

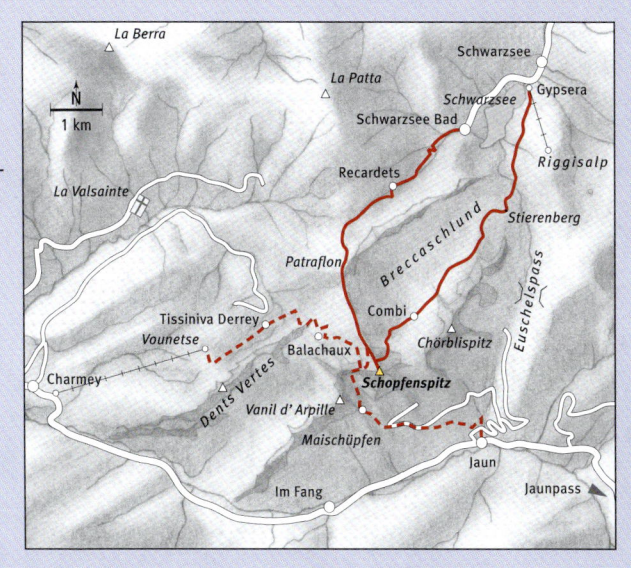

Tiefblick vom Schopfenspitz in die Karmulde unter der Combiflue und in den Breccaschlund (links).

SCHWYBERG

Auf dem Weg zum Fuchses Schwyberg überblickt man die liebliche Schwarzseeregion.

Wir könnten schon früher aus dem Bus steigen, doch den idyllischen Schwarzsee möchten wir uns nicht entgehen lassen und fahren deshalb bis zur Station Gypsera. Urkundlich bereits im Jahr 1076 erwähnt, war der Schwarzsee noch im 18. Jahrhundert nur Einheimischen bekannt. 1784 erkannte ein Fischer aus Plaffeien den Wert der Schwefelwasserquellen und baute das erste Badehaus. Der Tourismus begann. 1826 baute man eine Strasse zu den Gipssteinbrüchen am Schwarzsee, die mit einem Zoll belegt wurde, daher auch das Zollhaus am Eingang zum Seeschlund, beim Zusammenfluss der Warmen und der Kalten Sense. Die Namen der beiden Flüsse kommen nicht von ungefähr: Die Warme Sense ist immer etwa zwei Grad wärmer als die aus der Gantrischregion kommende Kalte Sense.

Von den Ufern des Schwarzsees führt der Wanderweg der Warmen Sense entlang bis Burstera. Hier beginnt die Steigung. Mehrheitlich über eine gleichmässige Rippe, die teils bewaldet ist, teils die immer weitere Sicht freigibt, erreicht man die erste Erhebung des Schwybergs, Fuchses Schwyberg. Die langsam zerfallenden Überreste der Sesselbahn und des Skilifts stören das Landschaftsbild schon ein wenig, aber da ihr Betrieb seit einigen Jahren eingestellt ist, hat der Berg für Wanderer an Attraktivität gewonnen. Wunderbar unbeschwert lässt es sich nun in gemächlichem Auf und Ab über den gerundeten Kamm wandern, an Schatters Schwyberg, Hapferen Schwyberg, Hohi Schwyberg und oberhalb von Schmutzes Schwyberg vorbei bis auf ... – jetzt wundert sich der Kartenleser: Hat der höchste Punkt denn gar keinen Namen? Ein Kreuz ziert ihn, aber die Bezeichnung Gross Schwyberg gilt eigentlich für die Alp gleich unterhalb des Gipfels. Ob schlicht Schwyberg, Gross Schwyberg oder namenlos, auf jeden Fall stehen wir auf einem einladenden Gipfel mit erfreulicher Sicht in die Voralpen und über das Senseland, ja sogar über das Dreiseenland bis zum Jura.

Beim Abstieg kann man beim Grossen Schwyberg seinen Durst löschen und dabei einen Blick die Westflanke hinunterwerfen. Dort stand einst die Chaletsiedlung Falli Hölli. 1994 kam der Hang ins Rutschen und mit ihm alle 37 Häuser und das Hotel. Übrig geblieben ist nur der Flurname. Der weitere Abstieg erfolgt über offenes Weideland und durch schönen Wald, der im oberen Teil jedoch beeindruckende Sturmschäden aufweist. Bei Hapferen verlässt man den Wald und erreicht bald das Dorf Plaffeien. Plaffeien heisst französich Planfayon. Die Namen gehen auf das lateinische «planum fagetum» zurück, was «ebener Buchenwald» bedeutet. 1906 wütete ein verheerender Dorfbrand, der den Dorfkern mit der Kirche komplett zerstörte. Man entwarf einen völlig neuen Dorfplan und begann sofort mit dem Bau des neuen Dorfkerns. Das heutige Dorfbild und die Kirche sind sehenswert und gehören zu den geschützten Baukulturgütern. (FJ)

Sturmverheerungen im Wald über Plaffeien, hinten das Guggershörnli.

Unbeschwertes Wandern über den Kamm des Schwybergs.

Gebiet
Freiburger Voralpen, Sense-Oberland

Gipfel
Schwyberg (1644 m ü. M.)

Charakterisierung
Langer, abgerundeter Kamm mit mehreren Erhebungen. Unscheinbarer, jedoch ringsum offener Gipfel mit schöner Sicht über den Sensebezirk.

Schwierigkeit
T1–T2. Unbeschwerliche Wanderwege mit angenehmen Steigungen.

Wanderzeit
Schwarzsee Gypsera–Fuchses Schwyberg–Gross Schwyberg: 3 Std.
Gross Schwyberg–Blösch–Plaffeien: 1½ Std.

Höhendifferenz
Schwarzsee Gypsera–Fuchses Schwyberg–Gross Schwyberg: 700 m Aufstieg, 100 m Abstieg
Gross Schwyberg–Blösch–Plaffeien: 795 m Abstieg

Talorte/Ausgangspunkt
Schwarzsee (1050 m ü. M.), aus verstreuten Siedlungen bestehender Ferienort beim idyllischen Schwarzsee. Verschiedene Übernachtungsmöglichkeiten. Schwarzsee Tourismus: Telefon +41 (0)26 412 13 13, www.schwarzsee.ch, info@schwarzsee-tourismus.ch.
Erreichbar mit Zug bis Freiburg und mit Autobus bis Schwarzsee, Haltestelle Gypsera. Mit Auto nach Plaffeien und weiter bis Schwarzsee (nicht unbedingt über Freiburg).
Plaffeien (849 m ü. M.), auf einer kleinen Hochebene am Rand der Freiburger Voralpen gelegene Ortschaft mit unter Kulturgüterschutz stehendem Ortskern. Mehrere Übernachtungsmöglichkeiten. Tourismusbüro: siehe oben; www.plaffeien.ch.
Erreichbar mit Zug bis Freiburg und mit Autobus bis Plaffeien. Mit Auto auf demselben Weg oder über Schwarzenburg, Guggisberg oder von Thun über Riggisberg, Rüschegg.

Auf- und Abstieg
Von der Busstation Schwarzsee Gypsera dem Weg auf der linken Seite der Warmen Sense folgen bis Burstera. Links (westwärts) aufsteigen und über Hapfernvorsass und Salevorschis auf die bewaldete Ostnordostrippe des Fuchses Schwyberg. Über die Rippe bis Fuchses Schwyberg (1620 m ü. M.). In nördlicher Richtung dem Kamm des Schwybergs folgen bis Hapferen Schwyberg (1518 m ü. M.). Weiter in nördlicher Richtung dem Waldrand entlang, kurz gemeinsam mit dem Alpsträsschen. Bei P. 1561 in den Wald abbiegen und in einem Bogen gegen Westen wieder auf den waldfreien Kamm und über diesen zum höchsten Punkt des Schwybergs.
Abstieg: Gegen Norden kurz steil hinab auf das Alpsträsschen und über dieses zum Hof Gross Schwyberg (Restaurationsbetrieb). Zuerst den breiten Weg entlang weiter, auf ca. 1540 m nach rechts auf dem schmalen Wanderpfad über Blösch, Lehmas Bärgli und den Waldrücken «Im lengen Stutz» zum Waldsträsschen bei P.1230. Ca. 300 m nach Westen, dann wieder vom Strässchen weg gegen Norden absteigen. Nun über mehrere Wegkreuzungen, sich an die Wegweiser haltend, bis kurz vor den Waldrand, dann nach links noch innerhalb des Waldes bis Hapferen (935 m ü. M.), wo man den Wald verlässt und über das Strässchen Plaffeien erreicht.

Variante
Von der Weggabelung, wo man die Ostnordostrippe des Fuchses Schwyberg erreicht, kann man direkt über Gordey Schwand bis Hapferen Schwyberg aufsteigen: ca. 1 Std. Zeitersparnis.

Karten
Landeskarten 1:25 000, 1206 Guggisberg, 1226 Boltigen
Landeskarte 1:50 000, 253 Gantrisch (oder SAW-Wanderkarte 253T)

Führer, Literatur, Informationen
Guide des Préalpes fribourgeoises, SAC-Verlag, Bern
Wanderwelt Mittelland, Kümmerly+Frey, Zollikofen-Bern

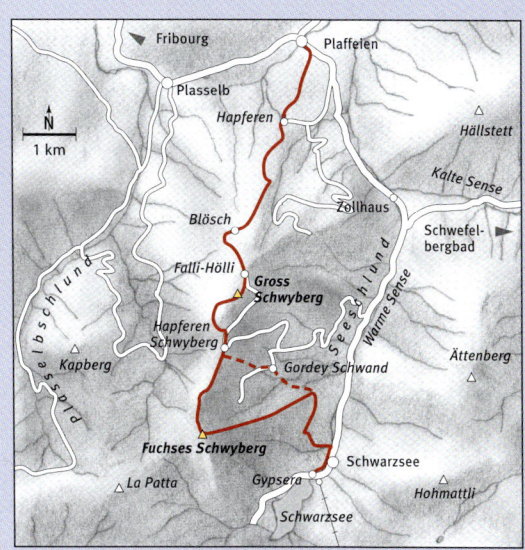

Westliches Berner Oberland

Wild und unversehrt, ein Tal wie aus längst vergangenen Zeiten. Das Gasterental, einer der naturbelassensten Winkel im Berner Oberland. Am Horizont Elwertätsch (links) und Sackhorn.

Lauenenhorn und Giferspitz

Wer von der Bergstation Betelberg übers Leiterli wandert, muss, wenn er zur richtigen Zeit unterwegs ist, immer wieder stehen bleiben und die Blumenpracht bewundern. Er befindet sich auf dem Alpenblumenweg, wo bei guten Bedingungen bis zu siebzig Arten gleichzeitig blühen. Direkter und weniger zeitraubend zieht sich ein anderer Weg von der Station Betelberg fast horizontal am Leiterli entlang. Rechts unterhalb erstreckt sich die Moorlandschaft Haslerberg, eine geschützte Moorlandschaft von nationaler Bedeutung. Im ständig nassen und sauerstoffarmen Boden konnten sich abgestorbene Pflanzenteile nicht vollständig zu Humus zersetzen. Der saure und nährstoffarme Moorboden ist für Pflanzen ein Extremstandort. Seltene Arten wie Wollgras, der insektenfressende Sonnentau oder viele Orchideenarten gedeihen hier. Moore sind allerdings nicht nur Natur-, sondern auch Kulturlandschaften. Ohne die Pflege und Bewirtschaftung durch die Bauern würden viele Moore mit der Zeit verganden.

Hinter dem Leiterli, beim Stoos, vereinigen sich die beiden Wege wieder. Vor uns breitet sich eine fremdartig wirkende, kraterartige Landschaft aus. Richtig eindrücklich wird das geologische Phänomen nach den Stübleni. Der Wanderweg schlängelt sich durch eine zerklüftete, weisse Gipslandschaft. Der weiche Gips und die verwandte Rauhwacke werden vom Regenwasser gelöst und erodieren. Es bilden sich trichterförmige Versickerungslöcher, sogenannte Dolinen. Bei Nässe wird das Gipsgestein zu einer schmierigen Rutschbahn. Es ist also ziemlich gefährlich, bei nassem Boden den Kraterrändern

Blick zurück vom Giferspitz über das Lauenenhorn zum Alpenkamm mit dem Wildhorn.

Der Giferspitz (hinten): Höher geht es im Saanenland nirgends.

zu nahe zu treten. Gips besteht aus Kalk und Schwefel. Wo heilkräftige Schwefelquellen sprudeln, findet man in den umliegenden Bergen oft Gipsformationen, aus denen das Wasser den Schwefel löst. So auch an der Lenk, wo um 1688 das erste Schwefelbad entstand und den Grundstein für die touristische Entwicklung legte.

Bis auf die Losegg hinter die Tube sind die Steigungen moderat. Dann aber geht es zur Sache. Vor uns schwingt sich der Südostgrat zum Lauenenhorn empor. Man kann dem Grat bis zum Gipfel folgen, doch die oberen zwei Drittel sind steil und weglos. Die Normalroute zweigt deshalb auf etwa 2100 Meter Höhe links ab und führt fast horizontal durch die Südseite der Lauenenhorn-Pyramide zum Westgrat. Dieser ist zwar nicht minder steil, aber über seinen Kamm führt ein gut begehbarer Pfad. Dieser erste Gipfel ist schon ein herrlicher Höhepunkt, obwohl ihn der Giferspitz noch fast 70 Meter überragt. Deshalb wird man auf dem Lauenenhorn wohl nicht allzu lange rasten, sondern die Wanderung bald über den Verbindungsgrat und die Ostflanke zum Giferspitz fortsetzen. Der Gipfel beherrscht das ganze Saanenland. Höher hinauf geht es erst wieder bei der Wildhornkette am Alpenkamm. Die meisten Höhenmeter sind im Abstieg zu bewältigen, der gegen Norden ins ruhige Turbachtal führt und im mondänen Gstaad endet. (FJ)

Gebiet
Westliches Berner Oberland, Saanenland

Gipfel
Lauenenhorn (2477 m ü. M.),
Giferspitz (2541 m ü. M.)

Charakterisierung
Die ganze Region dominierende, ihre Nachbarn weit überragende Gipfel. Beide verbindet ein scharfer Grat, der zu einer prächtigen Überschreitung einlädt. Geologisch und botanisch interessante Wanderung.

Schwierigkeit
T2–T3. Wenig schwierige, aber zuweilen ziemlich holprige Wege, die einen guten Tritt erfordern. Der Verbindungsgrat zwischen Lauenenhorn und Giferspitz verlangt Schwindelfreiheit, ist aber weniger exponiert, als man aufgrund der Felsaufschwünge, die man umgeht, meinen könnte.

Wanderzeit
Betelberg–Lauenenhorn–Giferspitz: 3½ Std.
Giferspitz–Turbach–Gstaad: 3 Std.

Höhendifferenz
Betelberg–Lauenenhorn–Giferspitz:
785 m Aufstieg, 185 m Abstieg
Giferspitz–Turbach–Gstaad: 1490 m Abstieg

Talorte
Lenk (1064 m ü. M.), kulturell aktiver Tourismusort für Sommer-, Wintersport und Badekuren zuoberst im Simmental. Übernachtungsmöglichkeiten in allen Kategorien.
Lenk Simmental Tourismus: Telefon
+41 (0)33 733 31 31, www.lenk-simmental.ch,
info@lenk-simmental.ch.
Gstaad (1050 m ü. M.), mondäner Touristenort, der aber sein Dorfbild recht gut erhalten konnte. Zahlreiche Übernachtungsmöglichkeiten, nicht nur in den höchsten Kategorien.
Gstaad Saanenland Tourismus: Telefon
+41 (0)33 748 81 81, www.gstaad.ch,
info@gstaad.ch.

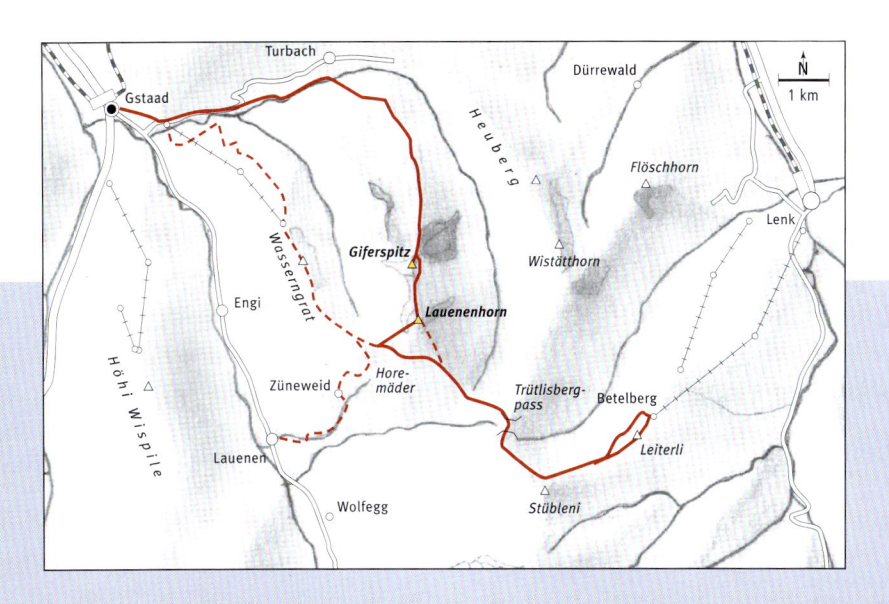

Erreichbar mit Zug oder Auto von Bern via Thun, Spiez, Saanen.

Ausgangspunkt
Betelberg (1943 m ü. M.), Bergstation der Gondelbahn Lenk–Betelberg, auch Leiterli genannt, gleich wie die Graterhebung südwestlich der Station. Bergrestaurant/Hotel (Telefon +41 [0]33 733 35 16).
Erreichbar mit Zug oder Auto über Spiez und Zweisimmen bis Lenk. Vom Bahnhof in 15 Min. zur Talstation. Parkplatz für Privatautos bei der Gondelbahn.

Auf- und Abstieg
Von Betelberg dem breiten Weg gegen Südwesten folgend an der Flanke des Leiterlis entlang oder über das Leiterli (2000 m ü. M., zusätzlich 15 Min.) zum Sattel P. 1964. Über schmaleren Wanderweg weiter gegen Westen und rechts (nördlich) an den Stübleni vorbei über den verwitterten Grat zu P. 2062 und westlich um den namenlosen Hügel (2075 m ü. M.) zum Trütlisbergpass (2038 m ü. M.). Entlang der Tube auf die Losegg und in nordwestlicher Richtung gegen das Lauenenhorn ansteigen. Auf ca. 2110 m ü. M. nach links durch die ganze Südflanke (Horemäder), dann über den Westgrat auf den Gipfel des Lauenenhorns. Ziemlich genau nördlich auf dem Verbindungsgrat weiter gegen den Giferspitz, meistens in der östlichen Flanke, zuletzt von Nordosten her auf den Gipfel.
Abstieg: Das letzte Wegstück zurück (ca. 200 m), dann wiederum gegen Norden über den Grat absteigen, beim Giferhüttli (1941 m ü. M.) vorbei und über Bärgli (1469 m ü. M.) und Fang (1400 m ü. M.) auf die Strasse, die nach ca. 100 m den Turbach überquert. Nach der Brücke dem Weg am rechten (nördlichen) Bachufer folgen. Bei P. 1215 trifft man wieder auf die Strasse. Auf dieser bis Gstaad Bahnhof.

Varianten
– Aufstieg von Gstaad über den scharfen, teilweise ausgesetzten Wasserngrat zum Lauenenhorn: 5 Std., T2–T3. (Seilbahn Gstaad–Wasserngrat im Sommer nicht in Betrieb.)
– Lauenen–Züneweid–Lauenenhorn:
3½ Std., T2.
– Beim Abstieg kann man von Turbach den Bus bis Gstaad nehmen; allerdings nur wenige Verbindungen. Zeitersparnis ca. 45 Min.

Karten
Landeskarten 1:25 000, 1246 Zweisimmen, 1266 Lenk
Landeskarte 1:50 000, 263 Wildstrubel (oder SAW-Wanderkarte 263T)

Führer, Literatur, Informationen
SAC-Clubführer, Berner Voralpen, SAC-Verlag, Bern
Wanderbuch Saanenland - Simmental - Diemtigtal, Berner Wanderwege BWW, Bern
Berner Oberland West, Bergverlag Rother, München

Iffighorn

Das Iffigtal ist mit Naturwundern verwöhnt. Kurz nach der Iffigenalp wandert man an einem ersten Wasserfall oberhalb Groppi vorbei, steigt steiler über die «Egge» auf, die sich bald verflacht. Ein schluchtartiger Durchgang folgt, und mit einem Mal steht man vor einem der lieblichsten Bergseen des Berner Oberlandes, dem Iffigsee. Dunkle Felswände auf der einen Seite, saftige Weiden auf der andern, bimmelnde Kuhglocken, eine Blumenpracht und mitten drin das tiefblaue Wasser des Iffigsees. Kein kitschiger Heimatfilm, alles echt.

Hier führte wahrscheinlich auch die erste Passroute vom Simmental ins Wallis vorbei. Im Iffigsee wurden Überreste von Mauern und Ziegeln aus römischer Zeit gefunden. Die Zunge des Chilchligletschers zuoberst im Iffigtal musste damals wesentlich kürzer gewesen sein. Als der Gletschervorstoss im Mittelalter den Durchgang abriegelte, fand man eine Ersatzroute über den Rawilpass. Der Aufstieg erfolgte vorerst jedoch über das Firstli nordwestlich des Laufbodenhorns. Der heutige Rawilpassweg von der Iffigenalp durch die steilen Flühe hinauf

Wasserfälle im Iffigtal, Einstimmung auf eine Wanderung voller Naturwunder.

wurde erst in der zweiten Hälfte des 18. Jahrhunderts aus den Felsen gesprengt.

Der Gipfel des Iffighorns ist eine sanfte Graskuppe, doch nördlich und südlich davon gehen die Grashänge bald in jähe Felswände über. Der Rundblick zu abweisenden Felsfluchten und über runde Grasberge bietet reizvolle Gegensätze. Fesselnd ist der Tiefblick zum Iffigsee, der blaugrün zwischen den Kalkwänden und Matten leuchtet.

Wir befinden uns im Zentrum des Naturschutzgebietes Gelten - Iffigen, mit seinen 43 Quadratkilometern Ausdehnung das zweitgrösste Naturschutzgebiet des Kantons Bern. (Das grösste ist das Grimsel-Naturschutzgebiet mit 100 Quadratkilometern.) Mitte des 20. Jahrhunderts sollte das Wasser des Geltenbachs in den Sanetsch-Stausee umgeleitet werden. Die Bevölkerung von Lauenen wehrte sich erfolgreich für ihren herrlichen Bach und den ungestümen Geltenschuss. 1957 stellte man das Geltental unter Naturschutz. Bald wurde das Reservat bis ins Iffigtal erweitert und umfasst nun zahlreiche Wasserfälle, Bergseen, Moorgebiete und besonders vielfältige Blumenwiesen und Waldgesellschaften. Während in grossen Teilen des Reservats die Alpweiden weiterhin bestossen werden, gilt in gewissen Zonen vollständiger Schutz, so etwa auf dem Hohberg, dem nordöstlichen Rücken des Iffighorns, über den die Wanderroute weiterführt. Die Wiesen sind übersät von Edelweiss, Männertreu und Orchideen, dazwischen Alpen-Astern und Alpen-Akelei und auf einmal ein Blütenmeer von schneeweissen Paradieslilien. Muss man erwähnen, dass jegliches Pflücken streng verboten ist? Die unteren Hänge des Hohbergs bedeckt ein Arven- und Lärchenwald, ebenfalls eine Besonderheit im Berner Oberland. Nachdem man sich an den Naturwundern satt gesehen hat, ist die Iffigenalp noch etwa eine Stunde entfernt. (FJ)

Nach dem ersten Aufstieg steht man unverhofft vor dem Juwel des Iffigsees.

Vom Gipfel des Iffighorns erscheinen die Berge zwischen Obersimmental und Saanenland nur noch wie kleine Hügel.

Gebiet
Westliches Berner Oberland, Obersimmental

Gipfel
Iffighorn (2378 m ü. M.)

Charakterisierung
Unter Naturschutz stehende, urtümliche Berglandschaft mit aussergewöhnlicher Blumenvielfalt und einem Bergsee wie aus dem Bilderbuch.

Schwierigkeit
T2. Problemlose Bergwanderwege, nur eine kurze, etwas abschüssige Passage.

Wanderzeit
Iffigenalp–Iffigsee–Iffighorn: 3 Std.
Iffighorn–Hoberg–Iffigenalp: 2 Std.

Höhendifferenz
Iffigenalp–Iffigsee–Iffighorn: 800 m Aufstieg
Iffighorn–Hoberg–Iffigenalp: 800 m Abstieg

Talort
Lenk (1064 m ü. M.), kulturell aktiver Tourismusort für Sommer-, Wintersport und Badekuren zuoberst im Simmental. Übernachtungsmöglichkeiten in allen Kategorien. Lenk Simmental Tourismus: Telefon +41 (0)33 733 31 31, www.lenk-simmental.ch, info@lenk-simmental.ch.
Erreichbar mit Zug oder Auto von Bern via Thun, Spiez, Zweisimmen.

Ausgangspunkt
Iffigenalp (1584 m ü. M.), Endstation der Buslinie Lenk–Iffigenalp (Platzzahl beschränkt, Telefon +41 [0]79 600 33 66, unregelmässige Verbindungen, Extrafahrten auf Anfrage). Übernachtungsmöglichkeit im Berghaus Iffigenalp (Telefon +41 [0]33 733 13 33).
Erreichbar mit Zug oder Auto über Spiez, Zweisimmen bis Lenk und mit Bus oder Auto bis Iffigenalp.

Auf- und Abstieg
Von Iffigenalp das Iffigtal hinauf über Egge zum Iffigsee. Gegen Westen zuerst dem See entlang, dann aufsteigen bis zur Wegverzweigung bei P. 2175. Nördlich gegen das Iffighorn und unterhalb des Gipfelgrats nach Osten zu P. 2346, dann westwärts auf den Gipfel. Abstieg zurück zu P. 2346, dann in nordöstlicher Richtung über den weiten Rücken namens Hoberg absteigen bis Chesseli (1936 m ü. M.). Abzweigen nach Süden (kurze Stelle etwas steil und abschüssig) ins Iffigtal hinab und ab P. 1741 auf dem Aufstiegsweg zurück zur Iffigenalp.

Varianten
– Abstieg vom Chesseli (1936 m ü. M.) nach Norden über Lindechäle, Pöris, Fallweid zum Iffigfall und dem Iffigbach entlang bis Färiche (Gasthaus Alpenrösli und gleichnamige Busstation). Iffighorn–Färiche: 3 Std., T2.
– Vom Iffigsee zusätzlich Aufstieg zur Wildhornhütte SAC und zurück: 1½ Std., T2. Oder als erlebnisreiche Zweitagestour mit Übernachtung in der Hütte.

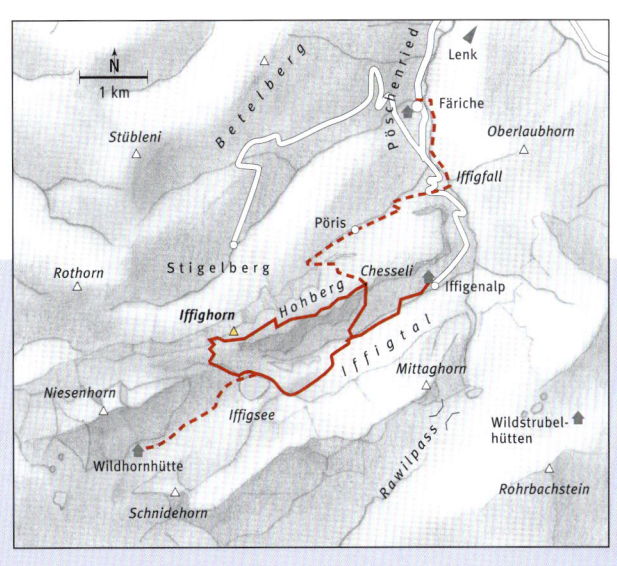

Übernachtungsmöglichkeit
Wildhornhütte SAC (2303 m ü. M.), im Talkessel über dem Iffigsee gelegen. 94 Plätze im Matratzenlager (unbewartet 22). Bewartet Ende Juni bis Mitte Oktober, immer offen, Nottelefon. Telefon Hütte +41 (0)33 733 23 82, Hüttenwart +41 (0)33 744 44 45, www.wildhornhuette.ch.

Karten
Landeskarte 1:25 000, 1266 Lenk
Landeskarte 1:50 000, 263 Wildstrubel (oder SAW-Wanderkarte 263T)

Führer, Literatur, Informationen
SAC-Clubführer, Berner Alpen 1, SAC-Verlag, Bern
Wanderbuch Saanenland–Simmental–Diemtigtal, Berner Wanderwege BWW

Tiefblick vom Iffighorn zum geheimnisvollen Iffigsee unter den Felswänden des Schnidehorns.

Oberlaubhorn

Obwohl das Oberlaubhorn wie ein Schiffsbug zwischen Simme und Iffigbach ins Obersimmental vorstösst, nimmt man es von der Lenk aus kaum wahr. Zu mächtig türmt sich dahinter das Laufbodenhorn und nebenan der Wildstrubel auf. Die Wanderung auf das bescheidenere Oberlaubhorn lohnt sich jedoch nicht nur wegen des Weitblicks über das Obersimmental, sondern führt auch an zahlreichen Naturwundern und sagenhaften Plätzen vorbei.

Quellen und Wasserfälle gelten in der Naturmystik als starke Kraftorte. Die Wanderung über das Oberlaubhorn müsste somit enorm vitalisierend wirken, begegnet man doch auf Schritt und Tritt ungestümen Wassern, deren entfesselten Energien sich auch der nüchterne Betrachter kaum entziehen kann. Schon zu Beginn wandert man fast hautnah an der über zahllose Stufen schäumenden Simme entlang aufwärts bis zu den eigentlichen Simmenfällen bei der Barbarabrücke. Abkühlung durch Wasserspritzer und Sprühnebel sind garantiert. Wenig später erreicht man Rezlibergli und die «Sibe Brünne», die Sieben Brunnen. Hier ist das faszinierende Quellgebiet der Simme. Das Schmelzwasser vom Rezligletscher und dem Glacier de la Plaine Morte sickert durch verschlungene Gänge im Karstuntergrund und schiesst in vielen Strahlen aus der Karstquelle der Sieben Brunnen.

Nach weiterem Aufstieg, streckenweise durch Lärchenwald, gelangt man zur Langermatte. Hier soll sich zur Reformationszeit, als die Lenker Männer von Bern in den Kriegsdienst eingezogen worden waren, die «Wyberschlacht» ereignet haben. Über die Langermatte führte früher der Weg von der Lenk über den Rawilpass ins Wallis. Eine Version der Sage erzählt, dass die Walliser an der Lenk Vieh geraubt und über den Pass getrieben hätten. Lenker Buben seien ihnen jedoch heimlich gefolgt und konnten das Vieh in einer schlauen

Einzigartiges Naturschauspiel: die Karstquelle der «Sibe Brünne».

Nacht-und-Nebel-Aktion wieder zurückbringen. Als es die Walliser merkten, stürmten sie wutentbrannt wieder über den Rawil gegen die Lenk. Auf der Langermatte jedoch versperrten ihnen die Lenker Frauen mit Heugabeln und Sensen bewaffnet den Weg und schlugen sie in die Flucht. Seither zeigt das Lenker Wappen im unteren Teil ein Schwert, gekreuzt von einem Spinnrocken. Die obere Wappenhälfte stellt die Sieben Brunnen dar.

Dem Pfad entlang überquert man die weite Weidefläche und erreicht über ein Gratstück den Gipfel. Es gibt verschiedene Theorien darüber, wie die Lenk zu ihrem Namen gekommen ist. Eine davon können wir von unserem Gipfel aus nachvollziehen. Der Gratausläufer, der gegen die Lenk zeigt, heisst «lengi Egge» oder «a der lengen Egge». Wahrscheinlich kann davon «Lenk» abgeleitet werden.

Während des Abstiegs erlebt man ein weiteres Wasserwunder, den Iffigfall mit seinen mehr als hundert Metern Fallhöhe. Danach geht der Wanderweg beschaulich weiter bis zur Busstation beim Restaurant Alpenrösli. (FJ)

Erfreulicher Ausblick vom Oberlaubhorn über die Lenk und das Obersimmental.

Gebiet
Westliches Berner Oberland. Obersimmental

Gipfel
Oberlaubhorn (1999 m ü. M.)

Charakterisierung
Kleiner, aber feiner Wanderberg im obersten Obersimmental, umgeben von traumhaften Wildbächen und Wasserfällen.

Schwierigkeit
T2. Meistens einfache Wege, gut markiert. Entlang der Simmenfälle ist der steinige Pfad jedoch fast immer nass und daher rutschig!

Wanderzeit
Bim höhe Hus (Busstation Simmenfälle)–Retzlibergli–Oberlaubhorn: 3 Std.
Oberlaubhorn–Ritz–Iffigfall–Färiche (Busstation Alpenrösli): 2 Std.

Höhendifferenz
Bim höhe Hus (Busstation Simmenfälle)–Retzlibergli–Oberlaubhorn: 895 m Aufstieg
Oberlaubhorn–Ritz–Iffigfall–Färiche (Busstation Alpenrösli): 790 m Abstieg

Talort
Lenk (1064 m ü. M.), kulturell aktiver Tourismusort für Sommer-, Wintersport und Badekuren zuoberst im Simmental. Übernachtungsmöglichkeiten in allen Kategorien. Lenk Simmental Tourismus: Telefon +41 (0)33 733 31 31, www.lenk-simmental.ch, info@lenk-simmental.ch.
Erreichbar mit Zug oder Auto von Bern via Thun, Spiez, Zweisimmen.

Ausgangspunkt
Bim höhe Hus (1105 m ü. M.), besser bekannt unter dem Namen «Simmenfälle», dem Namen des Landgasthofes (Telefon +41 [0]33 733 10 89), und der Endstation der Buslinie Lenk–Simmenfälle.

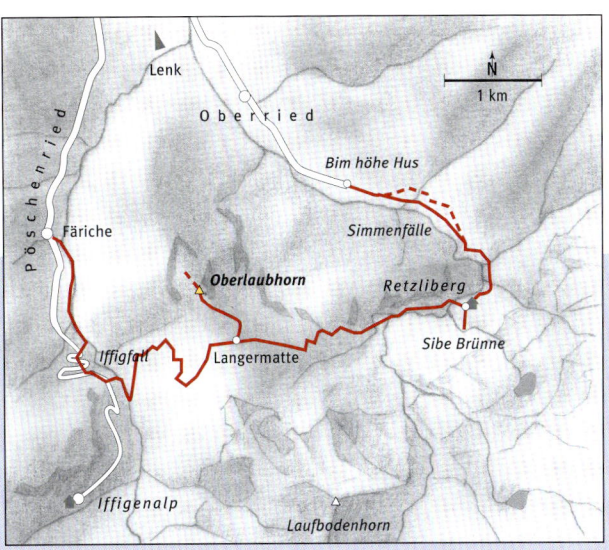

Erreichbar mit Zug oder Auto über Spiez, Zweisimmen bis Lenk, mit Bus oder Auto bis Simmenfälle.

Auf- und Abstieg
Von «Bim höhe Hus» kurz dem Strässchen folgen, dann entlang der Simme hoch bis zu den Simmenfällen bei der Barbarabrücke. (Wegen Rutschgefahr ist dies der heikelste Abschnitt der Wanderung, kann über das Strässchen umgangen werden.). Nach der Barbarabrücke dem Strässchen folgend bis Rezlibergli (1403 m ü. M., Berggasthaus mit Übernachtungsmöglichkeit, Telefon +41 [0]33 733 12 86) und zu den «sibe Brünne». Von dort wieder zurück fast bis Rezlibergli, jedoch vorher nach links und über die Simmenbrücke. Dem Strässchen folgend ostwärts über Rezliberg. Bei P. 1444 auf den Wanderweg und über Langer aufsteigen zur Langermatte (Bergrestaurant) und zu P. 1857 auf der Ritzmad. Gegen Norden und Nordwesten weiter aufs Oberlaubhorn, evtl. mit Abstecher zum nördlichen Vorgipfel (1971 m ü. M., zusätzlich 10 Min.).
Abstieg: Zurück zu P. 1857, dann nach Westen zur Alp Ritz (1687 m ü. M.) und zur Brücke über den Iffigbach (1471 m ü. M.). Auf der andern, westlichen Seite des Baches dem Pfad dem Iffigfall entlang hinunter folgen, zweimal die Strasse queren. Unterhalb des Falls wieder über eine Brücke und über Langersite ausholend wieder zum Iffigbach. Diesem folgend, mehrmals die Seite wechselnd, bis Färiche zum Restaurant Alpenrösli und der gleichnamigen Busstation der Linie Lenk–Iffigenalp (1210 m ü. M.; Platzzahl im Bus beschränkt, Telefon +41 [0]79 600 33 66, unregelmässige Verbindungen, Extrafahrten auf Anfrage). Zufahrt mit Privatauto möglich (sehr wenige Parkplätze).

Variante
In Gegenrichtung wäre die Wanderung hinsichtlich der Busverbindungen praktischer und ca. ½ Std. kürzer, aber der attraktive Pfad zwischen den Simmenfällen (Barbarabrücke) und «Bim höhe Hus» sollte nur im Aufstieg begangen werden. In Gegenrichtung also diesen Abschnitt besser auf dem Strässchen umgehen.

Karten
Landeskarten 1:25 000, 1266 Lenk, 1267 Gemmi
Landeskarte 1:50 000, 263 Wildstrubel (oder SAW-Wanderkarte 263T)

Führer, Literatur, Informationen
SAC-Clubführer, Berner Voralpen, SAC-Verlag, Bern
Berner Oberland West, Bergverlag Rother, München
Wanderbuch Saanenland - Simmental - Diemtigtal, Berner Wanderwege BWW, Bern
Magisches Berner Oberland, Wanderungen zu Orten der Kraft, AT Verlag, Baden

Rosa Schlangenknöterich bedeckt die Ritzmad, dahinter erhebt sich das Laufbodenhorn.

HUNDSRÜGG

Vor 1870 gab es keine Verbindungsstrasse über den Jaunpass. Boltigen und Jaun waren durch den Saumpfad über den Reidigenpass miteinander verbunden (siehe Bäderhorn, Seite 62). Ein reger Verkehr zwischen Simmental und Greyerzerland soll jedoch nie geherrscht haben. Erstaunlicherweise war aber die Beziehung von Jaun zu Boltigen intensiver als zu Bulle, dem Bezirkshauptort und Talort auf Greyerzer Seite, denn der schmale Pfad die Jaunbachschlucht hinab war eine heikle und unzuverlässige Verbindung. Die Jaunpassstrasse, die 1878 vollendet wurde, änderte einiges, allerdings nicht in erster Linie für den Berufsverkehr, der nie von grosser Bedeutung war, jedoch in Hinblick auf den heutigen Freizeitverkehr. Die Jaunpassstrasse erschliesst dem Wanderer ein auserlesenes Gebiet mit sanften Bergen, ausgeglichenen Steigungen und veritablen Panoramahöhenwegen, alles eingebettet in eine aussergewöhnliche, unter Naturschutz stehende Landschaft. Vor allem die Moorlandschaften in der Jaunpassregion sind einzigartig und teilweise von nationaler Bedeutung. Das tonhaltige, wasserundurchlässige Flyschgestein, das die runden Landschaftsformen der Region prägt, begünstigte die Entwicklung von Flach- und Hochmooren. Moore sind uralte Biotope, deren Entstehung gegen Ende der letzten Eiszeit begann. Im Unterland wurden die meisten Moore, beispielsweise das Grosse Moos im Freiburger und Berner Seeland, entwässert und trockengelegt.

Runde Formen am Hundsrügg, am Horizont die schroffen Felsen des «Rubli».

Trollblumen am Hundsrügg, in der Ferne das Wildhorn.

Ein Paradies für Blumenfreunde: Orchideen am Planihubel (Männliches Knabenkraut, Orchis mascula).

Die verbleibenden Moore in den Berggebieten sind wichtige Überbleibsel dieser für die Natur wertvollen Lebensräume, wo seltene Tier- und Pflanzenarten ihre letzte Nische zum Überleben finden. Die richtige Mischung von Naturschutz, touristischer und landwirtschaftlicher Nutzung zu finden ist oft Gegenstand heftiger Auseinandersetzungen.

Beim Aufstieg zum Hundsrügg verlässt der Wanderer das Gebiet der Moore, blickt aber immer wieder auf sie hinab, etwa auf die ausgedehnte Moorlandschaft auf dem Sparenmoos. Auf der anderen Seite schauen wir ins Tal von Abländschen. Das heimelige Dorf mit dem berühmten Bergkirchlein gehört zu den abgelegensten Orten des Kantons Bern. Aber auch die Rundsicht vom wenig über 2000 Meter hohen Kamm beflügelt. Im Nordwesten starren die wild zerklüfteten Gastlosen, die noch vor hundert Jahren als absolut unbesteigbar galten und heute als exzellentes Sportklettergebiet bekannt sind. Die Sicht geht aber viel weiter, über Simmental und Saanenland hinweg zum Kranz der Berner Alpen und darüber hinaus zum Walliser Grand Combin und sogar zum Mont Blanc.

Der Abstieg ist gleichmässig, und die Verlängerung bis zum Rellerligrat macht die Hundsrügg-Überschreitung zur vollkommenen Panoramawanderung. Im Saanenland, dem Ziel unserer Wanderung, befinden wir uns in der einzigen Region des Berner Oberlandes, die nicht durch die Aare, sondern durch die Saane entwässert wird. (FJ)

Gebiet
Westliches Berner Oberland, Simmental/Saanenland

Gipfel
Hundsrügg (2047 m ü. M.)

Charakterisierung
Langer, sanfter Rücken, ein typischer Flyschgesteinberg. Blumenreiche Wanderung, dank dem langen Grat mit beständig schöner Rundsicht.

Schwierigkeit
T1–T2. Leichte Bergwanderwege mit ausgeglichenen Steigungen. Lange und kurze Varianten möglich. Ganze Route markiert.

Wanderzeit
Jaunpass–Hundsrügg: 2 Std.
Hundsrügg–Bire–Wildeneggli–Saanenmöser: 2 Std.

Höhendifferenz
Jaunpass–Hundsrügg: 545 m
Hundsrügg–Bire–Wildeneggli–Saanenmöser: 830 m Abstieg, 50 m Aufstieg

Talorte
Boltigen (818 m ü. M.), am Übergang vom Nieder- zum Obersimmental gelegenes Dorf mit einigen prächtigen Simmentaler Häusern. Hotels und Restaurants. Boltigen-Jaunpass Tourismus: Telefon +41 (0)33 773 69 19, www.boltigen.ch oder www.lenk-simmental.ch, boltigen@lenk-simmental.ch. Erreichbar mit Zug oder Auto von Bern via Thun, Spiez.
Saanenmöser (1269 m ü. M.), auf der sonnigen Passebene zwischen Zweisimmen und Gstaad gelegener Ferienort mit verschiedenen Übernachtungsmöglichkeiten. Gstaad-Saanenland Tourismus: Telefon +41 (0)33 748 81 81, www.gstaad.ch oder www.saanenmoeser.ch, info@gstaad.ch.
Erreichbar mit Zug oder Auto via Spiez, Zweisimmen.

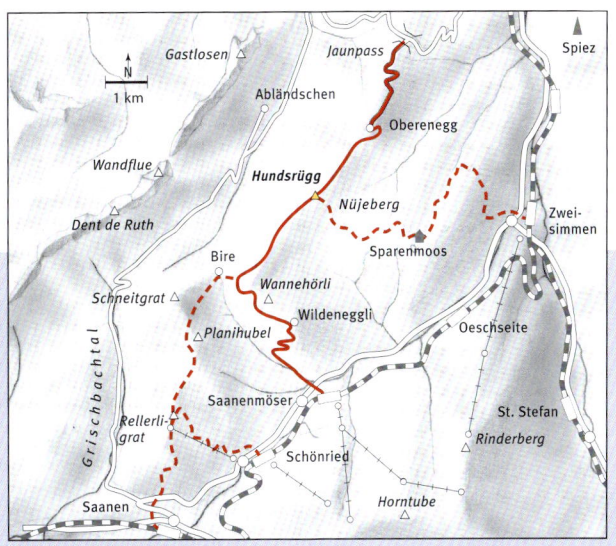

Ausgangspunkt
Jaunpass (1504 m ü. M.), touristischer Pass für Sommer- und Wintersport zwischen Simmental und Greyerzerland. Mehrere Übernachtungsmöglichkeiten. Tourismusbüro Boltigen-Jaunpass: siehe oben; www.jaunpass.ch.
Erreichbar mit Zug via Spiez bis Boltigen und mit Autobus auf den Jaunpass oder von Freiburg mit Bus via Bulle (Linie Bulle–Jaunpass–Boltigen). Mit Auto auf demselben Weg.

Auf- und Abstieg
Vom Jaunpass zuerst dem Strässchen in südwestlicher und südlicher Richtung folgen, dann dem Wanderweg, der das Strässchen mehrmals kreuzt und abschnittweise auf ihm verläuft, bis Oberenegg Läger (1689 m ü. M.). In zwei scharfen Kurven bis P. 1764. Von hier immer dem Kamm bis zum Gipfel folgen. Abstieg: Der Höhe entlang weiter in südwestlicher Richtung bis Luegle (1838 m ü. M.). Nun der Nordflanke des Birehubels entlang bis Bire (1789 m ü. M.). Nach Südosten wieder leicht aufsteigend und an der Südseite des Wannehörli entlang bis Wildeneggli und über P. 1477 und P. 1408 nach Saanenmöser.

Varianten
– Vom Gipfel Abstieg nach Sparenmoos (Bus nach Zweisimmen) oder weiter bis Zweisimmen: 1 Std. bis Sparenmoos, 2½ Std. bis Zweisimmen, T2.
– Von Bire der Höhe entlang weiter über Vorderi Schneit zu Kaltläger, westlich des Planihubels vorbei, über den Hugeligrat zum Rellerligrat (Gondelbahn nach Schönried), weiter bis Saanen oder bis Schönried.
Hundsrügg–Rellerligrat: 2 Std., Rellerligrat–Saanen: 1½ Std., Rellerligrat–Schönried: 1 Std., jeweils T2.

Karten
Landeskarten 1:25 000, 1226 Boltigen, 1246 Zweisimmen
Landeskarten 1:50 000, 253 Gantrisch, 263 Wildstrubel, oder die Zusammensetzung 5009 Gstaad - Adelboden (oder SAW-Wanderkarten 253T, 263T, oder die Zusammensetzung 5025T Saanenland–Simmental)

Führer, Literatur, Informationen
Guide des Préalpes fribourgeoises, SAC-Verlag, Bern
Wanderbuch Saanenland - Simmental - Dientigtal, Berner Wanderwege BWW, Bern
Berner Oberland West, Bergverlag Rother, München
www.jaun.ch, www.ablaendschen.ch

Auf dem Gipfel des Hundsrüggs, im Hintergrund die Gastlosenkette mit der Dent de Ruth (Bildmitte).

Bäderhorn

Wer das Bergwandern als Freizeitbeschäftigung erst neu entdeckt oder wer einfach mal einen gemütlichen Tag in der Natur verbringen möchte, für den ist das Bäderhorn ein dankbares Ziel. Man startet auf dem Jaunpass schon angenehm hoch, so dass die Wanderung auf den schönen Gipfel relativ kurz ist. Die Wege sind bequem und auch der steilere Aufstieg über den Südwestgrat zum Gipfel ist trotz ein paar hohen Tritten selbst für weniger Trainierte ein Genuss und belohnt mit einer aussergewöhnlichen Rundsicht zu den Freiburger Alpen, zum bizarren Massiv von Mittagflue, Holzerhorn und Trimlehorn, über die Niesenkette und das Obersimmental bis zu den Eisgipfeln der Berner Hochalpen. Und wer länger unterwegs sein möchte, dem bieten sich abwechslungsreiche Varianten durch attraktive Landschaften und vorbei an historisch bedeutungsvollen Stätten.

Interessant sind auch die Tiefblicke. Der Jaunpass und das Bäderhorn liegen noch ganz auf Berner Boden, doch gleich unterhalb beginnt das Freiburgerland mit Jaun, dem obersten Dorf im Tal des Jaunbachs. Auf der andern Seite des Passes, wieder im Simmental, sehen wir vom Gipfel nach Boltigen. Das Dorf ist zwar ein gutes Stück vom Pass entfernt, gilt aber dennoch als Talort auf dem Weg zum Jaunpass. Daher kommt wahrscheinlich auch sein Name: Das alemannische Wort «Boll» heisst so viel wie Passübergang. Der alte Saumweg ins Greyerzerland führte allerdings von Boltigen über Schwarzenmatt in die Chlus, durch den Reidiggraben zur Alp Rieneschli

Aussicht vom Bäderhorn ins Greyerzerland und über die Hochmatt bis zum Vanil Noir.

und über die dortige Senke, den Reidigenpass (ohne Namen und Kotierung auf der Landeskarte), nach Jaun. Die heutige Jaunpassstrasse wurde erst in den 1870er Jahren gebaut.

Im Gemeindegebiet Boltigen wurde vor etwa 200 Jahren in mehreren Gruben Steinkohle abgebaut, unter anderem auch in der Chlus bei Schwarzenmatt am alten Passweg. Die ausländische Konkurrenz war jedoch bald erdrückend. Während der zwei Weltkriege wurden die Gruben wieder in Betrieb genommen, die Grube in der Chlus wurde sogar bis 1948 ausgebeutet, denn die Qualität der Kohle war sehr gut. Die Kohle wurde grösstenteils in einer Ziegelei in Allschwil bei Basel verwendet. Vier Stolleneingänge gab es, der längste Hauptstollen war etwa einen Kilometer lang. Einige Überreste sind heute noch zu sehen, die Stollen wurden jedoch wegen der Unfallgefahr zugeschüttet.

Nach all diesen Ausblicken und Einsichten dürfte die Entscheidung über die Abstiegsroute nicht leicht fallen: Wollen wir das Bäderhorn noch auf einem spannenden Pfad umrunden, steigen wir zum alten Passweg und durch den Reidiggraben in die einstige Kohleabbaustätte Chlus ab, oder bleiben wir bei der gemütlichen Hauptvariante und wandern zurück zum Jaunpass? Auf diesem letzteren Weg kann man auf der Alp Grosse Bäder einkehren und zum Beispiel die sonnengebackenen Meringues geniessen. (FJ)

Unter dem Bäderhorn breitet sich das Simmental aus. Links die Mittagfluh, in der Mitte hinten das Stockhorn.

Gebiet
Westliches Berner Oberland, Jaunpassregion

Gipfel
Bäderhorn (2008 m ü. M.)

Charakterisierung
Vom Jaunpass gesehen sanfter Grasberg, jedoch mit steiler, felsdurchsetzter Rückseite. In kurzer Zeit leicht erreichbarer, schöner Gipfel. Lohnende längere Varianten.

Schwierigkeit
T2. Einfache Bergwanderwege mit ein paar hohen Tritten. Vorsicht auf dem Gipfel (steil abfallende Rückseite). Route gut markiert.

Wanderzeit
Jaunpass–Chline Bäder–Bäderhorn: 2 Std.
Bäderhorn–Grosse Bäder–Jaunpass: 1½ Std.

Höhendifferenz
Jaunpass–Chline Bäder–Bäderhorn:
510 m Aufstieg
Bäderhorn–Grosse Bäder–Jaunpass:
510 m Abstieg

Talort
Boltigen (818 m ü. M.), am Übergang vom Nieder- zum Obersimmental gelegenes Dorf mit einigen prächtigen Simmentaler Häusern. Hotels und Restaurants. Boltigen–Jaunpass Tourismus: Telefon +41 (0)33 773 69 19, www.boltigen.ch oder www.lenk-simmental.ch, boltigen@lenk-simmental.ch. Erreichbar mit Zug oder Auto von Bern via Thun, Spiez.

Ausgangspunkt
Jaunpass (1504 m ü. M.), Pass zwischen Simmental und dem Greyerzerland mit touristischer Bedeutung für Sommer- und Wintersport. Mehrere Übernachtungsmöglichkeiten. Tourismusbüro Boltigen-Jaunpass: siehe Talort und www.jaunpass.ch.
Erreichbar mit Zug via Spiez bis Boltigen und mit Autobus auf den Jaunpass oder von Freiburg mit Autobus via Bulle (Linie Bulle–Jaunpass–Boltigen). Mit Auto auf demselben Weg.

Auf- und Abstieg
Vom Jaunpass das Alpsträsschen entlang zwischen den Gasthäusern hindurch und links um den Skilift-Hügel herum nach Bädermoos. Westlich weiter bis Chuchifang (Naturschutzgebiet) und nördlich bis zur Verzweigung bei P. 1644. Nach links über Chline Bäder zum Fuss des Südwestgrates des Bäderhorns (P. 1744). Über den Grat zum Gipfel.
Abstieg: Gleicher Weg zurück zu P. 1744, dann nach Osten bis Grosse Bäder (kleiner Restaurationsbetrieb, Übernachtungsmöglichkeit im Stroh, Telefon +41 [0]33 773 64 28). Weiter zur Verzweigung bei P. 1644 und auf der Aufstiegsroute zurück zum Jaunpass.

Varianten
– Umrundung des Bäderhorns durch wilde Geländekammern: Von der Verzweigung bei P. 1744 nördlich nach Zitboden, dann ostwärts bis Uf Pfad und südlich und westlich nach Grosse Bäder: 1 Std., T2.
– Abstieg von P. 1744 ebenfalls gegen Norden nach Zitboden, dann aber weiter nach Rieneschli und durch den steilen Reidiggraben in die Chlus und dem Strässchen entlang über Schwarzenmatt bis Boltigen. Bäderhorn–Boltigen: 3½ Std., T2.
– Abstieg vom Jaunpass über Gschwänd und durch den Wyssebachgrabe nach Weissenbach (Bahnhof) oder der Simme entlang weiter bis Boltigen: 1½ Std. bis Weissenbach, 2½ Std. bis Boltigen, T2.
– Beim Grosse Bäder oder auf dem Jaunpass übernachten und anderntags über den Hundsrügg (siehe Seite 60).

Karten
Landeskarte 1:25 000, 1226 Boltigen
Landeskarte 1:50 000, 253 Gantrisch
(oder SAW-Wanderkarte 253T)

Führer, Literatur, Informationen
Wanderbuch Saanenland–Simmental–Diemtigtal, Berner Wanderwege BWW, Bern
Guide des Préalpes fribourgeoises, SAC-Verlag, Bern

Beim Grosse Bäder kann man einkehren und übernachten. Über dem Dach das Bäderhorn.

Mittagfluh

Boltigen liegt in der Mitte des Simmentals, das sich vom Thunersee in einem weiten Bogen zwischen Niesen- und Stockhornkette bis zum Rand der Hochalpen erstreckt. Das längste Tal des Berner Oberlandes ist nicht so scharf eingeschnitten wie andere Täler; dank dem verbreiteten weichen Flyschgestein ist es breit, die Talhänge sind meist sanft geneigt und sehr

Senkrecht stürzt der Blick von der Mittagfluh ins Simmental. In der Ferne der Niesen.

Die Kirche von Boltigen mit der Mittagfluh.

Mittagfluh (rechts), Holzerhorn (Mitte) und Trimlehorn (links): Ein bizarres Felsmassiv im sanften Simmental. Sicht vom Bäderhorn.

sonnig. Dazu ist es wohl das fruchtbarste Tal der Berner Alpen. Nicht verwunderlich, dass das Simmental sowohl bei geistlichen wie auch weltlichen Herrschern begehrt war und eine wechselvolle Geschichte erlebt hat. Mehr als ein Dutzend Burgen zeugen davon. Seit Ende des Mittelalters gehört das Simmental zu Bern. Auch mit Bern gab es zwar Streitereien, vor allem während der Reformationszeit, als sich besonders in Boltigen Widerstand gegen den neuen Glauben formierte und manche Altgläubige über den Jaunpass oder sogar über den Rawil ins Wallis auswanderten, wo heute noch Simmentaler Geschlechtsnamen zu finden sind.

Dennoch, Bern und das Simmental pflegten wichtige wirtschaftliche Verbindungen, vor allem durch die Milchwirtschaft und die Viehzucht. Bis ins 18. Jahrhundert war auch der Getreideanbau von Bedeutung. Das Simmentaler Fleckvieh wurde zur weltweit berühmten Rasse und hat dem Tal Ansehen und Wohlstand gebracht, sichtbar im stolzen Simmentaler Haus, einem der bekanntesten Bauernhaustypen. Auch in Boltigen kann man einige dieser Zeugen hoher Zimmermannskunst und Hausmalerei bewundern. Kulturgeschichtlich interessierte Wanderer werden sich dann vielleicht lieber gleich auf den Simmentaler Hausweg begeben. Der Blick des Bergfreunds geht jedoch über die Dächer des Dorfs hinweg zu einem gewaltigen «Bauwerk» der Natur: die Mittagfluh, ein einzigartiges Steingebilde im sonst so lieblichen Simmental, ein abweisender Felsturm, der sich sogar erwandern lässt.

Wer nicht schwindelfrei ist, folgt besser dem Hausweg, alle andern wandern zum Weiler Tubetal und weiter durch das liebliche Tal gleichen Namens. Im Zickzack steigt der Weg durch streckenweise von Sturm und Borkenkäfern versehrten Wald zur Alp Ramsern. Der Weiterweg führt durch die ausgedehnte Geröllhalde unter der Mittagfluh. Bedrohlich nahe scheinen sich die senkrechten Wände aufzutürmen. Hört man Steine poltern, zieht wohl gerade ein Rudel Gemsen durch die Geröllflanke. Kein Ort für eine Picknickpause – der letzte Bergsturz ereignete sich im Jahr 1978.

Über die Alp Nüschleten gelangt man auf die Rückseite der Mittagfluh. Durch ein bewaldetes, steiles Couloir gewinnt man den Gipfel mit dem Kreuz und dem Vermessungssignal. Davor stürzen die Wände unvermittelt ab! (FJ)

Gebiet
Westliches Berner Oberland, Simmental

Gipfel
Mittagfluh (1865 m ü. M.)

Charakterisierung
Gewaltige Felsbastion über dem Dorf Boltigen. Imposanter Kontrast zum sonst eher sanften Simmental und entsprechend eindrücklicher Aussichtsgipfel.

Schwierigkeit
T2–T3. Grösstenteils problemlose Bergwanderwege, das letzte Stück zum Gipfel jedoch ziemlich steil und etwas abschüssig. Exponierter Gipfel. Gute Trittsicherheit und Schwindelfreiheit nötig. Route durchgehend markiert.

Wanderzeit
Boltigen–Mittagfluh: 3 Std.
Mittagfluh–Boltigen: 1½ Std.

Höhendifferenz
Boltigen–Mittagfluh: 955 m Aufstieg
Mittagfluh–Boltigen: 955 m Abstieg

Ausgangspunkt
Boltigen (818 m ü. M.), am Übergang vom Nieder- zum Obersimmental gelegenes Dorf mit prächtigen Simmentaler Häusern. Hotels und Restaurants. Boltigen–Jaunpass Tourismus: Telefon +41 (0)33 773 69 19, www.boltigen.ch oder www.lenk-simmental.ch, boltigen@lenk-simmental.ch.
Erreichbar mit Zug oder Auto von Bern via Thun, Spiez.

Auf- und Abstieg
Vom Bahnhof Boltigen den Wegweisern folgend durch das Dorf zum Weiler Tubetal aufsteigen. Südwestlich durch das gleichnamige Tälchen weiter. Bei zwei Verzweigungen (die erste bei P. 1026) jeweils nach rechts die bewaldete Flanke hoch zur Alp Ramseren (1362 m ü. M.). Die Geröllflanke unter der Mittagfluh traversieren und westlich der Mittagfluh über Nüschleten aufsteigen bis auf ca. 1740 m ü. M. Fast horizontal gegen die Rückseite der Mittagfluh (hier kurzes Stück nur undeutliche Wegspur, jedoch Farbmarkierungen auf Steinblöcken). Im Zickzack das bewaldete Couloir auf den Gipfel. Abstieg auf der gleichen Route.

Variante
Nördlich des offiziellen Gipfels kann noch ein höherer Punkt erstiegen werden (ohne Kotierung auf der Landeskarte, ca. 1880 m ü. M.), allerdings weglos und steil: 10 Min., T4.

Karten
Landeskarte 1:25 000, 1226 Boltigen
Landeskarte 1:50 000, 253 Gantrisch (oder SAW-Wanderkarte 253T)

Führer, Literatur, Informationen
SAC-Clubführer, Berner Voralpen, SAC-Verlag, Bern

Von der Alp Nüschleten erahnt man die Aufstiegsmöglichkeit von links auf die Mittagfluh.

Mächtig erhebt sich die Mittagfluh über der Alp Ramseren.

Gantrisch

Nünenen, Gantrisch, Bürglen und Ochsen: ein eigenartiges Bergquartett und bekannte Voralpensilhouette. Die vier freistehenden Felszähne ergeben, so unterschiedlich sie auch geformt sind, ein harmonisches Gesamtbild. Jeder ist irgendwie besteigbar, allerdings stösst man auf ganz unterschiedliche Schwierigkeiten. Die Bürglen erreicht man am leichtesten. Sie ist die einzige, die auch von Norden über eine wenig schwierige Route erklommen werden kann. Die anderen Gantrischzähne weisen alle eine felsige und nur für Alpinisten interessante Nordseite auf. Gut zugänglich von Süden sind Ochsen und Gantrisch, wobei man am Gantrisch kurz vor dem Gipfelplateau eine Steilstelle überwinden muss, die trotz Drahtseilen Vorsicht und absolute Trittsicherheit erfordert. Auf die Nünenen führen nur schwierige Routen; an ihr ereignen sich immer wieder Unfälle.

Von der Unteren Gantrischhütte wandern wir zum Gantrischseeli, das bis vor kurzem fast nur noch eine trübe Pfütze voller Algen war. 1990 löste ein Jahrhundertgewitter, welches das ganze Gürbetal heimsuchte, einen Erdrutsch über dem Gantrischseeli aus, der eine Flutwelle zur Folge hatte, den

Kurz vor dem Leiterepass dominiert die Nünenen das Blickfeld. Am Horizont das Stockhorn.

Das idyllische Gantrischseelein, überragt von der Bürglen.

Abendhimmel über dem Gurnigelpass.

Damm durchbrach und das Seelein fast entleerte. Auch der Zufluss wurde vom Erdrutsch verschüttet, so dass in der Folge viel zu wenig Frischwasser den See speiste. Man vermutet, dass der Boden von den Schiessübungen der Armee gelockert und instabil geworden war, so dass ihn das Gewitter losreissen konnte. Im Sommer 2004 wurde der See saniert. Ein mit Natursteinen verkleideter Damm erhöht wieder den Wasserspiegel, und eine neue Zuleitung sorgt für genügend frisches Wasser. Nun ist das Gantrischseeli wieder eine wahre Idylle, umrahmt von dunklen Tannen, steilen Weiden und Felsen. Eine fast mystische Stimmung herrscht am Morgen, wenn über dem See noch ein paar nächtliche Nebel schweben und das erste Sonnenlicht sich auf seiner Fläche spiegelt. An sonnigen Sommertagen herrscht am Gantrischseeli oft reger Betrieb, aber dann sind wir schon unterwegs zu höheren Zielen. Über einen Weg, der teilweise während des Zweiten Weltkriegs vom Militär gebaut wurde, erreichen wir den Morgetepass. Wer genug Ausdauer hat, kann sich nun nach rechts wenden und vor dem Gantrisch noch die Bürglen besteigen. Nach links geht es über den prächtigen Gratweg um den Schibenspitz herum immer steiler hoch zum Gantrisch und über den drahtseilgesicherten Aufschwung auf die unerwartet breite Gipfelfläche.

Der Abstieg führt uns zum Leiterepass, der längst mit einem guten Weg erschlossen ist. Doch früher, als auch dieser Passweg vom Militär in der Aktivdienstzeit gebaut wurde, musste der letzte Abschnitt noch mit Leitern überwunden werden. Unten auf der Wasserscheide teilt sich das Wasser der Gürbe und der Gantrischsense. Beide Wasser vereinigen sich wieder als Aare und Saane unterhalb des Wohlensees westlich von Bern. (FJ)

Gebiet
Westliches Berner Oberland, Gurnigelregion

Gipfel
Gantrisch (2175 m ü. M.)

Charakterisierung
Der Gantrisch und seine Nachbargipfel bilden ein kleines Alpenrandmassiv aus eigentümlichen Bergzähnen. Über den aussichtsreichen Gantrisch mit dem geheimnisvollen Bergseelein und den zwei Pässen führt eine klassisch schöne Rundwanderung.

Schwierigkeit
T3. Meistens gute Bergwanderwege, im Gipfelbereich jedoch abschüssiger Aufschwung mit Drahtseilen. Schwindelfreiheit und Trittsicherheit erforderlich. Kurzes Wegstück nicht markiert.

Wanderzeit
Untere Gantrischhütte–Morgetepass–Gantrisch: 2½ Std.
Gantrisch–Leiterepass–Obernünenen–Gurnigel Berghaus: 2 Std.

Höhendifferenz
Untere Gantrischhütte–Morgetepass–Gantrisch: 705 m Aufstieg, 40 m Abstieg
Gantrisch–Leiterepass–Obernünenen–Gurnigel Berghaus: 590 m Abstieg, 10 m Aufstieg

Ausgangspunkt
Untere Gantrischhütte (1510 m ü. M.), Restaurant, Postautohaltestelle und Parkplatz an der Gurnigelpass-Strasse.
Erreichbar mit Zug bis Thurnen im Gürbetal oder Schwarzenburg und mit Postauto weiter bis Untere Gantrischhütte (seit 2005 wieder gute Postautoverbindung). Mit Auto über Riggisberg oder Plaffeien bis Untere Gantrischhütte.

Im Aufstieg zum Gantrisch, gegenüber die Bürglen.

Auf- und Abstieg
Von der Unteren Gantrischhütte zum Gantrischseeli und zur Oberen Gantrischhütte. Zuerst auf breitem, dann schmalem Weg auf den Morgetepass (1959 m ü. M.). Gegen Osten um den Schibenspitz herum und über den Südwestgrat auf den Gantrisch, das letzte Stück vor der Gipfelfläche steil und etwas exponiert (Drahtseile).
Abstieg: Gleicher Weg bis unter die Steilstufe zurück, dann nach links (Osten) zum Leiterepass (1905 m ü. M.) absteigen. Nach Norden über Obernünenen bis Wasserscheide (Postautohaltestelle) und über die Gurnigelstrasse zum Berghaus Gurnigel (1594 m ü. M., Gasthof mit Übernachtungsmöglichkeit, Telefon +41 (0)31 809 04 30). Postautoverbindung nach Thurnen im Gürbetal und Schwarzenburg.

Varianten
– Abstecher vom Morgetepass auf die Bürglen: zusätzlich 1 Std.
– Gleicher Abstieg bis Leiterepass, dann an

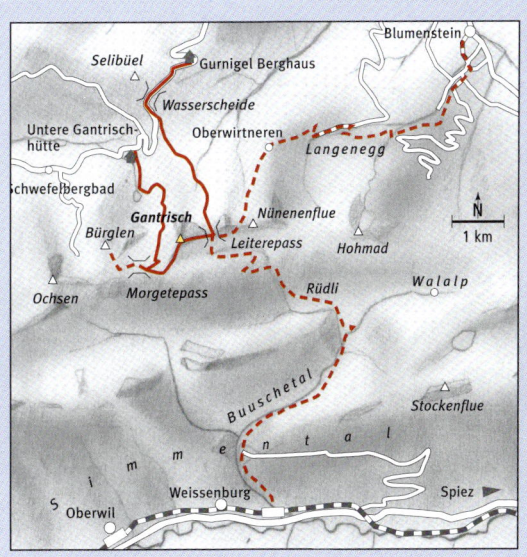

Hinter dem Gipfel des Gantrisch breitet sich das Mittelland aus.

der Südseite der Nünenen weiter zum Schwalmerenpass, nach Norden absteigen über Gustiberg, Oberwirtneren, Langenegg nach Blumenstein (Bus nach Thun): 4 Std., T2.
– Aufstieg vom Bahnhof Weissenburg im Simmental durch das Buuschetal über Rüdli, Wannen, Leiterepass auf den Gantrisch: 5 Std., T3.

Karten
Landeskarte 1:25 000, 1206 Guggisberg, je nach Variante zusätzlich 1207 Thun, 1226 Boltigen, 1227 Niesen
Landeskarte 1:50 000, 253 Gantrisch (oder SAW-Wanderkarte 253T)

Führer, Literatur, Informationen
SAC-Clubführer, Berner Voralpen, SAC-Verlag, Bern
Berner Oberland West, Bergverlag Rother, München
Wanderbuch Bern - Gantrisch, Berner Wanderwege BWW, Bern
Auskunft über militärisches Schiessen im Gantrischgebiet: Telefon +41 (0)31 324 25 25
Verkehrsverband Schwarzenburgerland: Telefon +41 (0)31 731 13 91, www.schwarzenburgerland.ch, info@schwarzenburgerland.ch
Verkehrsverband Region Gürbetal: Telefon +41 (0)31 819 39 39, www.guerbetal.ch, info@guerbetal.ch
www.gantrisch.ch
www.seilpark-gantrisch.ch
(Telefon +41 [0]31 739 01 00)

Stockhorn

Erlenbach nennt man in einem Atemzug mit dem Stockhorn. Weniger bekannt ist Erlenbachs prächtige Kirche und ihre interessante Geschichte. Beeindruckend ist schon die 58-stufige, überdachte Kirchentreppe, ein Werk vollendeter Zimmermannskunst. In der Kirche, die 1228 zum ersten Mal urkundlich erwähnt wird, erstaunen die üppigen Wandmalereien, die auf das 15. Jahrhundert zurückgehen und als lange Bilderfolge ausführlich die christliche Heilslehre darstellen. Als hundert Jahre später der eifrige Reformator Peter Kunz in Erlenbach wirkte, setzte er durch, dass im Zeichen der Reformation die Bilder übertüncht wurden, womit er sie jedoch – Ironie der Geschichte – konservierte und vor Zerstörung schützte. Erst 1962 erkannte man den Wert der Bilder, die sich unter der bröckelnden Farbe langsam wieder zeigten, und begann deren Freilegung und Restauration. Ein bemerkenswerter Kirchenmann aus Erlenbach war auch Jakob Ammann, der sich im 17. Jahrhundert den Täufern anschloss und wegen Verfolgung ins Elsass auswanderte. Die Täufer waren ihm jedoch zu liberal, und er gründete eine neue, nach ihm benannte Gemeinschaft, die Amischen.

Ein Besuch der Kirche lohnt sich in jedem Fall – es werden auch Kirchenführungen angeboten –, und wer zu lange verweilt, kann dank der Stockhornbahn die anschliessende Wanderung etwas abkürzen. Der Weg führt zuerst eine Weile dem Wildebach entlang und geht dann durch Weiden und Wälder bis zur Alp Oberstocken hinauf. Vom folgenden Sattel blickt man wunderschön auf den Oberstockensee hinab. Man kann zu seinen Ufern hinabsteigen oder direkter dem Cheibenhorn entlang weiter zur Alp Oberstocken wandern, wo die sonnige Restaurantterrasse lockt. Nach gelöschtem Durst sollte man nicht zu lange sitzen bleiben, denn der folgende Strüssligrat ist nicht zu unterschätzen. Es ist ein herrlicher Aussichtskamm, der aber ein paar steile und ausgesetzte Stellen aufweist, die volle Aufmerksamkeit erfordern. Der etwas intensivere Blick zum Boden lohnt sich, denn der Strüssligrat, wie überhaupt die Stockhornregion, ist im Bergfrühling ein Blumenparadies mit vielen seltenen kalkliebenden Pflanzen. Zwischen dem Stockhornrestaurant und dem Gipfel ist ein Alpengarten angelegt, in dem man unzählige Blumenarten kennen lernen kann.

Der Gipfel, am Rande der Alpen gelegen, bietet neben dem Bergpanorama einen einmaligen Blick über Brienzer- und Thunersee, auf die Amsoldinger Seenplatte und ins Berner Mittelland. Vielleicht standen schon vor 30 000 Jahren Menschen hier oben und überschauten das Land; in der Chilchhöhle westlich des Oberstockensees entdeckte man altsteinzeitliche Geräte. Ziemlich sicher aber standen bereits Römer auf dem Gipfel, denn am Stockhorn wurden römische Münzen gefunden. (FJ)

Der Spiegel des Oberstockensees, gesehen im Aufstieg über den Strüssligrat.

Noch ahnt man nichts vom Wanderweg, der ohne Schwierigkeiten auf den Gipfel des Stockhorns führt.

Das Nebelmeer wogt an einem Herbstabend um die Stockhornkette. Sicht vom Niederhorn.

Gebiet
Westliches Berner Oberland, Simmental

Gipfel
Stockhorn (2190 m ü. M.)

Charakterisierung
Die senkrechten Felsen der Nordwand und die mässig steilen Grashänge der Südflanke bilden eine von allen Seiten unverwechselbare Silhouette. Einer der Symbolberge des Berner Oberlandes.

Schwierigkeit
T2. Markierte Bergwanderwege. Auf dem Strüssligrat einige ausgesetzte Stellen, die Trittsicherheit erfordern.

Wanderzeit
Erlenbach–Ällmerenweiden–Vorderstocken–Oberstocken–Strüssligrat–Stockhorn: 5 Std.
Stockhorn–Oberbärgli–Chrindi: 1½ Std.

Höhendifferenz
Erlenbach–Ällmerenweiden–Vorderstocken–Oberstocken–Strüssligrat–Stockhorn:
1570 m Aufstieg, 60 m Abstieg
Stockhorn–Oberbärgli–Chrindi:
560 m Abstieg, 10 m Aufstieg

Talort/Ausgangspunkt
Erlenbach (681 m ü. M.), alter Marktflecken des Niedersimmentals mit intaktem Ortsbild und eindrücklichem Kirchenkomplex. Hotel, B&B, Restaurants. Lenk Simmental Tourismus: Telefon +41 (0)33 733 31 31, www.lenk-simmental.ch, info@lenk-simmental.ch. Erreichbar mit Zug oder Auto via Spiez.

Auf- und Abstieg
Vom Bahnhof Erlenbach ins Dorf hinauf, kurz links, dann rechts dem Wildebach entlang bis Gräbli, über die Brücke nach Moos, Oberberg und den Salacherwald nach Ällmerenweiden (1185 m ü. M.). Über die Weiden hoch nach Husallmi, dann einige Male das Alpsträsschen querend, zuletzt auf diesem bis Vorderstocken (1787 m ü. M.). Dem Westhang des Cheibenhorns entlang leicht absteigend bis P. 1742 (Wegverzweigung), dann wieder aufsteigend nach Oberstocken (Restaurant, Übernachtungsmöglichkeit, Telefon +41 [0]33 681 14 88). In westlicher Richtung nur leicht ansteigend zum Westende des Strüssligrats und über diesen bis vor den Gipfelaufbau des Stockhorns (ca. 2040 m ü. M., Verzweigung). Durch die Südflanke zum Stockhornrestaurant (Übernachtungsmöglichkeit, Telefon +41 [0]33 681 21 81) und weiter auf den Gipfel. Abstieg: Nach Süden absteigen bis zu P. 1998 bei einer Hütte (Verzweigung), gegen Osten zuerst steil, dann fast horizontal die Mulde Chummli traversieren zu einem Sattel (1852 m ü. M.) und via Oberbärgli (1787 m ü. M.) bis Chrindi absteigen (1637 m ü. M., Mittelstation der Stockhornseilbahn mit Restaurant).

Varianten
– Aufstieg von Ober- oder Niederstocken (Autobus ab Thun Bahnhof) über Vorderälpital, Baachegg auf das Stockhorn: 4½ Std., T2.
– Aufstieg von Gurnigel Wasserscheide (Postauto ab Thurnen Bahnhof oder Schwarzenburg Bahnhof) über Leiterepass, Hohmad, Möntschelespitz, Oberi Walalp, Baachegg zum Stockhorn: 5½ Std., T2.
– Aufstieg von Oey-Diemtigen (Bahnhof) über Latterbach, Obers Heiti, Steinig Nacki, Furgge zum Stockhorn: 5 Std., T2.
– Abstieg vom Chrindi bis Erlenbach: 2 Std., T2.

Karten
Landeskarten 1:25 000, 1207 Thun, 1227 Niesen (für Gurnigel-Variante zusätzlich 1206 Guggisberg)
Landeskarte 1:50 000, 253 Gantrisch (oder SAW-Wanderkarte 253T)

Führer, Literatur, Informationen
SAC-Clubführer, Berner Voralpen, SAC-Verlag, Bern
Wanderbuch Saanenland - Simmental - Diemtigtal, Berner Wanderwege BWW, Bern
Berner Oberland West, Bergverlag Rother, München
Diverse Broschüren zu Botanik und Geologie, erhältlich bei der Stockhornbahn

Turnen

Von der Gipfelfläche des Turnen blickt man zum Rothorn (links) und zur Spillgerte zuhinterst im Diemtigtal.

Der Grat zwischen Pfaffen und Turnen fällt auf der Nordseite steil ab. Im Hintergrund das Stockhorn.

1765 wurde Erlenbach von einem Dorfbrand grösstenteils zerstört. Die Kirche aber und ein paar Nebengebäude blieben verschont. Der Brand ereignete sich in einer Zeit des Wohlstands und der Hochblüte der Zimmermannskunst, so dass in den folgenden Jahren das Dorf in vorbildlicher Weise wieder aufgebaut wurde. Für kulturgeschichtlich Interessierte ist ein Dorfrundgang und eine Kirchenbesichtigung ein Muss. Doch dafür sollte man sich besser einen separaten Tag Zeit nehmen.

Die Wanderung führt vom Bahnhof Erlenbach wenig talaufwärts zur Steinibrücke und gegen Norden in ungewöhnlich direkter Linie das Tälchen des Steinibachs hinan. Erst zuoberst führen einige Kehren auf die flache Alp Feldmöser und durch die Barlouenen auf die Rinderalp, einen ausgedehnten Sattel zwischen Pfaffen und Abendberg. Der Abendberg, der südseitig in senkrechte Kletterfelsen abfällt, ist ebenfalls ein schönes Wanderziel. Wer seinen Gipfel erwandert, sollte unbedingt gegen Süden ein Stück absteigen. Der Pfad führt auf eine exponierte, aber ungefährliche Felskanzel, von der man eine grandiose Aussicht geniesst.

Wir zweigen auf der Rinderalp jedoch in Richtung Pfaffen ab; ein kurzer Abstecher führt auf den Gipfel. In einer beflügelnden Aussichtswanderung geht es nun über den Verbindungsgrat vom Pfaffen zum Turnen. Auf der einen Seite überblickt man die Natur- und Kulturlandschaft des Diemtigtals, das 1986 vom Schweizerischen Heimatschutz mit dem Wakker-Preis ausgezeichnet wurde. Auf der anderen Seite des Kamms fallen Felsflühe und steile Couloirs gegen das Simmental ab. Diese Seite des Turnens ist aussergewöhnlich wild. Mehrere lange Grate zielen weit in den Chorbwald hinab. Zwischen diesen Graten liegen drei schwer zugängliche Mulden: Chlyne Chorb, Grosse Chorb und Chörbli. Blickt man in den Grossen Chorb hinab, fällt in den oberen Felsen ein spitzer Gendarm auf, der eine Metallfahne trägt: die Hasenohrenspitze. Die Besteigung dieses Turmes ist ein Abenteuer für Kletterer, die ausgetretene Pfade meiden und sich im wenig zuverlässigen Gestein zu Hause fühlen. Nur etwa fünf Besteigungen sind bekannt.

Über den letzten Aufschwung zum Turnen muss man noch spät im Frühling durch Schnee stapfen und gelangt dann auf die überraschend weitläufige Gipfelfläche. Von hier sieht man ins Chörbli hinab. Eine anspruchsvolle Bergwanderroute hat einst durch die steile Kerbe geführt. Die Pfadspuren sind weitgehend verschwunden, und nur auf älteren Karten findet man noch einige Wegstücke eingezeichnet.

Unsere Abstiegsroute führt jedoch durch die Weidehänge der Westseite, dann nach Norden durch feuchtes Grasland und Wälder hinunter nach Därstetten, wo einige der prachtvollsten und berühmtesten Bauernhäuser des Simmentals stehen. So etwa das «Knuttihaus» in «Moos» aus dem Jahr 1756, das sogar als eines der schönsten Bauernhäuser Europas gilt. (FJ)

Früher Morgen auf der Rinderalp. Letzte Sonnenstrahlen vor einer Schlechtwetterfront.

Gebiet
Westliches Berner Oberland,
Simmental/Diemtigtal

Gipfel
Turnen (2079 m ü. M.)

Charakterisierung
Ein Berg mit ganz verschiedenen Gesichtern: sanfte Grate, Weide- und Waldflanken und eine ausgedehnte Gipfelfläche, doch auch schroffe Felswände, wilde Couloirs und unberührte Karmulden.

Schwierigkeit
T2. Durchgehend markiert, doch an einigen Stellen ist die Wegspur im Weideland unterbrochen. Ausgedehnte Wanderung mit Abkürzungsmöglichkeiten.

Wanderzeit
Erlenbach–Steinibrügg–Feldmöser–Pfaffen–Turnen: 4½ Std.
Turnen–Ramsli–Zigerstalden–Därstetten: 3 Std.

Höhendifferenz
Erlenbach–Steinibrügg–Feldmöser–Pfaffen–Turnen: 1400 m Aufstieg
Turnen–Ramsli–Zigerstalden–Därstetten: 1360 m Abstieg, 40 m Aufstieg

Talorte/Ausgangspunkt
Erlenbach (681 m ü. M.), alter Marktflecken des Niedersimmentals mit intaktem Ortsbild und eindrücklichem Kirchenkomplex. Hotel, B&B, Restaurants. Lenk Simmental Tourismus: Telefon +41 (0)33 733 31 31, www.lenk-simmental.ch, info@lenk-simmental.ch. Erreichbar mit Zug oder Auto via Spiez.
Därstetten (757 m ü. M.), langgezogene Niedersimmentaler Gemeinde mit verstreuten Siedlungen und einigen berühmten Simmentaler Häusern. Ein Hotel, Restaurants. Lenk Simmental Tourismus: siehe Erlenbach und Weissenburg–Därstetten Tourismus: Telefon +41 (0)33 783 11 73,
gemeinde.daerstetten@bluewin.ch. Erreichbar mit Zug oder Auto via Spiez.

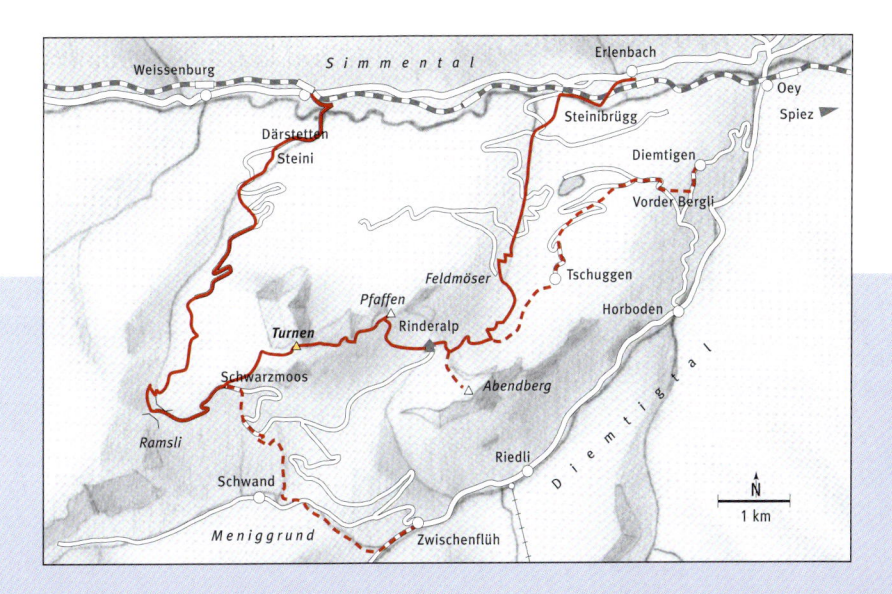

Auf- und Abstieg
Vom Bahnhof Erlenbach ein Stück talaufwärts zuerst auf der Strasse rechts, dann auf dem Wanderweg links der Eisenbahnschienen bis Steinibrügg. In südlicher Richtung dem Weg das Tälchen des Steinibaches hinauf folgen, einige Male das Strässchen querend, bis auf Feldmöser (1342 m ü. M.). In einer Schlaufe nach Osten ausholend zur Mulde Barlouenen. Auf die bewaldete Rippe nördlich der Mulde und über diese zur Rinderalp (1704 m ü. M.), dann über Schibeböde zum Pfaffen (1943 m ü. M.). Entweder weglos bis auf den Gipfel (5 Min.) oder vorher auf dem Wanderweg nach links abbiegen und über den Ostgrat bis auf den Turnen.
Abstieg: Gegen Westen absteigen bis

Herbststimmung auf dem Abendberg. Gegenüber der Niesengrat.

Schwarzmoos (1824 m ü. M.) und auf dem Strässchen bis Ramsli (1736 m ü. M.). Nordwärts absteigen, zuerst etwas steiler, dann fast horizontal und sogar leicht ansteigend über Spicherböden und wieder steiler nach Zigerstalde (1416 m ü. M.) hinab. Teils auf Strässchen, teils auf Wanderwegen über Stigi, Scheidweg, Steini nach Därstetten Bahnhof.

Varianten
– Abstieg vom Turnen ins Diemtigtal über Schwarzmoos, Alts Läger, P. 1614, Schwand, Narebach nach Zwischenflüh Post (Postautohaltestelle): 2½ Std., T2. Im Aufstieg 3½ Std.
– Aufstieg von Diemtigen (Postauto ab Bahnhof Oey-Diemtigen, nur im Sommerhalbjahr) über Vorder Bergli, Tschuggen, Barlouenen und über die Hauptroute zum Turnen: 4 Std., T2.
– Etwas kürzeres, ebenfalls schönes Ausweichziel ist der Abendberg: von Erlenbach 4 Std. (im Abstieg 3 Std.), von Diemtigen 3½ Std. (im Abstieg 2½ Std.), alle T2.

Karten
Landeskarten 1:25 000, 1226 Boltigen, 1227 Niesen
Landeskarte 1:50 000, 253 Gantrisch (oder SAW-Wanderkarte 253T)

Führer, Literatur, Informationen
SAC-Clubführer, Berner Voralpen, SAC-Verlag, Bern
Berner Oberland West, Bergverlag Rother, München
Wanderbuch Saanenland–Simmental–Diemtigtal, Berner Wanderwege BWW, Bern
www.erlenbach-be.ch, www.diemtigen.ch, www.diemtigtal-tourismus.ch

Steinschlaghorn, Tschipparällenhorn, Mäggisserhorn

Gesicherte Passage am Tschipparällenhorn. Eiger, Mönch und Jungfrau thronen am Horizont.

Unser Gipfeltrio: Steinschlaghorn (ganz rechts), Tschipparällenhorn (Mitte), Mäggisserhorn (links).

Eine beachtliche Zahl Höhenmeter und weit und breit keine Aufstiegshilfe! Doch davon lassen wir uns nicht abschrecken, im Gegenteil: Statt vom Steinschlaghorn wieder hinunterzusteigen, nehmen wir uns gleich noch das Tschipparällen- und das Mäggisserhorn vor. Dank den schnellen Verbindungen nach Frutigen hat man auch im Herbst viele Stunden Zeit, um ohne Eile über die drei Gipfel zu wandern. Das Steinschlaghorn ist übrigens trotz seinem Namen vorwiegend ein Grasberg und die Steinschlaggefahr nicht grösser als irgendwo sonst.

Zu Beginn der Wanderung durchquert man Frutigen dem Leimbachkanal entlang. Auffallend viele Steinhäuser prägen das Städtchen, eine Folge grosser Brände, die im 18. und 19. Jahrhundert in Frutigen wüteten. In der Umgebung sieht man aber noch zahlreiche typische Frutighäuser, die als auffallendstes Merkmal Wohn- und Stalltrakt unter demselben Dach aufweisen, im Gegensatz etwa zum Simmentaler Haus, das ein reiner Wohnbau ist.

Stein prägt nicht nur die Häuser Frutigens, er ist auch ein wichtiger Wirtschaftszweig des Ortes: Die ganze Flanke der Niesenkette ist von Schichten dunklen Schiefers durchzogen. Schon 1786 wurde in Mülenen Schiefer zum Decken der Dächer abgebaut. 1827, nach einem Dorfbrand in Frutigen, stieg der Bedarf markant, denn von da an waren Holzschindeln verboten. Der grösste Teil des qualitativ hochwertigen Schiefers wurde jedoch zur Herstellung von Schiefertafeln für Schulen im In- und Ausland verwendet. Der Frutiger Schiefer wurde international berühmt. Bis 1977 wurden in den Spissen – den schmalen Geländerücken und -runsen zwischen Frutigen und Adelboden – Stollen in die Flanken getrieben und die grauen Platten in gefährlicher Schwerstarbeit aus dem Berg gebrochen. Später wurde die ausländische Konkurrenz zu stark, doch nach wie vor existiert die Schiefertafelfabrik Frutigen, wo heute jedoch nur noch selten Schiefer, sondern vor allem ausländische Steine verarbeitet werden.

Gegen Ende des Leimbachkanals führt der Weg durch den Dorfhaltiwald zu offenem Weideland und geradewegs über den Gras- und Waldrücken bis zu den obersten Alphütten. Bald quert der Weg in die Grasflanke hinaus und erreicht den Grat nur wenige Meter vom Gipfel des Steinschlaghorns entfernt. Zum noch etwas höheren Tschipparällenhorn wandert man über den luftigen Verbindungsgrat in den breiteren Sattel. Bald wird der Grat jedoch wieder schmal und steinig, und am Gipfel sind einige Felspartien mit Stahlseilen entschärft. Die weitere Gratverbindung zum Mäggisserhorn ist wieder grösstenteils begrast, aber immer noch ausgesetzt. Der Abstieg erfolgt über West und Süd um den Gipfel herum, schnurgerade über die Mäggisserenegg hinunter bis Eggweid, zum Bräschgebach und auf einer andern Route durch Frutigen zurück zum Bahnhof. (FJ)

Ein Stein voller Flechten auf dem Grat zum Tschipparällenhorn.

Blick talauswärts vom Steinschlaghorn zu Drunengalm (links), Niesen und Thunersee.

Gebiet
Westliches Berner Oberland, Frutigtal

Gipfel
Steinschlaghorn (2321 m ü. M.), Tschipparällenhorn (2397 m ü. M.), Mäggisserhorn (2348 m ü. M.)

Charakterisierung
Drei Gipfel im langen Niesengrat, die sich herrlich überschreiten lassen. Obwohl sich die meisten Berge des Niesengrates nur wenig über die Grathöhe erheben, lassen sich nirgends sonst drei seiner Gipfel so gut begehen.

Schwierigkeit
T4. Lange Tour für ausdauernde, trittsichere und schwindelfreie Wanderer. Exponierte Überschreitung. Am Tschipparällenhorn einige Drahtseile. Nur bei trockenen Verhältnissen und stabilem Wetter.

Wanderzeit
Frutigen–Steinschlaghorn: 5 Std.
Steinschlaghorn–Tschipparällenhorn–Mäggisserhorn: 1 Std.
Mäggisserhorn–Frutigen: 3 Std.

Höhendifferenz
Frutigen–Steinschlaghorn: 1540 m Aufstieg
Steinschlaghorn–Tschipparällenhorn–Mäggisserhorn: 195 m Aufstieg, 165 m Abstieg
Mäggisserhorn–Frutigen: 1570 m Abstieg

Ausgangspunkt
Frutigen (780 m ü. M.), Verkehrsknotenpunkt in der Gabelung von Kander- und Engstligental. Zahlreiche Übernachtungsmöglichkeiten.

Frutigen Tourismus: Telefon +41 (0)33 671 14 21, www.frutigen-tourismus.ch, frutigen-tourismus@bluewin.ch.
Erreichbar mit Zug oder Auto via Spiez.

Auf- und Abstieg
Vom Bahnhof Frutigen dem Leimbachkanal folgen. Auf ca. 920 m ü. M. nach rechts und im Zickzack den Dorfhaltiwald empor, dann nach links zu P. 1171 und P. 1264, wo man jeweils die Alpstrasse überquert. Wieder mehr rechts über Weiden auf den Ostgrat des Steinschlaghorns, etwa bei der Hütte auf 1444 m ü. M. Dem Grat folgen. Nach der obersten Alphütte (1981 m ü. M.) noch ca. 100 Höhenmeter über den Grat, dann gegen links in die steile Flanke, wo der Weg in engen Kehren auf den Grat und nach wenigen Metern zum Gipfel des Steinschlaghorns führt.
Kurz auf der Aufstiegsroute zurück, dann über den Verbindungsgrat weiter nach Südwesten, zuerst etwas rechts (westlich) der Schneide, dann auf die linke Seite wechseln. Über Felsstufen und durch eine Scharte am Gipfel des Tschipparällenhorns (Stahlseile).
Vom Tschipparällenhorn weiterhin gegen Südwesten auf dem nun grasigeren Grat absteigen und nochmals Gegenaufstieg zum Mäggisserhorn.
Von diesem noch kurz dem Grat weiter folgen, dann ein Stück in der Westflanke absteigen zu P. 2241. Durch die Südflanke auf den Südostgrat des Mäggisserhorns und über diesen hinunter bis Eggweid (1424 m ü. M.). Südlich über die Weiden hinab zum Strässchen, diesem um die Eggweid herum folgen und in der Haarnadelkurve (1248 m ü. M.) wieder auf den Wanderweg zur Brücke über den Bräschgebach. Weiter dem Strässchen entlang bis Frutigen.

Varianten
– Vom Steinschlaghorn zurück bis Gunggstand (ca. 1918 m ü. M.), dann fast horizontal durch die Grasflanke zum Südostgrat des Tschipparällenhorns, der Zismasegg. Über diese absteigen bis zu den Hütten auf ca. 1360 m ü. M. Nun entweder nach links über Metzli hinab zum Leimbach und nach Frutigen oder südlich über Chapfli zur Brücke am Bräschgegrabe und zurück nach Frutigen: 3 Std., T3.
– Abstieg auf der Aufstiegsroute: 2½–3 Std., T3.

Karten
Landeskarte 1:25 000, 1227 Niesen
Landeskarte 1:50 000, 253 Gantrisch
(oder SAW-Wanderkarte 253T)

Führer, Literatur, Informationen
SAC-Clubführer, Berner Voralpen, SAC-Verlag, Bern
www.frutigen.ch, www.holz-span.ch

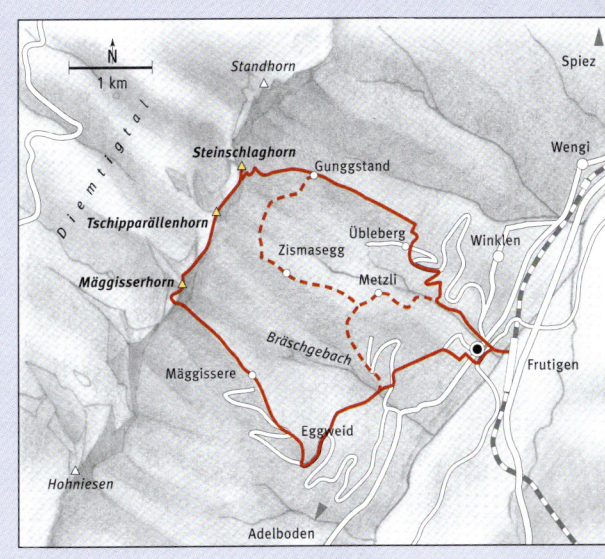

WESTLICHES BERNER OBERLAND

Niesen

Stockhorn und Simmenfluh (rechts) erscheinen vom Westgrat des Niesen aus nur noch wie unbedeutende Erhebungen.

Die Berge hatten noch bis ins 18. Jahrhundert den Ruf einer dämonischen Wüste, obwohl sie seit Jahrhunderten von den Bergvölkern bewohnt und bewirtschaftet wurden. Nur wenige Forscher wagten sich in diese Regionen, manche durchaus auch mit bergsteigerischen Ambitionen, die sie jedoch unter dem Deckmäntelchen der Naturwissenschaft tarnen mussten.

Dass die Niesenpyramide, dieses Idealbild eines Berges, schon sehr früh das Interesse auf sich lenkte, verwundert kaum. Schon 1557 stand der Berner Professor Benedikt Marti, genannt Aretius, auf dem Gipfel und beschrieb später seine Besteigung, die Flora und die Aussicht. Er war überzeugt, «dass ein Berg, der diesem an Anmut gleichkommt, nicht leicht gefunden werden kann: einmal wegen der Aussicht, die weit und breit offensteht, dann wegen der Pflanzenvielfalt, welche auf diesem Berg wirklich mannigfach ist». Albrecht von Haller (1708–1777), der Verfasser des Lehrgedichtes «Die Alpen», bestieg ihn sogar zweimal. Die Beliebtheit des Niesen war bald so gross, dass bereits 1856 unterhalb des Gipfels das erste Niesenhotel entstand. Von Wimmis kamen die Besucher nicht nur aus eigener Kraft, sondern auch hoch zu Ross oder liessen sich in Tragsesseln hinaufschleppen. Manche bekannten Persönlichkeiten wie etwa Johannes Brahms bestiegen den Berg mit Führern, und für Künstler wie Ferdinand Hodler war der Niesen ein inspirierendes Sujet.

Der wuchtige Bergkegel ist jedoch nicht nur eine touristische und ästhetische Besonderheit, sondern auch eine geologische. Die ganze Niesenkette und ihre südwestliche Fortsetzung, die sogenannte Niesendecke, besteht aus Flyschgestein. Flysch ist erst während der Alpenfaltung entstanden: Als sich die ersten Berge über das Urmeer erhoben, setzte auch schon die Erosion ein. Ton, Sand und Schutt wurden von Flüssen abgetragen und in Becken abgelagert, wo sie sich während Jahrmillionen verfestigten. Der tonhaltige, relativ weiche Flysch bildet heute vorwiegend Passmulden – beispielsweise den Trütlisbergpass zwischen Lenk und Lauenen – und Talstrecken wie etwa das Frutigtal und das Habkerntal, manchmal auch abgerundete Berge wie Hundsrügg oder Rinderberg im Saanenland. Nur äusserst selten formen Flyschdecken solch scharfe Bergketten wie den Niesengrat. Die dazu nötige Härte erhielt der Flysch durch eine Vermengung mit Sandstein und Brekzien, was das Gestein aber auch brüchig machte.

Trotz der Standseilbahn, die seit 1910 den Niesengipfel für jedermann erreichbar macht, hat er nichts von seinem Reiz als Wanderberg eingebüsst. Eine besonders abwechslungsreiche Route mit vielen einladenden Rastplätzen ist die Wanderung von Wimmis über die beiden «Ahorni» und den Westgrat, die auch an heissen Sommertagen etwas Schatten bietet. Besonders Sonnenhungrige werden die Varianten von Frutigen oder Mülenen her bevorzugen. (FJ)

Das Vordere Ahorni lädt zur Pause mit Weitblick über den Thunersee ein.

Grenzenlose Sicht vom Niesengipfel über Thunersee und Stockhorn (links) ins Mittelland.

Tagesanbruch auf dem Niesen. Die ersten Sonnenstrahlen zaubern Pastellfarben auf den Thuner- und Brienzersee.

Gebiet
Westliches Berner Oberland, Thunerseeregion

Gipfel
Niesen (2362 m ü. M.)

Charakterisierung
Das Urbild einer Gipfelpyramide. Wegen der Bahn vielbesuchter Aussichtsgipfel und Markenzeichen der ganzen Thunerseeregion. Abwechslungsreiche Wanderrouten, auf denen man auch mal allein auf weiter Flur sein kann.

Schwierigkeit
T2. Problemlose Bergwege, dennoch etwas Trittsicherheit sowie genügend Ausdauer für die beachtliche Höhendifferenz nötig. Die Talfahrt mit der Bahn entschädigt dafür. Route durchgehend markiert.

Wanderzeit
Wimmis–Ahorni–Niesen: 5 Std.

Höhendifferenz
Wimmis–Ahorni–Niesen: 1735 m

Talort/Ausgangspunkt
Wimmis (629 m ü. M.), am Eingang zum Simmental gelegenes Dorf mit schmuckem altem Kern und dem stolzen Schloss an der Burgflue. Mehrere Hotels und Restaurants. Verkehrsverein Wimmis: Telefon +41 (0)33 657 16 20, www.wimmis.ch; oder Thunersee Tourismus: Telefon +41 (0)33 251 00 00, www.thunersee.ch, info@thunersee.ch. Erreichbar mit Zug via Spiez. Von Thun Autobahn bis Wimmis, vom Oberland über die Autostrasse via Spiez.

Auf- und Abstieg
Vom Bahnhof Wimmis den Wegweisern folgend durch das Dorf hinauf, in südlicher Richtung durch Oberdorf in den Bruchwald. Bei der Verzweigung (P. 687) nach rechts durch den Wald zuerst gemächlich, dann stärker steigend die Nordwestseite des Niesen empor in mehreren Kehren bis «Im vorderen Ahorni» (1524 m ü. M.). Weiter ansteigend bis P. 1666, dann die steinige Mulde «Im hinteren Ahorni» traversieren über Hundsrügg bis Stueffistein (1866 m ü. M., markanter Fels). Nun ziemlich direkt über den Westgrat empor über P. 2297 (Vorder Niesen, ohne Namen auf der Landeskarte) zum Gipfel, Niesen Kulm (2362 m ü. M., Hotel/Restaurant, Bergstation der Standseilbahn Mülenen–Niesen).
Talfahrt mit der Niesenbahn und von Mülenen mit Zug oder Auto via Spiez zurück.

Varianten
– Frutigen–Winklen–Eggweid–Senggi–Oberniesen–Cheesbödi–Niesen: 6 Std., T2.
– Mülenen–Schwandegg (Zwischenstation der Niesenbahn)–Niesen: 5 Std., T2.
– Oey–Zünegg–Bruchgeeren–Chummli–Ober Stalden–Niesen: 6 Std., T2.
– Abstieg Niesen–Schwandegg (Zwischenstation der Niesenbahn): 1½ Std., T2.
– Abstieg Schwandegg (Zwischenstation der Niesenbahn)–Mülenen: 2 Std., T2.

Übernachtungsmöglichkeit
Berghaus Niesen Kulm (2340 m ü. M.), altes Berghaus von 1856, seit 2002 mit modernem Erweiterungsbau. Unübertreffbare Lage wenig unterhalb des Gipfels. Telefon +41 (0)33 676 11 13, www.niesen.ch, hotel@niesen.ch.

Karten
Landeskarte 1:25 000, 1227 Niesen
Landeskarte 1:50 000, 253 Gantrisch (oder SAW-Wanderkarte 253T)

Führer, Literatur, Informationen
SAC-Clubführer, Berner Voralpen, SAC-Verlag, Bern
Berner Oberland West, Bergverlag Rother, München
Wanderbuch Thunersee - Frutigland, Berner Wanderwege BWW, Bern
Wanderbuch Saanenland - Simmental - Diemtigtal, Berner Wanderwege BWW, Bern
Niesen und Stockhorn, Bergbesteigungen im 16. Jahrhundert, Ott Verlag, Thun
www.niesen.ch

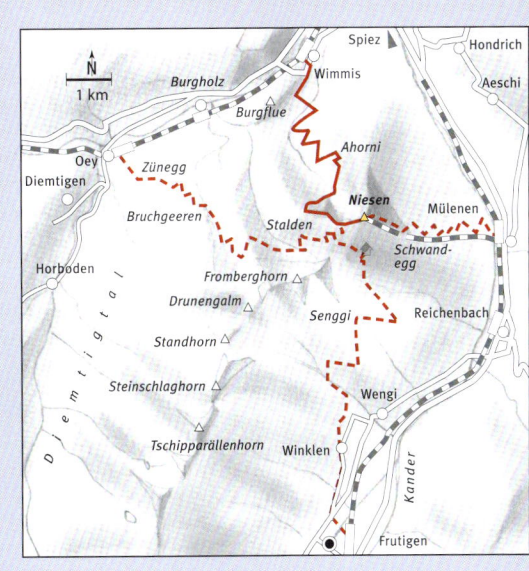

AMMERTENSPITZ

Unterschiedlichste Landschaften umgeben den Ammertenspitz. Auf der Adelbodner Seite bricht er über Felswände ins verträumte Lurnigtal und zu hügeligen Alpweiden um den Hahnenmoospass ab. Auf der Südseite hat der Ammertenbach ein steiles Tal ausgewaschen. Das Gegenteil im Osten: Hier wird der Wanderer überrascht von einer weiten Hochebene, der Engstligenalp, die mit den sie umringenden Bergen und Kämmen den Eindruck einer riesigen Arena vermittelt. Der Ammertenspitz erscheint mit seinen rund 2600 Metern Höhe recht bescheiden im Vergleich zum nahen Wildstrubel, dem mächtig breiten Dreitausender, der mit seinen Gletschern ständig im Blickfeld des Wanderers steht.

Diese unterschiedlichen Landschaftsbilder und Aussichten geniesst man am besten während der Überschreitung des Ammertenspitzes über den Äugigrat. Talort ist Adelboden zuhinterst im Engstligental. Bis Ende des Mittelalters spärlich besiedelt, mussten dennoch schon im 16. Jahrhundert Bannbriefe zum Schutz des Waldes erlassen werden. Wegen allzu starker Rodungen war das Tal von Erdrutschen bedroht.

Nach Bus- und Seilbahnfahrt steht man auf dem Hahnenmoospass, wo die Wanderung angenehm flach beginnt. Diese Aufwärmstrecke führt um das Regenboldshorn herum auf den Bummeregrat, wo der eigentliche Äugiweg beginnt. Seinen

Der Wildstrubel bildet die hochalpine Kulisse hinter dem Ammertenspitz. Blick den Südostgrat hinab zum Ammertenpass.

Wächten zieren den Gipfelgrat noch im späten Frühling.

Namen hat der Weg von einem Felsturm im unteren Teil des Grates. Die Landeskarte bezeichnet fälschlicherweise den Vorgipfel des Ammertenspitzes mit «Äugi». Der Weg ist perfekt ausgebaut. Steil geht es am Grat hinauf und durch Geröllflanken, aber immer auf gutem Pfad, oft über eingelassene Stufen, Leitern und entlang von Ketten, sogar durch eine enge Felsspalte. Der Wildstrubel tritt immer näher, und spätestens auf dem luftigen Verbindungsgrat zwischen Vor- und Hauptgipfel, auf dessen Nordseite im Frühsommer noch grosse Schneewächten hängen können, kommen veritable Hochtourengefühle auf. Kein Wunder bei diesem Dreitausender-Panorama und der Sicht hinüber zum Glacier de la Plaine Morte, dessen Eisfläche aber von Jahr zu Jahr schrumpft.

Der Abstieg zur Engstligenalp ist leicht. Weniger trittsichere Wanderer finden darin auch eine sehr empfehlenswerte Aufstiegsroute. Wer für feinstoffliche Energien sensibel ist, sollte einen Abstecher zum Lägerstein machen, der mitten auf der weiten Fläche der Engstligenalp liegt. Er soll ein intensiver Kraftort sein und könnte einst ein keltischer Kultplatz gewesen sein. Der Name «Engstlige» soll auf die keltische Flussgöttin Andekingila zurückgehen. Wer noch genügend Kraft in den Knien hat, für den lohnt sich der weitere Abstieg bis Unter dem Birg, entlang den tosenden Engstligenfällen, die sich über mehrere Stufen 500 Meter tief zu Tale stürzen. Die Wasserfälle wie auch die Engstligenalp stehen unter Naturschutz. (FJ)

Blick über den Äugiweg hinweg zu den Alpweiden des Hahnenmoos und zum Albristhorn.

Gebiet
Westliches Berner Oberland, Engstligental

Gipfel
Ammertenspitz (2613 m ü. M.)

Charakterisierung
Abwechslungsreicher Berg mit Blumenwiesen, Geröllflanken und Felsabstürzen, auf den von Westen der exponierte Äugiweg führt, der ein wenig Klettersteigambiente vermittelt. In nächster Nähe die Kulisse des mächtigen Wildstrubels.

Schwierigkeit
T3–T4. Exponierter Weg, mit guter Trittsicherheit und Schwindelfreiheit jedoch nicht gefährlich, da der Weg ausgezeichnet mit Tritten, Treppen und Ketten ausgebaut ist. Leichter Abstieg zur Engstligenalp (Aufstiegsvariante).

Wanderzeit
Hahnenmoospass–Ammertenspitz: 2½ Std.
Ammertenspitz–Engstligenalp: 1½ Std.

Höhendifferenz
Hahnenmoospass–Ammertenspitz:
660 m Aufstieg
Ammertenspitz–Engstligenalp: 680 m Abstieg

Talort
Adelboden (1350 m ü. M.), auf mehreren Stufen einer Sonnenterrasse gelegener Ferienort. Zahlreiche Hotels, Restaurants, Ferienwohnungen. Adelboden Tourismus: Telefon +41 (0)33 673 80 80, www.adelboden.ch, info@adelboden.ch. Erreichbar mit Zug bis Frutigen, mit Bus bis Adelboden. Mit Auto auf demselben Weg.

Ausgangspunkt
Hahnenmoospass (1956 m ü. M.), Bergstation der Seilbahn Geils–Hahnenmoos (Restaurant). Von der Talstation Ortsbus nach Adelboden. Zufahrt mit Privatauto gebührenpflichtig, nicht zu empfehlen (wenige Parkplätze, schwierige Kreuzungsmanöver mit den Bussen auf der engen Strasse). Parkhaus in Adelboden.

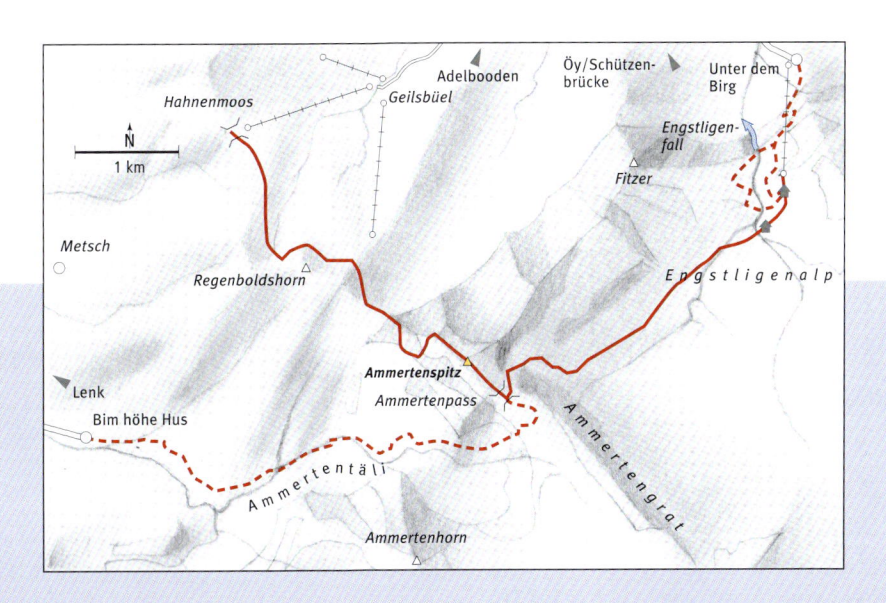

Auf- und Abstieg
Vom Hahnenmoospass (Bergstation der Seilbahn) dem Wanderweg entlang um das Regenboldshorn herum auf den Bummeregrat (2093 m ü. M.). Beginn des Äugiweges. In engen Windungen den Äugigrat empor, z.T. über Stufen, Treppen, durch eine Felsspalte und an Kettengeländern. Der obere Teil des Weges führt durch die Südwestflanke und auf den Vorgipfel (2551 m ü. M.), dann über den luftigen Gipfelgrat zum Hauptgipfel.
Abstieg über den Südostgrat (Schuttrücken mit Wegspur) zum Ammertenpass (2443 m ü. M.). Richtung Norden und Osten dem Wanderweg entlang hinab auf die Engstligenalp (1964 m ü. M., Bergstation der Gondelbahn Unter dem Birg–Engstligenalp, Hotels und Restaurants). Von der Talstation mit Ortsbus nach Adelboden, Zufahrt mit Privatauto möglich.

Varianten
– Aufstieg von der Engstligenalp: Leichte Variante mit dem gleichen Gipfelerlebnis: 2½ Std., T2. Abstieg auf derselben Route.
– Abstieg von der Engstligenalp weiter bis Unter dem Birg: Fast hautnah den Engstligenfällen entlang: 1½ Std., T2.
– Ab- oder Aufstieg durchs Ammertentäli auf der Lenker Seite: wildes, steiles Tal, eine heikle Stelle unter dem Ammertenpass (schiefriges Gestein und rutschiges Geröll). Simmenfälle (1102 m ü. M., Endstation Bus Lenk–Simmenfälle, auf der Karte «Bim höhe Hus»)–Ammertenpass (2443 m ü. M.): 4½ Std. (weitere 30 Min. bis zum Gipfel), T3.

Abstieg Ammertenpass–Simmenfälle: 3 Std. Oft wird der Ammertenpass ohne Gipfelbesteigung überschritten.
– Übernachten auf der Engstligenalp und anderntags Wanderung auf das Chindbettihorn (siehe Seite 78).

Übernachtungsmöglichkeiten
Zwei Gasthäuser auf der Engstligenalp, Zimmer und Matratzenlager, ganzjährig offen:
– **Berghotel Engstligenalp**,
Telefon +41 (0)33 673 22 91,
berghotel.engstligenalp@bluewin.ch.
– **Berghaus Bärtschi**, Telefon
+41 (0)33 673 13 73, berghaus@bluewin.ch.

Karten
Landeskarte 1:25 000, 1267 Gemmi
Landeskarte 1:50 000, 263 Wildstrubel
(oder SAW-Wanderkarte 263T)

Führer, Literatur, Informationen
SAC-Clubführer, Alpinwandern, Rund um die Berner Alpen, SAC-Verlag, Bern
Berner Oberland West, Bergverlag Rother, München.
www.adelboden.ch, www.engstligenalp.ch

Besonderes
– Das Mitführen von Hunden ist auf dem Äugiweg ausdrücklich verboten.
– Der Äugiweg sollte nur im Aufstieg begangen werden, weil das Kreuzen an einigen Stellen heikel ist.
– Aufgrund seines hohen Ausbaustandards gilt der Äugiweg auch als leichter Klettersteig. Eine entsprechende Ausrüstung ist jedoch nicht erforderlich.

Chindbettihorn

Den steilsten Teil der Wanderung bringen wir ganz bequem hinter uns – dank der Gondelbahn von Unter dem Birg auf die Engstligenalp. Die Sicht aus der Kabine auf die stiebenden Engstligenfälle, die über mehrere Stufen hunderte von Metern in die Tiefe donnern, ist beindruckend und weckt die Lust auf eine nächste Wanderung den Fällen entlang. Der Weg windet sich steil die Wände empor und ist an einigen Stellen mit Drahtseilen gesichert. Kaum zu glauben, dass auf diesem Pfad ganze Vieherden zur Engstligenalp und wieder zu Tal ziehen – ein Schauspiel, das im Sommer und Herbst eine Touristenattraktion ist.

Nach der Seilbahnfahrt empfängt den Wanderer ein erstaunlich ausgedehntes Hochplateau. Man traversiert die Engstligenalp in südöstlicher Richtung. Der Boden ist feucht, zuweilen sogar sumpfig. Bei Märbenen beginnt die Steigung, und sofort wird der Boden an den Hängen trocken. Bald entdeckt man Kalkplatten mit tiefen Wasserrillen, ein Karstboden, der alle Feuchtigkeit rasch verschluckt. Trotzdem treffen wir auf halber Höhe auf das Tossenseeli (ohne Namen auf der Landeskarte) und Blütenteppiche von goldgelben Gemswurz, die wie kleine Sonnen leuchten und den Wanderer bis auf den Chindbettipass begleiten. Die Sage erzählt, dass hier einst eine Walliserin ein Kind geboren haben soll. Der Name Chindbetti bedeutet so viel wie Wochenbett. Der folgende Aufstieg zum Gipfel ist kurz, verlangt aber vollste Konzentration. Denn auf der linken, westlichen Seite fällt das Chindbettihorn senkrecht ab, und auch die rechte Seite ist so steil, dass man sich keinen Fehltritt erlauben darf. An zwei Stellen braucht man die Hände, um vorwärtszukommen. Von Kletterei zu sprechen, wäre aber doch etwas übertrieben.

Gemswurz säumt den Weg zum Chindbettipass. Im Hintergrund das Tschingellochtighorn.

Auf dem Chindbettipass erblickt man den Roten Totz (links). Rechts erhebt sich das Tierhörnli.

Den Blickfang vom Chindbettihorn aus bildet der Wildstrubel.

Zurück auf dem Pass, wendet man sich der anderen Seite zu und wandert ins karge «Tälli». Wo früher die Querung des Talgrunds über den Tälligletscher führte, ist längst nur noch Geröll zurückgeblieben. Nach kurzem Gegenaufstieg ist die Kantonsgrenze erreicht. Auf der Walliser Seite beginnt die Gemmipassregion. Steil steigt man durch die Rote Chumme hinab, eine eindrückliche Rinne aus Schutt, Felsblöcken und mächtigen Felswänden. In schönem Kontrast dazu trifft man unten auf den lieblichen Daubensee, an dessen Ufern auch wieder etwas Grün gedeiht. Auf dem Weiterweg können sich die Knie bereits etwas erholen. Der Weg ist breit, weniger steil und es liegen keine Stolpersteine mehr vor den Füssen. Bremsend wirken könnte allenfalls noch das Berghaus Schwarenbach, über dessen Terrasse der Wanderweg buchstäblich führt. Nach dem Abstieg auf die Spittelmatte – wieder auf Berner Boden – muss noch ein letzter Aufstieg bis Sunnbüel bewältigt werden. Wie zu Beginn der Tour erleichtert auch zum Schluss eine Seilbahn die Überwindung einiger hundert Höhenmeter. (FJ)

Gebiet
Westliches Berner Oberland,
Engstligental/Kandertal

Gipfel
Chindbettihorn (2691 m ü. M.)

Charakterisierung
Breiter, scharfkantiger Berg. Von weitem gesehen eher unauffällig, bietet er dennoch ein schönes Gipfelerlebnis. Während der Überschreitung des Chindbettipasses bewegt man sich zwischen Blumenwiesen und alpinen Karstlandschaften.

Schwierigkeit
Engstligenalp–Chindbettipass: T2, markiert.
Chindbettipass–Sunnbüel: T3, markiert, bei Nebel oder Schnee im Frühsommer jedoch schwierig zu finden.
Chindbettihorn: T4. Über zwei kurze Felsstufen vor dem exponierten Gipfel braucht man die Hände zum Vorwärtskommen. Nur bei trockenen Verhältnissen begehen. Nicht markiert, schwache Pfadspur.

Wanderzeit
Engstligenalp–Chindbettihorn: 2½ Std.
Chindbettihorn–Sunnbüel: 3 Std.

Höhendifferenz
Engstligenalp–Chindbettihorn: 755 m Aufstieg
Chindbettihorn–Sunnbüel: 995 m Abstieg, 160 m Aufstieg

Talorte
Adelboden (1350 m ü. M.), auf mehreren Stufen einer Sonnenterrasse gelegener Ferienort. Zahlreiche Übernachtungsmöglichkeiten. Adelboden Tourismus: Telefon +41 (0)33 673 80 80, www.adelboden.ch, info@adelboden.ch.
Erreichbar mit Zug bis Frutigen, mit Bus bis Adelboden. Mit Auto auf demselben Weg.
Kandersteg (1176 m ü. M.), heimeliger Ferienort für Sommer- und Wintersport. Restaurants, Hotels, Ferienwohnungen, Camping.
Kandersteg Tourismus: Telefon +41 (0)33 675 80 80, www.kandersteg.ch, info@kandersteg.ch.
Erreichbar mit Zug oder Auto via Spiez.

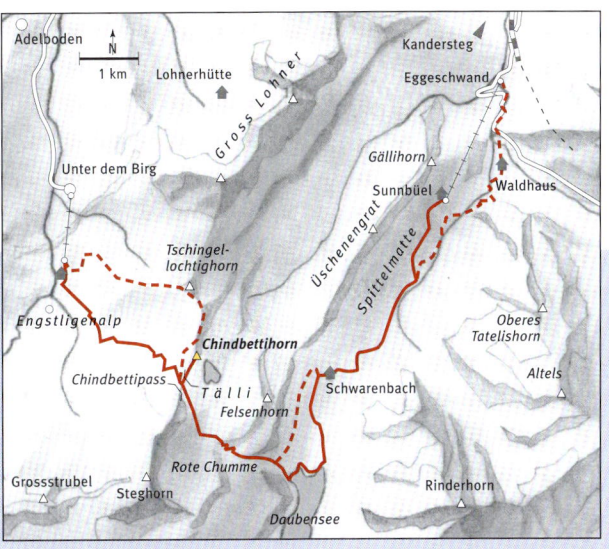

Ausgangspunkt
Engstligenalp (1964 m ü. M.), Bergstation der Gondelbahn Unter dem Birg–Engstligenalp. Hotels und Restaurants. Talstation erreichbar mit Ortsbus von Adelboden (auf der Linie Frutigen–Adelboden bei der Station Adelboden Öy umsteigen). Zufahrt mit Privatauto möglich.

Auf- und Abstieg
Von der Engstligenalp auf dem Bergwanderweg über Märbenen auf den Chindbettipass (2623 m ü. M.). Nun auf Wegspuren über den Südgrat, sich eher an die Ostflanke haltend (die Westseite fällt senkrecht ab), in etwa 15 Min. zum Gipfel. Dabei zwei Stellen mit Hilfe der Hände überwinden. Den gleichen Weg zurück zum Pass. Weiter gegen Südosten ins Tälli absteigen, dieses auf etwa 2520 m ü. M. queren und Gegenaufstieg zum Sattel nördlich von P. 2628. Steiler Abstieg durch die Rote Chumme zum Daubensee und auf breitem Weg bis Schwarenbach (Berghotel, Telefon +41 [0]33 675 12 72) und Spittelmatte. Letzter Gegenaufstieg nach Sunnbüel (1935 m ü. M., Restaurant und Bergstation der Gondelbahn Kandersteg–Sunnbüel). Von der Talstation Ortsbus zum Bahnhof Kandersteg. Zufahrt auch mit Privatauto möglich.

Varianten
– In der Roten Chumme kann man schon auf etwa 2300 m ü. M. in Richtung Schwarenbach abbiegen: ca. 15. Min. kürzer.
– Von der Spittelmatte Abstieg ins Gasterental nach Waldhaus und bis Eggeschwand (Talstation der Sunnbüel-Gondelbahn): 2 Std., T3.
– Vom Chindbettipass nach Norden zum Tschingellochtighorn und gegen Westen über den Ärtelengrat wieder auf die Engstligenalp: 1 Std., T2.
– Oft wird nur der Chindbettipass ohne Besteigung des Horns überschritten.

Karten
Landeskarte 1:25 000, 1267 Gemmi (für Abstieg ins Gasterental zusätzlich 1247 Adelboden)
Landeskarte 1:50 000, 263 Wildstrubel (oder SAW-Wanderkarte 263T)

Führer, Literatur, Informationen
SAC-Clubführer, Alpinwandern, Rund um die Berner Alpen, SAC-Verlag, Bern
SAC-Clubführer, Berner Alpen 1, SAC-Verlag, Bern
Berner Oberland West, Bergverlag Rother, München
Wanderbuch Thunersee–Frutigland, Berner Wanderwege BWW, Bern

Wanderer erreichen den Chindbettipass am Fuss des Chindbettihorns (rechts).

First

Man sagt, die Gastfreundschaft in Kandersteg sei besonders gross, da die Bevölkerung schon seit Jahrhunderten den Umgang mit Fremden gewohnt sei. Tatsächlich haben der Lötschen- und der Gemmipass schon seit vorchristlicher Zeit eine Bedeutung als alpenquerende Verbindungen. Spätestens jedoch seit der Berner Arzt, Naturwissenschaftler und Dichter Albrecht von Haller im Jahr 1728 die Gemmi überquerte und sich zu seinem Lehrgedicht «Die Alpen» inspirieren liess, erhielt Kandersteg Besuch aus aller Welt. Schriftsteller, Politiker, Künstler und natürlich Bergsteiger machten Kandersteg zu einem der ersten internationalen Tourismusorte der Alpen. Eine etwas andere Art von «Tourismus» setzte zu Beginn des 20. Jahrhunderts ein. Während des Baus des Lötschbergtunnels von 1906 bis 1913 bevölkerten Massen von vorwiegend italienischen Arbeitern das Dorf. Die Bevölkerungszahl explodierte von knapp 500 Einwohnern auf gut 3500, sank dann aber wieder auf etwa 700 ab. Auch heute leben nur etwa 1150 Personen in Kandersteg.

Der Tourismus ist nach wie vor die Haupterwerbsquelle von Kandersteg, und dies nicht zuletzt dank den gemäss Statistik 73 Prozent «unproduktiven» Bodens im Gemeindegebiet. Einen Teil davon durchwandert man am First, der mit einer spannenden Überschreitung aufwartet und prächtige Tiefblicke nach Kandersteg, auf eine imposante Runde von Gletschern und Gipfeln und zum Oeschinensee, diesem Juwel eines Bergsees, bietet. Auf der andern Seite des Firsts wartet als kleineres Juwel der Engstligsee, der im Verlauf des Sommers jedoch regelmässig austrocknet.

Mit der kleinen Gondel der Allmenalpbahn schwebt man über schwindelerregende Flühe; früher führte hier ein Pfad hinauf, der jedoch von einem Felssturz zerstört wurde. Die Allmenalp ist ein beliebter Startplatz für Gleitschirmflieger. Bald lässt man diese hinter sich, auch die anderen Wanderer, die den bekannteren Weg in Richtung Bunderchrinde oder Bunderspitz einschlagen, bald steht man über den letzten Alpen und wandert ins Reich der Gemsen. Überraschend dann die scharfe Gipfelschneide. In der Tiefe beobachtet man die Züge auf der Lötschberg-Nordrampe, die gleich einer Modelleisenbahn ihre Kehren zu ziehen scheinen.

Die Schlüsselstelle der Tour folgt zu Beginn des Abstiegs. Der Pfad am Nordgrat des Firsts ist stellenweise abschüssig, aber gut mit Stahlseilen abgesichert. Nach dieser Passage gilt es, einen knieschonenden Gang einzuschalten, da noch eine stattliche Zahl Höhenmeter abgestiegen werden müssen. Westlich der Hohwang geht es vorbei zum Stand und hinab zum Golitschepass, von wo aus man in einer Minute gleich noch das Golitschehöri «mitnehmen» kann. Ziemlich steil ist der Abstieg zur Golitschealp, etwas flacher dann der Weg durch die bewaldete Talflanke bis Uf der Höh und zurück nach Kandersteg. (FJ)

Stahlseile erleichtern den Abstieg über den Nordgrat des Firsts. Gegenüber die Howang und am Horizont der Niesen.

Der Kleine Lohner an einem Herbstmorgen auf der Allmenalp.

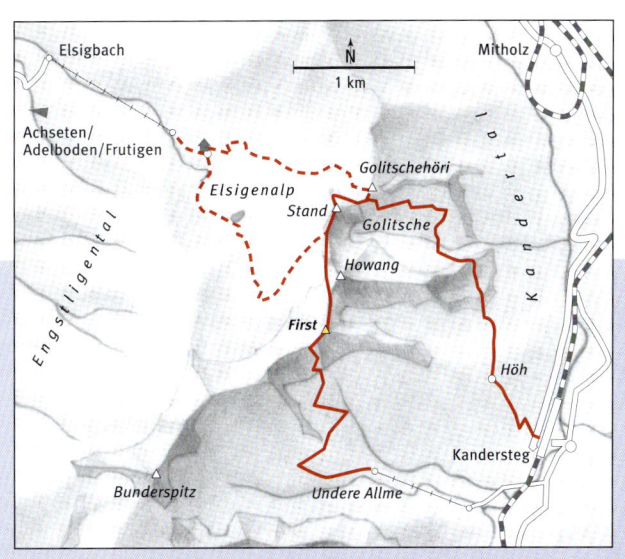

Gebiet
Westliches Berner Oberland, Kandertal

Gipfel
First (2548 m ü. M.)

Charakterisierung
Wie der Name sagt: Ein steiler First und eine markante Erhebung im scharfen Grat zwischen Kander- und Engstligental. Sonnige Grashänge auf Kandersteger Seite, schattige Felswände auf Adelbodner Seite.

Schwierigkeit
T3. Meistens gute, aber zum Teil steile Bergwanderwege. Exponierter Gipfelgrat, besonders gegen Norden, wo Drahtseile einige heikle Passagen absichern. Route durchgehend markiert. Bei Nässe nicht zu empfehlen.

Wanderzeit
Undere Allme (Allmenalp)–First: 2½ Std.
First–Stand–Kandersteg: 2½ Std.

Höhendifferenz
Undere Allme (Allmenalp)–First: 825 m Aufstieg
First–Stand–Kandersteg: 1375 m Abstieg

Talort
Kandersteg (1176 m ü. M.), heimeliger Ferienort für Sommer- und Wintersport. Restaurants, Hotels, Ferienwohnungen, Camping. Kandersteg Tourismus: Telefon +41 (0)33 675 80 80, www.kandersteg.ch, info@kandersteg.ch. Erreichbar mit Zug oder Auto via Spiez.

Ausgangspunkt
Undere Allme (1723 m ü. M.), Bergstation der Seilbahn Kandersteg–Allmenalp. Kleine Alp mit Restaurationsbetrieb. Beliebter Startplatz für Gleitschirmflieger. Zur Talstation 15 Min. vom Bahnhof Kandersteg, Autozufahrt möglich.

Auf- und Abstieg
Von Undere Allme auf dem Wanderweg zuerst ins Hochtal hinein, dann scharf rechts nach Nordosten zur Alphütte (Steintal, 2027 m ü. M.). Steiler und oft in engen Kehren die stellenweise von schiefrigem Fels durchsetzten Grashänge hoch zum Gipfel.
Abstieg über den mit Drahtseilen gesicherten Nordgrat des First und durch die Westflanke der Hohwang zum Stand (2320 m ü. M.). Gegen Nordwesten ausholend zum Golitschepass (beim Golitschehöri, ohne Namen auf der Landeskarte), zur Alp Golitsche und entlang der bewaldeten Talflanke in südlicher Richtung hinab bis Uf der Höh. Auf dem Waldweg über Inneri Meri ziemlich direkt zum Bahnhof Kandersteg.

Variante
Abstieg nach Elsigenalp: Vom Sattel P. 2280 (vor dem Stand) oder vom Golitschepass Abstieg zur Elsigenalp. Restaurants und Hotels. Bergstation der Seilbahn Elsigbach–Elsigenalp. Talstation erreichbar mit Bus von Frutigen oder Adelboden via Achseten oder mit Privatauto. First–Elsigenalp: 1½ Std., T3.

Karten
Landeskarte 1:25 000, 1247 Adelboden
Landeskarte 1:50 000, 263 Wildstrubel (oder SAW-Wanderkarte 263T)

Führer, Literatur, Informationen
SAC-Clubführer, Berner Voralpen, SAC-Verlag, Bern
Wanderbuch Thunersee - Frutigland, Berner Wanderwege BWW, Bern
www.allmenalp.ch

Vom Firstgipfel erblickt man die Lohnergruppe (links) sowie Albristhorn und Gsür (rechts).

Grashänge und schiefriges Gestein im Aufstieg zum First.

Gällihorn und Wyssi Flue

Das Gällihorn hat die Form einer mächtigen Felsburg und verspricht eine ausgezeichnete Aussicht. Beim Blick von Kandersteg aus fällt vor allem die senkrechte, unter Sportkletterern bekannte Nordostwand auf, und man fragt sich, wie denn der Wanderer dort hinaufkommt. Das Gelände hält jedoch auch für ihn eine Nische bereit. Ein guter Bergweg schlängelt sich bis unter die Nordostwand empor, steigt unter der Wand entlang zuweilen recht steil auf eine Gratecke und führt über die Westseite auf den Gipfel.

Wer die Überschreitung des Üschenengrates plant, sollte nicht zu lange auf dem Gipfel verweilen, denn der längste Teil der Tour folgt erst noch. Eine Rast mit Blick in die Gipfel- und Talrunde muss man sich aber gönnen. Aus ungewohnter Perspektive zeigen Doldenhorn und Fisistöcke ihre felsigen Süd- und Westflanken. Darunter liegt das urtümliche Gasterental, das Quellgebiet der Kander, und rechts davon prangen die stolzen Dreitausender Balmhorn, Altels und Rinderhorn über der Gemmi. Der Altels macht im Spätsommer allerdings einen betrüblichen Eindruck. Seine schwarze Flanke zeugt vom rasanten Gletscherschwund der letzten Jahre. Früher war die ganze Flanke vergletschert. Der untere Teil des Eises ist jedoch nicht wegen der aktuellen Klimaerwärmung verschwunden, sondern vermutlich der Folge einer Hitzeperiode zum Opfer gefallen: Im aussergewöhnlich heissen Jahr 1895 löste sich vom Altelsgletscher eine unvorstellbare Eismasse von 4,5 Millionen Kubikmetern und verschüttete auf einen Schlag die Alpen Spittelmatte und Winteregg. Etwa 170 Stück Vieh und sechs Älpler kamen ums Leben. Erst nach fünf Jahren war das ganze Eis abgeschmolzen.

Vom Gällihorn steigt man wieder ein Stück weit den gleichen Weg ab, wandert anschliessend vorwiegend der Westseite des Üschenengrates entlang bis auf die Wyssi Flue, von wo aus man das ganze Hochtal vom Sunnbüel bis zum Gemmipass überblickt. Fundstücke aus der Region belegen, dass die Gemmi schon in der Bronzezeit (um 1000 v. Chr.) als Übergang eine Bedeutung hatte. Ein gewisser Tourismus herrschte schon im 17. Jahrhundert, als sich Reisende in Tragsesseln über den Pass transportieren liessen. Vom 18. Jahrhundert an genoss der Pass internationale Bekanntheit und erhielt Besuch von Dichtern, Künstlern und Politikern wie etwa Alexandre Dumas, Mark Twain, Lenin und Pablo Picasso. Die Gäste logierten im seit 1742 bestehenden Berghotel Schwarenbach, das ursprünglich eine Zollstation gewesen war. Beim Abstieg von der Wyssen Flue zurück zum Sunnbüel wandert man am Hotel Schwarenbach vorbei, das seither einige Renovationen erlebt hat. Der Weg über die Gemmi blieb jedoch fast unverändert. Ein nicht selbstverständliches Glück, bestanden doch in den 1950er Jahren Pläne für eine Passstrasse über die Gemmi. (FJ)

Wie aus einer fremden Welt: das Tschingellochtighorn, gesehen vom Üschenengrat.

Rast auf der «Wyssen Flue», dahinter Klein Doldenhorn und Doldenhorn.

Trotz aufziehender Wolken lässt man sich nicht gerne von der Terrasse des Berghotels Schwarenbach vertreiben.

Eisenhut am Üschenengrat. Blick zurück zum Gällihorn, rechts davon Fisistöcke und Doldenhorn.

Gebiet
Westliches Berner Oberland, Kandertal

Gipfel
Gällihorn (2284 m ü. M.),
Wyssi Flue (2471 m ü. M.)

Charakterisierung
Von Kandersteg aus gesehen ein kühnes Horn, das sich im Üschenengrat weit gegen Südwesten ausdehnt. Mit der Überschreitung des Grates eine abwechslungsreiche Tagestour, das Horn allein lässt sich auch als kurze Wanderung erobern.

Schwierigkeit
T2–T3. Meistens gute Bergwanderwege. Einige steile Abschnitte, die bei Nässe rutschig werden. Durchgehend markiert.

Wanderzeit
Sunnbüel–Gällihorn: 1½ Std.
Gällihorn–Schwarenbach: 2 Std.
Schwarenbach–Sunnbüel: 1 Std.

Höhendifferenz
Sunnbüel–Gällihorn: 400 m Aufstieg, 50 m Abstieg
Gällihorn–Schwarenbach–Sunnbüel: 760 m Abstieg, 410 m Aufstieg

Talort
Kandersteg (1176 m ü. M.), heimeliger Ferienort für Sommer- und Wintersport. Restaurants, Hotels, Ferienwohnungen, Camping. Kandersteg Tourismus: Telefon +41 (0)33 675 80 80, www.kandersteg.ch, info@kandersteg.ch.
Erreichbar mit Zug oder Auto via Spiez.

Ausgangspunkt
Sunnbüel (1935 m ü. M.), Restaurant und Bergstation der Gondelbahn Kandersteg–Sunnbüel. Talstation Eggeschwand erreichbar mit Ortsbus vom Bahnhof Kandersteg. Zufahrt auch mit Privatauto möglich.

Auf- und Abstieg
Von Sunnbüel nördlich wenig absteigen nach Winteregg, dann zwischen hohen Felsblöcken hindurch, über Schutthänge und unter der Felswand des Gällihorns auf die Gratecke P. 2165. Über die Westseite in steilem Zickzack zum Gipfel.
Abstieg wieder zu P. 2165, dann den Westhängen des Üschenengrates entlang aufsteigend bis auf die Wyssi Flue (2471 m ü. M.). Absteigen zum Schwarzgrätli, P. 2382, dann nach Osten steiler hinab zum Berghotel Schwarenbach, auf breitem Weg nach Spittelmatte und letzter Aufstieg bis Sunnbüel.

Varianten
– Abstieg durchs Üschenetal nach Eggeschwand: Vom Gällihorn zu P. 2165, dann über Gällene zur Brücke über den Alpbach (1730 m ü. M.). Dem Strässchen folgen und bei P. 1621 wieder auf den Wanderweg, der immer nahe des Alpbachs nach Eggeschwand führt, das letzte Stück wieder auf dem Strässchen: 2 Std., T2.
– Von der Spittelmatte Abstieg ins Gasterental nach Waldhaus und bis Eggeschwand: 2 Std., T3. (Siehe auch Seite 84, Gasteräspitz.)

Übernachtungsmöglichkeit
Berghotel Schwarenbach (2060 m ü. M.) am historischen Passweg über die Gemmi. Zimmer und Matratzenlager, Telefon +41 (0)33 675 12 72, www.schwaren bach.ch, info@schwarenbach.ch.

Karten
Landeskarten 1:25 000, 1267 Gemmi, 1247 Adelboden
Landeskarte 1:50 000, 263 Wildstrubel (oder SAW-Wanderkarte 263T)

Führer, Literatur, Informationen
SAC-Clubführer, Berner Alpen 1, SAC-Verlag, Bern
SAC-Clubführer, Hochtouren Berner Alpen, SAC-Verlag, Bern
Berner Oberland West, Bergverlag Rother, München

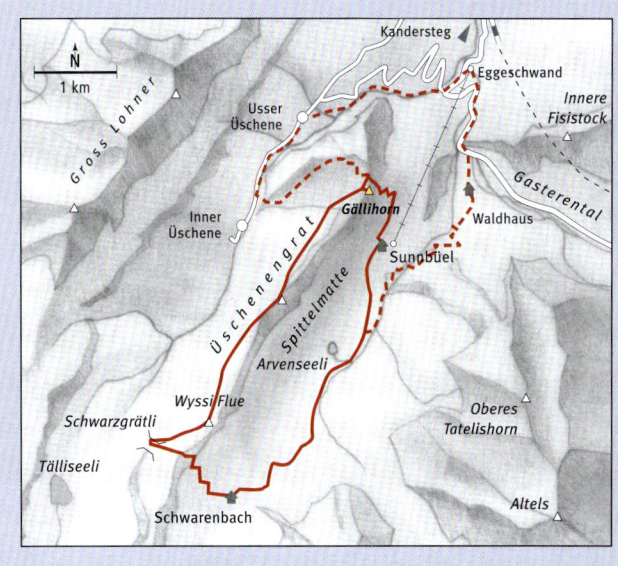

GASTERÄSPITZ

Vor etwa hundert Millionen Jahren begannen sich die Alpen zu erheben, und heute noch gibt es hin und wieder neue Gipfel zu entdecken. Nicht dass die Alpenfaltung wieder eingesetzt hätte, aber auf einmal erkennt jemand den Wert eines Gipfels als Wanderziel, gibt ihm einen Namen und stellt ein Gipfelkreuz auf. So geschehen am Gasteräspitz im Sommer 2004.

Manche Bergsteiger werden abwinken, der Gasteräspitz sei bloss ein unbedeutender Vorgipfel auf dem Weg zum viel höheren Balmhorn. Tatsächlich ragen Balmhorn und Altels noch etwa 800 Meter höher in den Himmel. Für den Alpinwanderer, der ohne Seil und Pickel auf Berge steigt, ist der Gasteräspitz aber gerade dank der Nähe dieser vergletscherten Riesen ein Ziel, das ein Klassiker werden dürfte: eingebettet in eine hochalpine Umgebung, eine spannende Aufstiegsroute durch eine Landschaft, welche die Bezeichnung «wildromantisch» noch in allen Ehren verdient, und auf etwa halbem Weg die prächtig gelegene Balmhornhütte.

Bis zum Hotel Waldhaus im Gasterental fährt ein Bus über eine beängstigend schmale, in den Fels gesprengte Strasse. Unverhofft sieht man sich in eine fast unwirklich schöne, wilde Umgebung versetzt. Das zivilisationsmüde Auge kann im Gasterental auf eine wohltuende Fülle von Natur blicken. Unverbaut darf sich die Kander mit vielen Seitenarmen in den Auenwäldern ausbreiten, und über die steilen Felswände tosen mächtige Wasserfälle. Die Unversehrtheit des Tales ist auch schon Filmregisseuren aufgefallen: Der alte Filmklassiker «Via Mala» von Josef von Baky und «Das vergessene Tal» von Clemens Klopfenstein sind hier entstanden.

Bei klarer Sicht ist schon von unten das Gipfelkreuz des Gasteräspitz zu sehen. Ein schmaler Pfad windet sich durch abweisende Flühe hinauf. Manche Stufen sind in den Fels geschlagen, und immer wieder entschärfen Stahlseile heikle Passagen. Für schwindelfreie Wanderer ein attraktiver Pfad mit atemberaubenden Tiefblicken in den bewaldeten Talgrund und hinüber zu den Abstürzen der Fisistöcke und des Doldenhorns, wo in den Achtzigerjahren ein gewaltiger Felssturz hinunterdonnerte. Bald öffnet sich ein kleines Hochtal. An einem lauschigen Plätzchen am Rand des Abgrunds empfängt die Balmhornhütte den Wanderer. Über Bergwiesen und einige Steilstufen setzt sich der Pfad fort auf den Wildsigengrat und folgt diesem ein Stück weit in Richtung Balmhorn. Ein letzter Aufschwung und man steht vor dem Gipfelkreuz. Der Blick geht über das Gasterental und den Kanderfirn zu den Berner Hochalpen. Hinter Hockenhorn und Lötschenpass schimmern die Berge der Mischabelgruppe mit dem Dom, dem höchsten Schweizer. Und vor uns Balmhorn und Altels: Wie gewaltig schön können Eis und Fels sein. Und wie einschüchternd, wenn es in der Balmhorn-Nordwand kracht und eine Eislawine durch die Flanke fegt! (FJ)

Hochalpine Atmosphäre: Balmhorn und Altels hinter dem Gipfelkreuz des Gasteräspitz.

An schönster Lage über dem Gasterental lädt die Balmhornhütte zur Rast oder zur Übernachtung ein.

Vom Gasteräspitz überblickt man das hintere Gasterental bis zum Kanderfirn. Links das Doldenhorn.

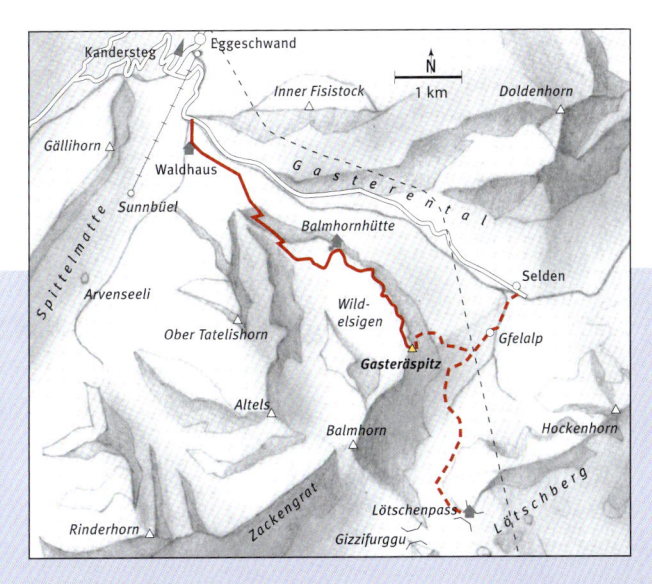

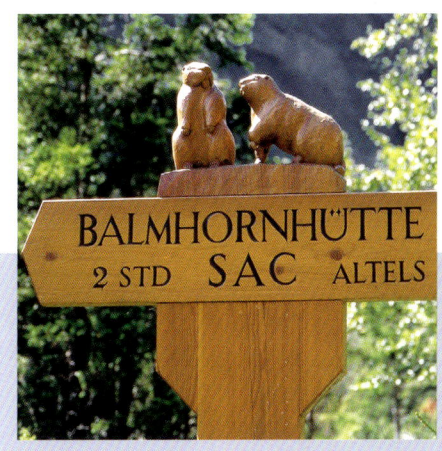

Vorfreude auf die Hütte weckt bereits das geschnitzte Schild im Talboden.

Gebiet
Westliches Berner Oberland, Kandertal

Gipfel
Gasteräspitz (2821 m ü. M.)

Charakterisierung
Alpiner Gipfel in aussergewöhnlich wilder Landschaft, umgeben vom unter Naturschutz stehenden Gasterental und von den höchsten Berner Kalkalpen. Fast schade, die wundervoll gelegene Balmhornhütte nicht zur Übernachtung zu benützen.

Schwierigkeit
T3–T4. Ausgesetzter Weg. Einige Stellen mit Drahtseilen gesichert. Bei Nässe oder Schnee gefährlich. Im oberen Teil Wegspur teilweise schlecht sichtbar, bei Nebel Orientierung schwierig. Sehr gute Trittsicherheit und Schwindelfreiheit erforderlich.

Wanderzeit
Gasterental (Neubrücke/Waldhaus)–
Balmhornhütte: 2½ Std.
Balmhornhütte–Gasteräspitz: 2½ Std.
Gasteräspitz–Gasterental (Neubrücke/
Waldhaus): 3 Std.

Höhendifferenz
Gasterental (Neubrücke/Waldhaus)–
Balmhornhütte: 600 m Aufstieg
Balmhornhütte–Gasteräspitz:
870 m Aufstieg

Talort
Kandersteg (1176 m ü. M.), heimeliger Ferienort für Sommer- und Wintersport. Restaurants, Hotels, Ferienwohnungen, Camping. Kandersteg Tourismus: Telefon +41 (0)33 675 80 80, www.kandersteg.ch, info@kandersteg.ch. Erreichbar mit Zug oder Auto via Spiez.

Ausgangspunkt
Hotel Waldhaus (1358 m ü. M.), am Eingang des Gasterentals, 5 Min. von der Bushaltestelle Neubrücke/Waldhaus. Bus ab Kandersteg, Reservation obligatorisch unter Telefon +41 (0)33 671 11 71. Zufahrt mit Privatauto gebührenpflichtig.

Auf- und Abstieg
Vom Hotel Waldhaus auf dem Natursträsschen ins Tal hinein. Bei P. 1367 biegt der schmale Pfad ab (Wegweiser und Infotafel), windet sich die Felswände und Schrofen hoch und quert einige Bäche bis zur Balmhornhütte. Weiter auf deutlichem Pfad über ein paar Stufen auf den Wildelsigengrat, wo sich die Spuren teilweise im feinen Geröll verlieren, aber Steinmännchen den Weg weisen. P. 2729 überschreiten in eine kleine Mulde, dann letzter Aufstieg zum Gasteräspitz (Gipfelkreuz, eingeschnitzte Höhenangabe falsch). Abstieg auf derselben Route.

Varianten
– Abstiegsmöglichkeit von der Mulde bei P. 2729 durch die steile östliche Felsflanke nach Schönbüel, mit Bohrhaken und Geländerseilen gesichert. Seilsicherung oder Klettersteigausrüstung mit Helm dringend empfohlen:
1½ Std., T5 bis Schönbüel.
Weiterer Abstieg über Wanderweg bis Selden: T2, 1½ Std. (Bus nach Kandersteg, siehe Ausgangspunkt; mit Privatauto gebührenpflichtig). Oder von Schönbüel Aufstieg zum Lötschenpass: T2, 1½ Std. (siehe Hockenhorn, Seite 86).
– Wanderungen durchs Gasterental, z.B. Selden–Waldhaus (T1, 2 Std.), Waldhaus–Eggeschwand (T2, 45 Min.), Eggeschwand–Kandersteg (T1, 45 Min.).

Übernachtungsmöglichkeiten
Balmhornhütte SAC (1955 m ü. M.), prachtvoll gelegene Hütte hoch über dem Gasterental. 26 Plätze im Matratzenlager (unbewartet 6). Bewartet Juni bis September an Wochenenden, übrige Zeit auf Anfrage, immer offen, Nottelefon. Telefon Hütte +41 (0)33 675 13 40, Hüttenchef +41 (0)33 671 12 31 oder +41 (0)79 210 16 02, Auskünfte und Reservationen: Telefon +41 (0)33 676 29 69 oder +41 (0)79 745 37 56, www.luethistef.ch/sac-altels/balmhornhuette.htm, balmhornhuette@luethistef.ch.
Hotel Waldhaus (1358 m ü. M.), nostalgisches Hotel eingangs Gasterental. Zimmer und Matratzenlager. Offen von Juni bis Oktober, Telefon +41 (0)33 675 12 73 (Sommer) oder +41 (0)33 673 32 69 (Winter).

Karten
Landeskarten 1:25 000, 1267 Gemmi, 1268 Lötschental (für Varianten zusätzlich 1247 Adelboden)
Landeskarten 1:50 000, 263 Wildstrubel, 264 Jungfrau (oder SAW-Wanderkarten 263T und 264T)

Führer, Literatur, Informationen
SAC-Clubführer, Alpinwandern, Rund um die Berner Alpen, SAC-Verlag, Bern
SAC-Clubführer, Berner Alpen 2, SAC-Verlag, Bern
www.luethistef.ch/sac-altels/balmhornhuette.htm

Hockenhorn

Was den Bewohnern des Lötschentals lange Zeit das Leben erschwerte, kommt heute den naturliebenden Touristen zugute: die Abgeschiedenheit des Tales. Bis zur Eröffnung des Lötschbergtunnels im Jahr 1913 war das Lötschental nur durch die schwer zugängliche Lonzaschlucht erreichbar. Trotz der Nord-Süd-Achse der Eisenbahn blieb dem Lötschental der Zugang zur mobilen Welt noch lange verwehrt. Erst 1939 wurde eine brauchbare Strasse bis Goppenstein gebaut. In den 50er Jahren wurde diese bis Blatten weitergezogen und führt erst seit 1972 bis Fafleralp.

Gesteinswechsel auf dem Schuttrücken unterhalb von Hockenhorn und Klein Hockenhorn (hinten).

Arktische Landschaft um die Lötschenpasshütte. Eine Wolke verschleiert die Ostflanke des Balmhorns.

Nord-Süd-Verkehr gab es aber schon lange vor dem Eisenbahnbau. Seit Jahrhunderten diente der Lötschenpass als Handelsweg zwischen Berner Oberland und Wallis. Über ihn besiedelten die Walser im Mittelalter das Gasterental. Ende des 17. Jahrhunderts wollten die Berner über den Pass einen befestigten Saumpfad bauen. Die Walliser sträubten sich jedoch dagegen, wahrscheinlich wegen des Glaubensunterschiedes und aus der Erinnerung an mehrere Schlachten zwischen den Bernern und Wallisern auf dem Pass.

Bis zum Lötschenpass gibt es zwei Wege: vom Berner Gasterental oder vom Walliser Lötschental aus. Von Berner Seite ist der Weg ziemlich weit, wenn man die Tour auf das Hockenhorn in einem Tag machen will. Deshalb wählt man besser den Aufstieg von der Lauchernalp im Lötschental, die mit öffentlichen Verkehrsmitteln schnell erreichbar ist. Besonders im Herbst, wenn die Lärchen in der Sonne leuchten, ist das Tal in ein goldenes Licht getaucht. Auf der Lauchernalp steht man schon an der Sonne, während der Talgrund noch im kühlen Schatten liegt. Der Weg führt über Alpweiden in zunehmend rauhere Regionen. Beim Pass liegt schon mehr als die Hälfte des Aufstiegs hinter uns, und die behagliche Lötschenpasshütte lädt zur verdienten Pause ein, mit Aussicht zum zerfurchten Balmhorn, zur felsigen Südwand des Doldenhorns, das eher wegen seiner vergletscherten Nordwand bekannt ist, und weit über das Lötschental hinaus zu den Walliser Hochalpen.

Kaum zu glauben, dass in dieser Gegend einst blutige Schlachten geschlagen wurden. Man ist umgeben von majestätischen Bergen, streift durch eine urzeitlich anmutende Landschaft aus Stein und Wasser. Gletschergeschliffener Granit, kleine Seelein, manche mit einer dünnen Eisschicht überzogen, und einige Schneeflecken: Solche Stimmungen müssen in arktischen Breiten herrschen.

Der Weiterweg auf das Hockenhorn verläuft durch eine immer steiniger werdende Landschaft. Der vorerst gemächlich ansteigende Schuttrücken mit interessanten Gesteinswechseln ist nicht schwierig zu begehen. Das Horn ragt als trotzige Klippe steil über den Geröllfeldern empor. Von weitem gesehen zweifelt man an der Möglichkeit einer einfachen Besteigung. Doch eine zwar steile, aber gut begehbare Pfadspur führt zum Gipfel. (FJ)

Stundenhalt auf der Sattlegi. Ferdenrothorn (links) und Balmhorn.

86 **Westliches Berner Oberland**

Das Balmhorn und ein namenloser See vor dem Lötschenpass.

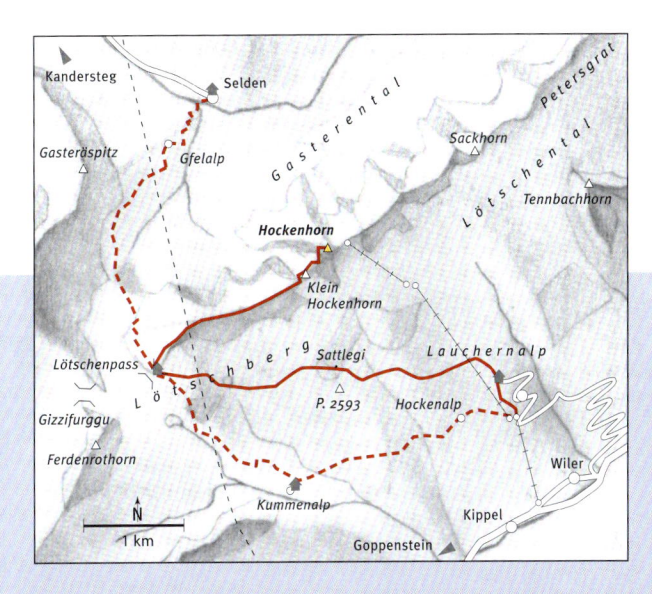

Gebiet
Westliches Berner Oberland, Lötschental/Gasterental

Gipfel
Hockenhorn (3293 m ü. M.)

Charakterisierung
Bizarre Bergklippe, die aus einem langen Schuttrücken ragt. Liebliche Alpweiden, arktisch anmutende Landschaften und hochalpine Atmosphäre wechseln sich ab. Im Spätherbst sorgen die goldenen Lärchen im Lötschental für ein einzigartiges Erlebnis.

Schwierigkeit
T2 bis Lötschenpass, T3 auf das Hockenhorn. Bis Lötschenpasshütte deutliche Wege und gut markiert. Von der Hütte an nur noch wenige Markierungen, aber meist deutliche Wegspur, bei Nebel aber gutes Orientierungsvermögen nötig. Der Gipfelaufstieg ist nicht gefährlich, erfordert aber Schwindelfreiheit und Trittsicherheit.

Wanderzeit
Lauchernalp–Lötschenpass: 2½ Std.
Lötschenpass–Hockenhorn: 2 Std.
Hockenhorn–Lötschenpass: 1½ Std.
Lötschenpass–Lauchernalp: 1½ Std.

Höhendifferenz
Lauchernalp–Lötschenpass: 720 m Aufstieg
Lötschenpass–Hockenhorn: 600 m Aufstieg

Talort
Wiler (1395 m ü. M.), kleines touristisches Dorf im Lötschental, Umsteigeort für die Weiterfahrt auf die Lauchernalp. Hotels, Restaurants. Lötschental Tourismus (bei der Luftseilbahn Wiler–Lauchernalp): Telefon +41 (0)27 938 88 88, www.loetschental.ch, info@loetschental.ch. Erreichbar mit Zug bis Goppenstein und mit Postauto bis Wiler. Mit Auto bis Kandersteg, Autoverlad durch den Lötschbergtunnel bis Goppenstein und von dort weiter bis Wiler.

Ausgangspunkt
Lauchernalp (1969 m ü. M.), sonnige Alp hoch über dem Tal, Startpunkt für zahlreiche Wanderungen. Hotels und Restaurants. Erreichbar mit der Gondelbahn von Wiler. Die Lauchernalp ist autofrei.

Auf- und Abstieg
Von der Lauchernalp über Mälcherbeden, Sattlegi und Simle zum Lötschenpass (2690 m ü. M.) und zur gleichnamigen Hütte. Dem Schuttrücken entlang über Wegspuren in ostnordöstlicher Richtung, auf der Nordseite des Klein Hockenhorns vorbei, dann nach links (nordwärts) weiter, oft über ein Schneefeld, an den Fuss des Hockenhorns auf dessen Nordseite. Über zum Teil steile Wegspuren zum Gipfel.
Abstieg auf derselben Route.

Varianten
– Aufstieg zum Lötschenpass über Hockenalp, Kummenalp, Stierstutz: 3 Std., T2.
– Start von Selden im Gasterental (erreichbar von Kandersteg mit Bus, Reservation obligatorisch unter Telefon +41 [0]33 671 11 71; Zufahrt mit Privatauto gebührenpflichtig): Sehr lohnende, aber lange Wanderung, die man am besten als Zweitagestour unternimmt mit Übernachtung auf dem Lötschenpass (siehe Übernachtungsmöglichkeit): Von Selden (1537 m ü. M., Berghotel, Telefon +41 [0]33 675 11 62) auf gut markiertem Weg über Gfelalp (Berghotel, Telefon +41 [0]33 675 11 61), Schönbüel bis Balme. Überquerung des harmlosen Lötschengletschers (Markierungen) und weiter bis zum Lötschenpass. Selden–Lötschenpass: 4½ Std., T3.
– Beliebt ist die Überschreitung des Lötschenpasses ohne Besteigung des Hockenhorns. Selden–Lauchernalp: 6 Std., T2.

Übernachtungsmöglichkeit
Lötschenpasshütte (2690 m ü. M.), auf dem Lötschenpass gelegen. Wunderbare Landschaft mit Aussicht auf die Berner und Walliser Alpen. 40 Plätze im Matratzenlager. Bewartet Juni bis Oktober, übrige Zeit teilweise offen, Schlüsseldepot beim Hüttenwart, Nottelefon. Telefon Hütte +41 (0)27 939 19 81, Hüttenwart +41 (0)27 939 18 87, www.loetschenpass.ch, info@loetschenpass.ch.

Karten
Landeskarte 1:25 000, 1268 Lötschental
Landeskarte 1:50 000, 264 Jungfrau (oder SAW-Wanderkarte 264T)

Führer, Literatur, Informationen
SAC-Clubführer, Berner Alpen 2, SAC-Verlag, Bern
Oberwallis, Bergverlag Rother, München
www.loetschentalermuseum.ch,
www.masken.ch, www.maskenkeller.ch,
www.stiftung-blatten.ch.

Gehrihorn

Zwischen Kandertal, Kiental und Hohtürli liegt eine Geländekammer mit wilden Bergen, die nicht oft besucht werden. Dündenhorn, Zallershorn und Ärmighorn sind mehr oder weniger abgelegene Kletterberge. Sie umschliessen die Giesenenalp mit der Breitwangflue, die unter Eiskletterern berühmt und auch berüchtigt ist für ihre grossen und schwierigen Eisfälle. Erst der nördliche Kamm dieser Bergkette vom Sattel- bis zum Gehrihorn ist für den Bergwanderer interessant, obwohl auch hier nicht nur leichte Wanderrouten zu finden sind.

Das Gehrihorn mit seiner westseitigen Felswand bildet einen vom Frutigtal her wohlbekannten Anblick. Ein ziemlich schroffer Daumen, der aber von der Kientaler Seite ohne Schwierigkeiten und mit Hilfe der Sesselbahn sogar in kurzer Zeit zu besteigen ist. Somit beginnt die Wanderung auf Ramslauenen, der Bergstation des Sessellifts. Bereits von hier hat man einen guten Blick über das Kiental, in dem lange Zeit nur Vieh gesömmert wurde und das im Winter unbewohnt war. Man mied das wilde Tal, in dem Jäger noch bis Mitte des 19. Jahrhunderts dem Wolf nachstellten. Von dieser Wildheit ist heute noch einiges zu spüren, wenn man über die Wiesen und Wälder gegen den Talhintergrund blickt, wo die Berge eng zusammenrücken und im Talschluss die dreigipflige Blüemlisalp erstrahlt. Während unseres Aufstiegs verliert die riesige Bachflue ihre erdrückende Nähe, und immer neue Gipfel treten in das Blickfeld. Eiger, Mönch und Jungfrau auf der einen Seite, die Erhebungen des Niesengrats auf der andern, das burgförmige Ärmighorn hinter der Bachflue. Bis zu Punkt 1947 auf dem Nordgrat des Gehrihorns darf man den Blick auch mal während des Wanderns umherschweifen lassen, dann aber sollte man sich auf den Weg konzentrieren, der nun steiler und ausgesetzter wird, jedoch in Kürze zum Gipfel führt.

Ein schützendes Dach zwischen Gehrihorn (Gipfel nicht sichtbar) und Sattelhorn: die Grathütte.

Vom Gehrihorn steigt man gegen Südosten in kurzer Kraxelei über eine steile Stufe auf den Pfad ab, der als etwas abschüssiges Band um eine Ecke, dann aber als guter Weg zur Grathütte führt. Unbeschwerter erreicht man die Grathütte, wenn man vom Gipfel den gleichen Weg zurück zu Punkt 1947 absteigt und dann genau südwärts an Alphütten vorbei die Gehrihornflanke traversiert. So imposant wie auf dem Gipfel ist auch eine Rast bei der Grathütte mit ihrer aussergewöhnlichen Lage mitten auf dem scharfen Grat zwischen Gehri- und Sattelhorn und mit Tiefblick ins Frutig- und Kiental. Hier können wir den Weiterweg planen: Ist die Zeit bereits fortgeschritten und sollen wir den Abstieg beginnen? Oder ist der Tag noch jung und die Beine noch munter, so dass die Überschreitung des ganzen Giesigrats zum Sattelhorn drinliegt? Für geübte Bergwanderer ist dies die erste Wahl, gewürzt mit ein paar exponierten, drahtseilgesicherten Abschnitten und dem Sattelhorn als zweitem Gipfel. (FJ)

Prachtsaussicht auf die berühmtesten Berner während des Abstiegs vom Gehrihorn.

Vom Gehrihorn lässt sich der ganze Grat bis zum Sattelhorn (links) überschreiten. Rechts Balmhorn, Altels und Rinderhorn.

Umwölktes Gipfelsignal auf dem Gehrihorn. Altels und Rinderhorn sind noch zu erkennen.

Für Wanderer wie auch Kletterer attraktiv: der Gipfelaufbau des Gehrihorns.

Gebiet
Westliches Berner Oberland, Kiental/Kandertal

Gipfel
Gehrihorn (2129 m ü. M.)

Charakterisierung
Letzter Ausläufer der Bergkette zwischen Kiental und Kandertal. Schroffer Felsdaumen, von Kientaler Seite jedoch gut begehbar. Schöne Überschreitung und Möglichkeit der Verlängerung über den spektakulären Giesigrat bis zum Sattelhorn.

Schwierigkeit
T2 oder T3. Meistens problemlose Bergwege, nur eine Passage an der Südostseite des Gipfels etwas abschüssig (T3). Kann auf Variante umgangen werden (T2). Ganze Route markiert.

Wanderzeit
Ramslauenen–Gehrihorn: 2½ Std.
Gehrihorn–Grathütte: ½ Std.
Grathütte–Ramslauenen: 1½ Std.

Höhendifferenz
Ramslauenen–Gehrihorn: 725 m Aufstieg
Gehrihorn–Grathütte–Ramslauenen: 725 m Abstieg

Talort
Kiental (958 m ü. M.), hübsches Feriendorf mit zahlreichen Wandermöglichkeiten. Sommer- und Wintersportort. Verschiedene Übernachtungsmöglichkeiten. Verkehrsverein Kiental: Telefon +41 (0)33 676 10 10, www.kiental.ch, ferien@kiental.ch. Erreichbar mit Zug via Spiez nach Reichenbach im Kandertal, dann Postauto bis Kiental Post. Mit Auto auf demselben Weg.

Ausgangspunkt
Ramslauenen (1405 m ü. M.), Bergstation des Sessellifts Kiental–Ramslauenen, Hotel/Restaurant (Telefon +41 [0]33 676 22 26). Talstation 5 Min. von der Haltestelle Kiental Post. Zufahrt zur Talstation mit Privatauto möglich.

Auf- und Abstieg
Von Ramslauenen den Wegweisern folgend über Rüederigs bis P. 1947 am Nordostgrat des Gehrihorns (Weggabelung). Weiter dem Grat folgend bis auf den Gipfel.
Abstieg gegen Südosten über eine kleine Felsstufe mit eingehauenen Tritten und ein etwas abschüssiges Band (vgl. Variante), dann wieder auf gutem Weg gegen Süden zur Grathütte (2079 m ü. M., Verpflegungs-, Übernachtungsmöglichkeit). In zahlreichen Kehren über Alpweiden bis Underbachli (1557 m ü. M.). Kurz unterhalb dem anfangs kaum mehr sichtbaren Wanderweg folgen oder auf dem breiten Weg weiter bis Obers Chüematti und zuletzt über das Strässchen leicht aufsteigend nach Ramslauenen.

Varianten
– Abstieg vom Gipfel bis P. 1947, dann nach Süden via die Alphütten auf 1994 m ü. M. zur Grathütte: ca. 15 Min. länger, T2.
– Von der Grathütte weiter über den luftigen Giesigrat, einige Stellen mit Drahtseilen, bis P. 2306. Wegloser Abstecher aufs Sattelhorn (2376 m ü. M.). Weiter über P. 2310 und Abstieg gegen Norden zur Alp Obere Gumpel, durch das enge Bachlital nach Underbachli und Ramslauenen. Grathütte–Sattelhorn–Ramslauenen: 3½ Std., T3.
– Abstieg nach Frutigen: Vom Gehrihorn wieder zu P. 1947, dann nach Westen über Geerene, Hofuri nach Kanderbrück und Frutigen: 2½ Std., T2.

Übernachtungsmöglichkeit
Grathütte (2079 m ü. M.), einfache Berghütte in einmaliger Aussichtslage auf dem Giesigrat. Matratzenlager. Telefon +41 (0)33 676 11 26. Reservation unerlässlich. Bewartet Juli und August, teilweise Juni bis Oktober.

Karten
Landeskarten 1:25 000, 1227 Niesen, 1228 Lauterbrunnen, 1247 Adelboden, 1248 Mürren
Landeskarten 1:50 000, 253 Gantrisch, 254 Interlaken, 263 Wildstrubel, 264 Jungfrau (oder SAW-Wanderkarten 253T, 254T, 263T, 264T); oder die Zusammensetzung 5004 Berner Oberland

Führer, Literatur, Informationen
SAC-Clubführer, Berner Voralpen, SAC-Verlag, Bern
Wanderbuch Thunersee–Frutigland, Berner Wanderwege BWW, Bern
www.sportbahnen-kiental.ch

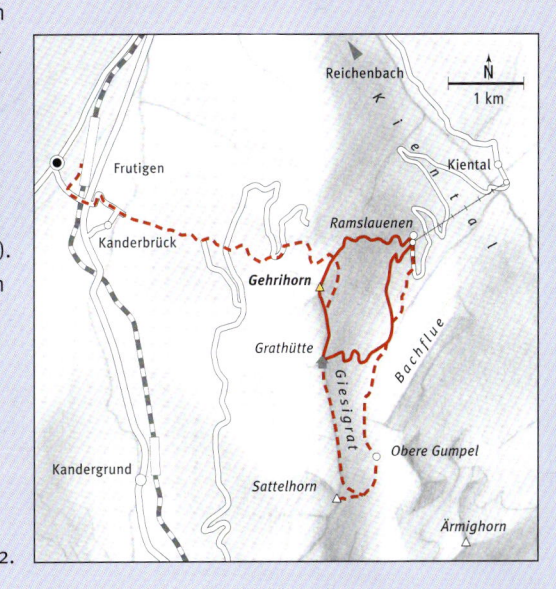

Dreispitz

Das kleine Dreispitzmassiv zwischen Suldtal und Kiental macht selten touristische Schlagzeilen. Vielleicht sind die Berge zu wenig bekannt oder die Wanderungen zu anspruchsvoll. Obwohl es in den beiden urtümlichen Tälern auch auf leichten Wegen wunderbare Natur zu entdecken gibt. Wer den Rummel nicht mag, dem wird es recht sein, wenn die Region ein

Exzellentes Panorama am Dreispitz. Von links nach rechts Blüemlisalp, Doldenhorn, Balmhorn, Altels, Rinderhorn auf der einen Seite ...

Geheimtipp bleibt. Ziemlich geheim war auch die «Zweite Internationale Sozialistische Konferenz», die 1916 mit Lenin und Schweizer Sozialdemokraten in Kiental abgehalten wurde.

Das Motto des Kientals, «Wo das Leben noch Zeit hat», klingt in der Hetze der Gegenwart für Erholungssuchende jedenfalls vielversprechend. Sich Zeit nehmen – welch ein Luxus! Für den Dreispitz sollte man nicht auf diesen Luxus verzichten. Für die lange Wanderung braucht es genügend Zeit. Und pressieren sollte man in den Bergen ohnehin nicht, das ist schlicht zu gefährlich.

Die Wanderung beginnt harmlos. Über dem hübschen Kirchlein aus dem Jahr 1929 steigt der Weg in das Tal des Erlibachs zwischen Dreispitz und Wetterlatte. Der Blick auf den Dreispitz ist äusserst beeindruckend, dominiert doch sein mächtiger Vorbau aus senkrechten Felswänden. Nach der Staldeweid schlängelt sich der Weg steiler bis auf den Renggpass, von wo man auf die andere Seite in das Suldtal blickt. Durch das unter Naturschutz stehende Tal führt ebenfalls ein sehr schöner Weg auf den Renggpass. Allerdings muss, wer mit den öffentlichen Verkehrsmitteln anreist, bereits in Aeschiried vom Bus auf die Bergschuhe umsteigen oder mit dem Alpentaxi weiter bis Suld fahren.

Nach dem Renggpass wird es ernsthafter. Ein bewaldetes Grätchen führt in einen nächsten Sattel, bevor der Weg die steile Nordwestflanke hinansteigt. Die Markierungen sind gut,

Wenig unterhalb des Gipfels: Blick über die Wetterlatte zu Thunersee und Niesen.

der Pfad aber stellenweise etwas undeutlich und ausgesetzt. Man gewinnt jedoch ziemlich rasch an Höhe und steht unvermittelt auf der kleinen Gipfelfläche. Dahinter fällt die Flanke ebenso steil wieder ab. Ein Kreuz mit Gipfelbuch ziert den höchsten Punkt. Herrlich der Tiefblick zu den weissen Segeln auf dem blauen Thunersee und in die Bergarena von wilden Voralpengipfeln wie Morgenberghorn, Schwalmere, Hundshorn, darüber der Kranz der Berner Hochalpen. Gegen Nordosten zieht sich der luftige Grat zum benachbarten Latrejespitz hinüber. Eine verlockende Überschreitung, die jedoch nur absolut sicheren Berggängern angeraten werden kann. Wer es abenteuerlich mag und sich im weglosen, steilen Schrofengelände zu Hause fühlt, dem bietet sich auch ein interessanter Abstieg über die Südseite des Dreispitzes zur Alp Agne an. Von dort führt der Bergweg hinunter zum Spiggebach und stellenweise an dessen Schluchtrand entlang weiter nach Kiental. Der Genusswanderer wird lieber wieder über die Aufstiegsroute absteigen und diese Seite des Dreispitzes nochmals aus neuer Perspektive erleben. (FJ)

... und die Thunerseeregion auf der anderen Seite.

Ein ausgesetzter Grat leitet hinüber zu Latrejespitz (rechts) und First. Dahinter Morgenberghorn und Thunersee.

Gebiet
Westliches Berner Oberland, Kiental

Gipfel
Dreispitz (2520 m ü. M.)

Charakterisierung
Ein kleines Massiv, das im Dreispitz gipfelt. Mächtige Felsflühe im Unterbau, darüber ein scharfer, begraster Gipfelgrat. Einer der lohnendsten Wander- und Aussichtsgipfel der Region.

Schwierigkeit
T3. Markierte Bergpfade, nach dem Renggpass teilweise steil und etwas ausgesetzt. Gute Trittsicherheit, Schwindelfreiheit und Ausdauer nötig.

Wanderzeit
Kiental–Rengg: 2½ Std.
Rengg–Dreispitz: 2½ Std.
Dreispitz–Rengg–Kiental: 3 Std.

Höhendifferenz
Kiental–Rengg: 840 m Aufstieg
Rengg–Dreispitz: 740 m Aufstieg, 20 m Abstieg
Dreispitz–Rengg–Kiental: 1580 m Abstieg, 20 m Aufstieg

Talort/Ausgangspunkt
Kiental (958 m ü. M.), hübsches Feriendorf mit zahlreichen Wandermöglichkeiten. Sommer- und Wintersportort. Verschiedene Übernachtungsmöglichkeiten. Verkehrsverein Kiental: Telefon +41 (0)33 676 10 10, www.kiental.ch, ferien@kiental.ch. Erreichbar mit Zug via Spiez nach Reichenbach im Kandertal, dann Postauto bis Kiental Post. Mit Auto auf demselben Weg.

Auf- und Abstieg
Von Kiental Post dem Strässchen oberhalb der Kapelle entlang zum Waldrand. Auf dem Wanderweg weiter über P. 1211, wo man eine Strassenkurve berührt, und über P. 1409 zur Alphütte bei P. 1499, dann steiler zur Alp Rengg auf dem Übergang ins Suldtal (1799 m ü. M.). Dem Grätchen stellenweise etwas abschüssig folgen und in einen weiteren Sattel absteigen (1779 m ü. M.). Steil und in vielen Windungen die Nordwestflanke des Dreispitzes über Höchstschafberg zum Gipfel. Abstieg auf derselben Route.

Varianten
– Mit dem Alpentaxi von Reichenbach bis unterhalb Fulematti nördlich der Wetterlatte fahren (bis ca. P. 1610). Über Fulematti nach Rengg zur Hauptroute. P.1610–Rengg: 1 Std., T2. Alpentaxi: Telefon +41 (0)33 676 29 29, +41 (0)33 676 21 25, +41 (0)79 311 81 16, www.gerber-taxi.ch, info@gerber-taxi.ch.
– Von Aeschiried Schulhaus (Bus ab Spiez) dem Strässchen entlang bis Suld (Gasthof Pochtenfall, bis hier auch mit Alpentaxi der Autoverkehr Spiez–Krattigen–Aeschi AG, Telefon +41 [0]33 654 18 27, oder mit Privatauto möglich, Übernachtungsmöglichkeit, Telefon +41 [0]33 654 18 66 oder +41 [0]33 654 78 23). Aufstieg über Undere Obersuld und Witbode bis Rengg zur Hauptroute. Aeschiried–Rengg: 3½ Std., T2. Von Suld 2½ Std., T2.
– Von P. 1946 oberhalb Rengg nach links in die Mulde von Höchstbode, dann steil und weglos über Fels, Geröll und Grashänge durch die Nordwestflanke zum Latrejespitz und über den exponierten Südwestgrat auf den Dreispitz. Rengg–Latrejespitz–Dreispitz: 2½ Std., T5.
– Abstieg über den Südgrat zur Alp Agne (1843 m ü. M.), steiler Fels- und Grasgrat, weglos, ohne Markierungen; von Agne auf dem Wanderweg bis Kiental: 3½ Std., T5.

Karten
Landeskarte 1:25 000, 1228 Lauterbrunnen
Landeskarte 1:50 000, 254 Interlaken (oder SAW-Wanderkarte 254T)

Führer, Literatur, Informationen
SAC-Clubführer, Berner Voralpen, SAC-Verlag, Bern
www.aeschi-tourismus.ch

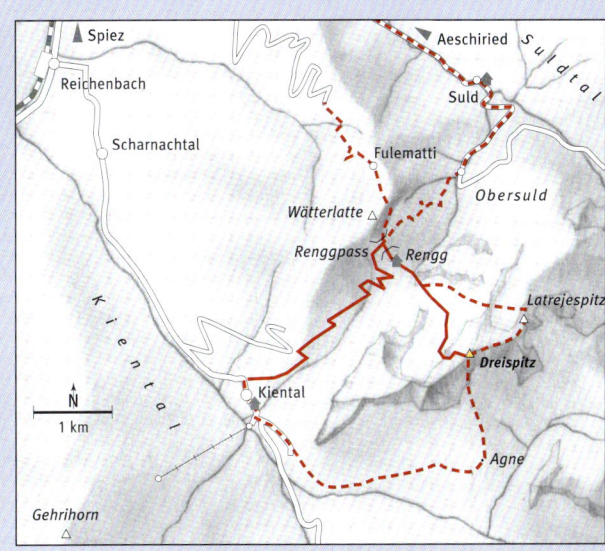

WESTLICHES BERNER OBERLAND

Morgenberghorn

Beim Stichwort «Berg am Thunersee» denkt jeder an den Niesen. Er ist und bleibt das Wahrzeichen der gesamten Thunerseeregion. Eine weitere, noch spitzere und steilere Pyramide ist das Morgenberghorn am oberen Thunersee. Zudem führt keine Bahn hinauf und kein Gasthaus besetzt die Gipfelfläche. Das Morgenberghorn bleibt den Bergwanderern vorbehalten, die steilere und ausgesetztere Pfade nicht scheuen.

Die erste Wegstrecke ist fast ein Spaziergang. Zwischen Suldtal und Thunersee leitet der gemächlich ansteigende Wan-

Herbstliche Alp auf dem Abstieg nach Leissigen am Thunersee.

Über der Alp Brunni öffnet sich der Blick über den ganzen Thunersee.

Unter dem Gipfel des Morgenberghorns liegt das Saxettal, dahinter zeigen sich von links nach rechts Wetterhorn, Schreckhorn, Eiger und Mönch.

derweg über Aeschiallmi und Greberegg zur Alp Brunni. Weideland wechselt sich ab mit Waldpartien. Die Verheerungen des Sturmes Lothar sind nach wie vor unübersehbar. Wie in einem überdimensionierten Stoppelfeld wandert man an geknickten Fichtenstämmen vorbei. Der sonnige Kamm ist ein Geschenk der letzten Eiszeit. Der Kander- und der Aaregletscher vereinigten sich hier. Als die Gletscher vor etwa 10 000 Jahren zurückschmolzen, liessen sie eine mächtige Mittelmoräne zurück, die uns heute, überwachsen, bewaldet und besiedelt, als beliebtes Ausflugsziel dient.

Nach dieser Aufwärmstrecke kann man auf der Alp Brunni schon mal den ersten Durst löschen. Weiter windet sich der Pfad steil und stellenweise exponiert hinauf zur luftigen Spitze des Morgenberghorns. Ein Felsriegel am Fuss des Berges bildet die Schlüsselstelle, die jedoch mit genügender Trittsicherheit und mit Hilfe der Stahlseile gut zu bewältigen ist.

Der Abstieg über den Südgrat verlangt nochmals volle Konzentration im teilweise losen Geröll. Auf dem Rengglipass hat man zwei Möglichkeiten. Die kürzere Variante führt nordöstlich nach Saxeten hinunter. Das kleine Bergdorf muss beständig um seine Postautolinie kämpfen. Der Fahrplan ist bereits dünn, aber der Wanderer hofft, dass die Verbindung nach Wilderswil hinunter erhalten bleibt. Die andere Variante geht gegen Südwesten nach Mittelberg im Talkessel von Latreje. (Nicht zu verwechseln mit dem andern Mittelberg auf Saxeter Seite!) Der Wanderweg schneidet nun ab und zu das Alpsträsschen. Im hinteren Suldtal wird man von einem tosenden Naturschauspiel empfangen, dem rund 80 Meter hohen Pochtenfall. Bald darauf erreicht man das Restaurant Pochtenfall. Für den Weiterweg bleibt man am besten zuerst auf der linken, das heisst südlichen Seite des Sulbachs, weiter unten auf der rechten Seite, bis man das letzte Stück bis Aeschiried auf der Strasse zurücklegen muss.

Zur Blütezeit sind im geschützten Suldtal wahre Naturschätze zu entdecken. Über zwanzig Orchideenarten gedeihen hier, darunter der prächtige Frauenschuh. Dazu kommen Paradieslilie, Alpen-Akelei und viele mehr. Auch die Tierwelt ist reich. Zahlreiche Hühnerarten überleben hier, der Luchs streift heimlich durch das Tal, und sogar Waschbären – eigentlich keine heimischen Tiere – sollen beobachtet worden sein. (FJ)

Gebiet
Westliches Berner Oberland, Thunerseeregion

Gipfel
Morgenberghorn (2248 m ü. M.)

Charakterisierung
Den oberen Thunersee dominierende Bergspitze mit sanftem Ausläufer nach Aeschiried und dem verborgenen Suldtal mit seiner aussergewöhnlichen Tier- und Pflanzenvielfalt.

Schwierigkeit
T3. Bis zur Alp Brunni ohne Schwierigkeiten. Steiler und teils exponierter Gipfelauf- und -abstieg, Felsgürtel mit Drahtseilen. Trittsicherheit und Schwindelfreiheit erforderlich. Route durchgehend markiert. Bei Nässe heikel. Lange Überschreitung mit Abkürzungsmöglichkeiten.

Wanderzeit
Aeschiried Schulhaus–Brunni–Morgenberghorn: 4 Std.
Morgenberghorn–Renggli–Suld–Aeschiried Schulhaus: 3½ Std.

Höhendifferenz
Aeschiried Schulhaus–Brunni–Morgenberghorn: 1280 m Aufstieg, 50 m Abstieg
Morgenberghorn–Renggli–Suld–Aeschiried Schulhaus: 1300 m Abstieg, 70 m Aufstieg

Talort/Ausgangspunkt
Aeschiried (1015 m ü. M.), auf einem sonnigen Rücken gelegenes Dorf mit wunderbarer Sicht über den Thunersee und ins Frutigtal. Zahlreiche Übernachtungsmöglichkeiten. Aeschi Tourismus: Telefon +41 (0)33 654 14 24, www.aeschi-tourismus.ch, info@aeschi-tourismus.ch.
Erreichbar mit Zug bis Spiez, dann Bus bis Aeschiried Schulhaus (Endstation). Mit Auto via Spiez nach Aeschiried, von Interlaken her über Leissigen, Krattigen bis Aeschiried.

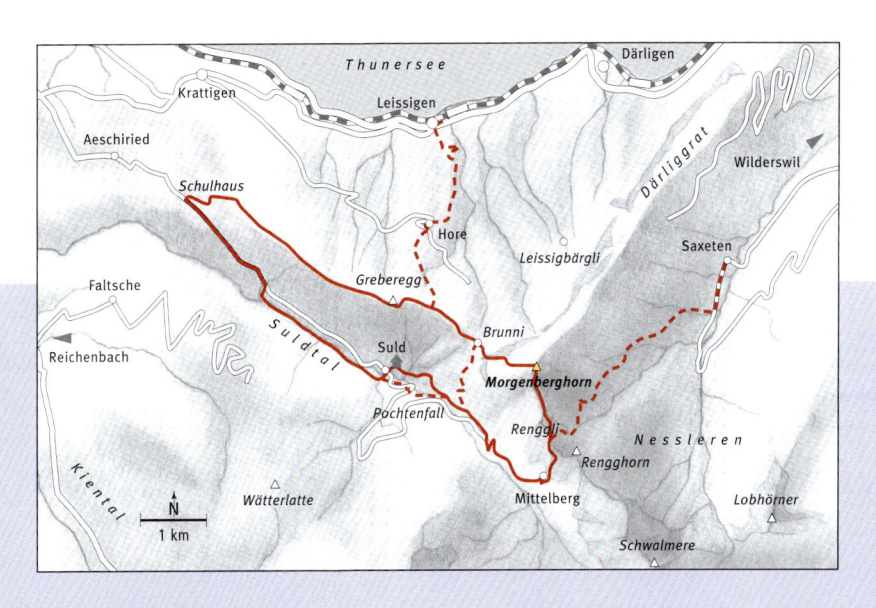

Auf- und Abstieg
Von Aeschiried Schulhaus kurz der Strasse entlang, dann auf dem Wanderweg über Greberegg zur Alp Brunni (1644 m ü. M., Getränkeausschank, Übernachtungsmöglichkeit, Telefon +41 [0]33 847 16 23). Steiler zu einem Felsgürtel mit Drahtseilen am Fuss des Morgenberghorns. Über diese Felsstufe und den steilen Pfad entlang weiter, zum Teil exponiert und etwas rutschiges Geröll, zuletzt über den luftigen Grat zum Gipfel.
Abstieg über den Südgrat, ebenfalls teilweise steil und mit losem Geröll, bis Renggli (1879 m ü. M.). Nun wieder leichter gegen Südwesten nach Mittelberg (Übernachtungsmöglichkeit, Telefon +41 [0]33 654 48 56 oder +41 [0]33 654 20 73) und in nordwestlicher Richtung ins Suldtal bis zum Pochtenfall. Ab der Verzweigung auf ca. 1300 m führen zwei Wege (beide sind schön) bis Suld zum Restaurant Pochtenfall (Übernachtungsmöglichkeit, Telefon +41 [0]33 654 18 66). Auf dem Wanderweg am linken (südlichen) Ufer der Suld entlang, ab P. 1017 (Brücke) am rechten Ufer bis ca. 980 m ü. M., dann rechts hinauf über Staldenweid zum Strässchen und über dieses zurück nach Aeschiried.

Varianten
– Von Suld zurück nach Aeschiried mit Alpentaxi (Autoverkehr Spiez–Krattigen–Aeschi AG, Telefon +41 [0]33 654 18 27, zwei reguläre Kurse am Wochenende im Sommer, Reservation obligatorisch): ca. 1 Std. Zeitersparnis.
– Abstieg vom Morgenberghorn über die Aufstiegsroute bis Brunni und zu P. 1534, dann rechts hinab über Fulewasser, Unders Hore, Gibel nach Leissigen: 3 Std., T3.
– Abstieg vom Morgenberghorn über die Aufstiegsroute bis Brunni, dann südwärts nach Louene und über die Hauptroute zum Pochtenfall und bis Aeschiried: 3 Std., T3.
– Auf der Hauptroute vom Gipfel bis Renggli, dann nach Nordosten absteigen bis Saxeten (wenige Busverbindungen nach Wilderswil Bahnhof, Auskunft und Voranmeldung für Gruppen: Telefon +41 [0]900 304 304): 2½ Std., T3.
– Abstieg über die Aufstiegsroute bis Aeschiried: 2½ Std., T3.
– Die Wanderung nur bis Alp Brunni ist bereits ein lohnender Ausflug für sich. Aeschiried–Brunni: 2½ Std., T1–T2.

Karten
Landeskarte 1:25 000, 1228 Lauterbrunnen
Landeskarte 1:50 000, 254 Interlaken (oder SAW-Wanderkarte 254T)

Führer, Literatur, Informationen
SAC-Clubführer, Berner Voralpen, SAC-Verlag, Bern
Berner Oberland West, Bergverlag Rother, München
Wanderbuch Thunersee–Frutigland, Berner Wanderwege BWW, Bern
Von Hütte zu Hütte in den Schweizer Alpen, AT Verlag, Baden

Sigriswiler Rothorn

Schon vom Mittelland aus sieht man die langgezogene, auffällige Silhouette des Sigriswilergrats mit dem Sigriswiler Rothorn als höchster Erhebung. Besonders im Winter hebt sich der weiss verschneite Grat malerisch von den dunklen Nordwänden der Berner Alpen ab. Trittsichere und schwindelfreie Wanderer finden in dieser Gebirgskette ein anspruchsvolles Wanderparadies mit vielfältigen Möglichkeiten und lohnender Aussicht. Jede Route aufs Sigriswiler Rothorn führt durch Bergwälder, in denen der Schwarzspecht ruft, über Alpweiden

Parallel zum Sigriswiler Rothorn verläuft der Gipfelgrat des Niederhorns und am Horizont der Alpenkamm mit von links nach rechts Wetterhorn, Schreckhorn, Finsteraarhorn, Eiger, Mönch und Jungfrau.

Auf Fels- und Schuttbändern geht es um den Gipelaufbau herum. Über dem Nebelmeer von links nach rechts Doldenhorn, Balmhorn und Altels, Rinderhorn, Wildstrubel.

mit Silberdisteln, Enzian und vielen anderen Blumen und über zerfurchte Karrenfelder. Im Wandergebiet gibt es zudem gute Gelegenheiten, Gemsen, Steinböcke, Adler oder Turmfalken zu beobachten. Mit etwas Glück sichtet man vielleicht auch den Bartgeier, der im Schilthorngebiet brütet und auf Nahrungssuche die Gegend überfliegt.

Von Beatenberg Station wandert man auf einer kleinen Strasse ins Justistal, das am anderen Talende vom auffälligen Einschnitt der Sichle abgeschlossen wird. Dieses von imposanten Steilwänden umgebene Tal ist berühmt für seine Käseherstellung und die alljährlich Ende der Saison stattfindende «Kästeilete». Bei den Sennhütten gibt es Gelegenheit, mit Käse oder Ziger den Wanderproviant zu ergänzen. Im Sommer ist das Tal von geschäftigem Treiben erfüllt. Im Herbst, wenn die Alpen wieder verlassen und still sind, übernehmen die Hirsche das Tal und erfüllen es zur Brunstzeit mit ihrem Röhren. Nach einem steilen Aufstieg durch die Südostflanke steht man vor dem Eingang des Schaflochs. Von dieser Höhle aus wurde ein Militärstollen quer durch den ganzen Berg getrieben. Mit Taschenlampe und etwas Entdeckergeist kann man durch den Stollen bis zur Nordwestseite des Sigriswiler Rothorns gelangen. Will man direkt zum Gipfel, folgt man dem Pfad, der durch steiles, etwas ausgesetztes Gelände weiterführt. Bald ist der Gipfel in Reichweite. Der letzte Abschnitt über Karrenfelder und der Schlussaufstieg fordern jedoch volle Aufmerksamkeit. Das Wandern über die Karrenfelder erinnert der vielen Spalten wegen an das Queren eines Gletschers – und verlangt auch entsprechende Vorsicht. Stellenweise hat das Regenwasser Rillen mit solch scharfen Kanten aus dem Kalkstein gefressen, dass man daran Brot schneiden könnte. Nach einem letzten steilen Anstieg über Kalkgeröll ist der Gipfel mit der erhebenden Aussicht erreicht. Bei Hochnebellagen im Herbst wähnt man sich auf einem gigantischen Schiff, das sich entlang einer Küste mit vorgelagerten Riffen durch die Wellen pflügt. Noch lange würde man es auf dieser Kanzel aushalten. Doch es wartet noch ein abwechslungsreicher Abstieg über Unterbergli und Wilerallmi nach Sigriswil. (SJ)

Karstlandschaft unter dem Gipfel, dahinter der Thunersee und das Stockhorn.

Silberdisteln am Weg zum Rothorn.

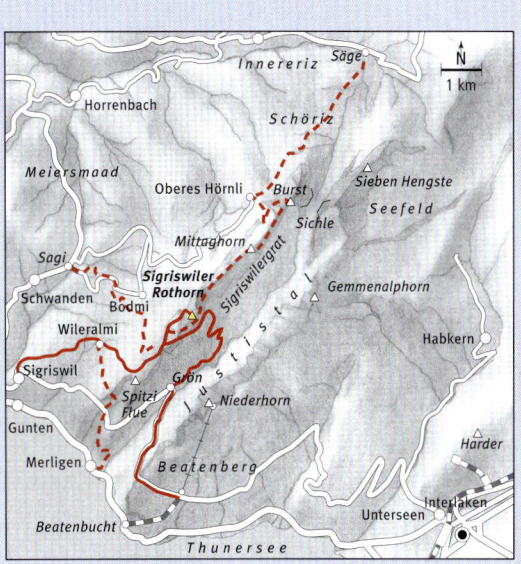

Besuch einer Bergdohle auf dem Gipfel.

Gebiet
Westliches Berner Oberland, Thunerseeregion

Gipfel
Sigriswiler Rothorn (2051 m ü. M.)

Charakterisierung
Von weitem hinter dem sanften Hügelland auffallender Bergkamm, fein gegliedert in Hochtälern und scharfe Grate und beidseitig von Felsabstürzen flankiert. Im Gegensatz zum parallel verlaufenden, mit Seilbahnen erschlossenen Niederhorn recht einsame Wanderregion.

Schwierigkeit
T3. Markierte Bergpfade mit einigen abschüssigen und ausgesetzten Passagen, die Trittsicherheit und Schwindelfreiheit erfordern. Stolpern sollte man auch nicht auf dem Weg über die Karrenfelder.

Wanderzeit
Beatenberg–Grönhütte–Püfel–Schafloch–Oberbergli–Sigriswiler Rothorn: 3½ Std.
Sigriswiler Rothorn–Oberbergli–Unterbergli–Wilerallmi–Zälg–Sigriswil: 2½ Std.

Höhendifferenz
Beatenberg–Grönhütte–Püfel–Schafloch–Oberbergli–Sigriswiler Rothorn: 970 m Aufstieg, 40 m Abstieg
Sigriswiler Rothorn–Oberbergli–Unterbergli–Wilerallmi–Zälg–Sigriswil: 1265 m Abstieg

Talorte
Merligen (568 m ü. M.), sonniges Dorf am Thunersee mit dem perfekten Niesenblick. Hotels und Restaurants. Merligen Tourismus: Telefon +41 (0)33 251 11 42, www.merligen.ch, www.thunersee.ch, merligen@thunersee.ch. Erreichbar mit Zug via Thun oder Interlaken, dann mit Bus nach Merligen. Mit Auto ebenfalls via Thun oder Interlaken und am nordseitigen Thunerseeufer entlang bis Merligen.
Sigriswil (ca. 790 m ü. M.), schmuckes Dorf über dem Thunersee. Hotels und Restaurants.

Sigriswil Tourismus: Telefon +41 (0)33 251 12 35, www.sigriswil.ch, www.thunersee.ch, sigriswil@thunersee.ch.
Erreichbar mit Bus von Thun oder Interlaken via Gunten. Mit dem Auto auf demselben Weg.

Ausgangspunkt
Beatenberg (1121 m ü. M.), langgezogenes Dorf auf der Sonnenterrasse über dem Thunersee. Zahlreiche Hotels und Ferienwohnungen. Tourist Center Beatenberg: Telefon +41 (0)33 841 18 18, www.beatenberg.ch, info@beatenberg.ch. Erreichbar mit dem Postauto (bis Endstation fahren) vom Bahnhof Interlaken West oder mit der Standseilbahn von Beatenbucht (Bus ab Thun Bahnhof). Mit Auto via Interlaken nach Beatenberg.

Auf- und Abstieg
Von Beatenberg die Strasse entlang bis Grönhütte im Justistal. Auf dem Schotterssträsschen im Talgrund aufwärts bis Püfel. Über Flüelaui im Zickzack aufsteigen zum Schafloch. Unter den Felsen fast horizontal und zum Teil etwas exponiert gegen Südwesten. Bei der Verzweigung vor dem Felsturm (1816 m ü. M.) nach rechts aufsteigen, bis man wenig über der Alp Oberbergli (1818 m ü. M.) die Mulde südwestlich des Gipfels erreicht. Aufstieg durch die Karstlandschaft gegen Nordosten und in einem gegen Norden ausholenden Bogen auf den Gipfel.
Abstieg: Den gleichen Weg vom Gipfel zurück, über Oberbergli nach Unterbergli (1676 m ü. M.). Vor der Spitzen Fluh gegen Nordwesten durch die Waldflanke nach Wilerallmi und über Zälg, Schwendi bis Sigriswil.

Varianten
– Gleicher Abstieg bis Wilerallmi, dann über Gibelegg nach Merligen: ca. 30 Min. länger.
– Abstieg um den Gipfelkopf herum und gegen Nordosten am Mittaghorn vorbei bis auf den Burst, von hier Abstieg über Oberes Hörnli, Ober und Unter Schöriz nach Innereriz Säge (Bus): 3 Std., T3, nicht durchgehend markiert.
– Aufstieg von Schwanden Sagi (Bus) über Stampf, Bodmi, Oberbergli aufs Sigriswiler Rothorn: 3 Std., T2–T3.

Karten
Landeskarte 1:25 000, 1208 Beatenberg
Landeskarte 1:50 000, 254 Interlaken
(oder SAW-Wanderkarte 254T)

Führer, Literatur, Informationen
SAC-Clubführer, Berner Voralpen, SAC-Verlag, Bern
Berner Oberland West, Bergverlag Rother, München
Wanderbuch Thunersee - Frutigland, Berner Wanderwege BWW, Bern

Niederhorn, Burgfeldstand, Gemmenalphorn

Die Fahrt mit der Seilbahn von Beatenberg aufs Niederhorn ist schon eine aussichtsreiche Einstimmung auf die Wanderung. Vom Niederhorn aus hat man eine eindrückliche Sicht auf die Alpenkette, das Mittelland und den Jura. Direkt unter uns liegt das Justistal, das bekannt ist für seinen würzigen Bergkäse. Bis 1850 baute Beatenberg entlang des Grats zwischen Niederhorn und Gemmenalphorn, unserer Wanderroute, Kohle ab. Diese wurde mühsam mit Schlitten, Schiff und Pferdefuhrwerk nach Thun oder nach Bern ins Gaswerk transportiert. Es besteht der Plan, einzelne Stollen wieder für Touristen zugänglich zu machen.

Entlang dem Grat lässt sich allerlei beobachten. Der Wanderweg führt am Startplatz der Hängegleiter vorbei, an dem an Tagen mit idealen Bedingungen ein reger Startbetrieb herrscht. In den steilen Flanken halten sich regelmässig Gemsen auf. Ab und zu lohnt sich auch ein Blick zum Himmel, denn die Chance ist gross, einen Adler zu entdecken, der sich von der Thermik in die Höhe tragen lässt. Und von weitem sieht man kräftige braune Tiere entlang dem Wanderweg weiden – eine alte Ziegenrasse? Beim Näherkommen verraten die imposanten Hörner den Steinbock. Wie Kühe säumen sie beinahe ohne Scheu unseren Weg und fressen Gras. Hier im eidgenössischen Jagdbanngebiet sind sie geschützt und wissen um ihre Überlegenheit dem Menschen gegenüber. Zu Beginn des 20. Jahrhunderts war der Steinbock in der ganzen Schweiz ausgerottet, zu gross war die Nachfrage nach Trophäen, Braten und verschiedenen Körperteilen, die als Wundermedizin galten. Um wieder einen Bestand aufzubauen, wurden zwei Tiere aus dem vom italienischen König Vittorio Emanuele gegründeten Nationalpark Gran Paradiso gestohlen, und die Wiederansiedelung glückte.

Der Wegweiser zeigt die vielen Möglichkeiten für den Weiterweg vom Gipfel des Gemmenalphorns.

Mit schönster Aussicht zu beiden Seiten des Grates gelangt man auf den Burgfeldstand und weiter zum Gemmenalphorn. Kaum sitzt man auf dem Gipfel des Gemmenalphorns, öffnet den Rucksack und packt seine Verpflegung aus, fliegen schon kunstfertig einige Bergdohlen herbei und fordern eine Tourismusabgabe. Zu unseren Füssen im Norden breitet sich die Fels- und Karrenlandschaft der Sieben Hengste und des Seefelds aus. Unter der Oberfläche hat das Regenwasser ein über 130 Kilometer langes, weit verzweigtes Höhlensystem aus dem Kalkgestein gefressen. Einige Hallen sind so gross, dass sogar Kirchen darin Platz hätten.

Die Wanderung vom Niederhorn zum Gemmenalphorn ist zu jeder Wandersaison lohnend. Im Frühling duftet es nach frischen Kräutern, später kann man die Steinböcke beobachten, und im Herbst geniesst man auf nebelsicherer Höhe gute Fernsicht. Wie die Steinböcke, die sich am Hang des Gemmenalphorns die Sonne auf den Pelz scheinen lassen, kann man an einem sonnigen Herbsttag noch einmal Sonne tanken, bevor es wieder zurück unter die Nebeldecke geht. (SJ)

Die Sichle zwischen Burst (links) und Sieben Hengste über dem Nebelmeer im Justistal.

Kaum zu überbietende Bergstimmung am Niederhorn: Nebelmeer und das Dreigestirn.

96 Westliches Berner Oberland

Die Karst- und Moorlandschaft Seefeld bei den Sieben Hengsten hinter dem Gipfel des Gemmenalphorns.

Gebiet
Westliches Berner Oberland, Thunerseeregion

Gipfel
Niederhorn (1932 m ü. M.), Burgfeldstand (2063 m ü. M.), Gemmenalphorn (2061 m ü. M.)

Charakterisierung
Steilste Felswände gegen das Justistal, Gras- und Waldhänge gegen den Thunersee, darüber ein prachtvoller Gratweg. Ausgedehnte Karstlandschaft und Naturschutzgebiet. Zahlreiche kurze und lange Wandermöglichkeiten.

Schwierigkeit
T2–T3. Durchgehend markierte Route. Kurze exponierte Stellen. Trittsicherheit und Schwindelfreiheit nötig.

Wanderzeit
Niederhorn–Burgfeldstand–Gemmenalphorn: 1½ Std.
Gemmenalphorn–Bäreney–Habkern: 2 Std.

Höhendifferenz
Niederhorn–Burgfeldstand–Gemmenalphorn: 280 m Aufstieg, 150 m Abstieg
Gemmenalphorn–Bäreney–Habkern: 950 m Abstieg

Talorte
Beatenberg (1121 m ü. M.), langgezogenes Dorf auf der Sonnenterrasse über dem Thunersee. Zahlreiche Hotels und Ferienwohnungen. Tourist Center Beatenberg: Telefon +41 (0)33 841 18 18, www.beatenberg.ch, info@beatenberg.ch.
Erreichbar mit Zug bis Interlaken West und mit Postauto bis Beatenberg (Endstation) oder mit Zug bis Thun, mit Bus bis Beatenbucht und mit Standseilbahn bis Beatenberg. Mit Auto via Interlaken nach Beatenberg.
Habkern (ca. 1115 m ü. M.), gemütliches Bergdorf mit sanftem Tourismus. Restaurants und Hotels. Verkehrsbüro Habkern: Telefon +41 (0)33 843 13 01, verkehrsverein.habkern@freesurf.ch, www.interlakentourism.ch.

Erreichbar mit Postauto vom Bahnhof Interlaken West (bis Habkern Zäundli, Endstation) oder mit Privatauto via Unterseen auf demselben Weg.

Ausgangspunkt
Niederhorn (1932 m ü. M.), Gipfel, mit der Seilbahn von Beatenberg erreichbar. Bergrestaurant (Übernachtungsmöglichkeit, Telefon +41 [0]33 841 11 10).

Auf- und Abstieg
Vom Niederhorn dem Gratweg über den Güggisgrat entlang auf den Burgfeldstand und in einigem Auf und Ab zum Gemmenalphorn. Abstieg: In einem Bogen über West bis Nordost absteigen über P. 1905 zu einem Sattel ohne Höhenangabe (ca. 1860 m ü. M., Verzweigung). Gegen Osten über Bäreney, Ufem Stand, Bröndlisegg, Bodmi nach Habkern.

Varianten
– Vom Gemmenalphorn über Vorder, Mittel und Hinter Seefeld zum Grünenbergpass. Von hier Abstieg nach Innereriz Säge (Autobus) oder nach Habkern. Beide Varianten: ca. 3½ Std., T2–T3.
– Abstieg vom Gemmenalphorn über Oberberg, Chüematte, Rischeren nach Waldegg bei Beatenberg (Postauto): 1½ Std., T2.
– Aufstieg von Beatenberg (Endstation) zum Südostgrat des Niederhorns und diesen entlang durch den Brüntschi- und Howald zum Niederhorn: 2½ Std., T2.
– Von Beatenberg (Endstation) die Strasse entlang ins Justistal bis Grönhütte, im Talboden bis P. 1254 (Brücke) und über den «Bärenpfad» auf den Güggisgrat ca. 1 km nordöstlich des Niederhorns. Sehr steiler, abschüssiger, mit Leitern versehener Pfad durch die Norwestabbrüche des Niederhorns, nicht markiert: 3½ Std., T4–T5.

Karten
Landeskarte 1:25 000, 1208 Beatenberg
Landeskarte 1:50 000, 254 Interlaken
(oder SAW-Wanderkarte 254T)

Führer, Literatur, Informationen
SAC-Clubführer, Berner Voralpen, SAC-Verlag, Bern
Berner Oberland West, Bergverlag Rother, München
Wanderbuch Thunersee - Frutigland, Berner Wanderwege BWW, Bern
Gratwegs ins Entlebuch, Rotpunktverlag, Zürich

WESTLICHES BERNER OBERLAND

Östliches Berner Oberland

Wollgras säumt die Ufer des Jostsees am Sidelhorn. Im Hintergrund die Berge der Rotondogruppe.

Sulegg und Klein Lobhorn

Die Sulegg, gesehen an einem Abend von Interlaken aus.

Besonders im Winter ist der fast horizontal verlaufende Schneegrat der Sulegg mit seinem makellos weissen Mantel schon von fern ein reizvoller Blickfang. Auch im Sommer würde die Sulegg weit herum auffallen, wenn sie nicht von der dunklen Wand der Schwalmere fast etwas erdrückt würde. Schon der Alpenforscher Conrad Escher rühmte Anfang des 19. Jahrhunderts die besondere Lage und die Aussicht von der Sulegg und bedauerte, dass sie von den Touristen weitgehend unbeachtet blieb. Daran hat sich in den folgenden zweihundert Jahren wenig geändert, obwohl die Überschreitung des Sulegg-Grats vom Kleinen Lobhorn zur Höje Sulegg eine der interessantesten Wandertouren der Region ist, vorausgesetzt, man bringt einwandfreie Trittsicherheit und Schwindelfreiheit mit. Sonst bietet sich die Besteigung der Sulegg ohne Gratüberschreitung an.

Isenfluh, das kleine Bergdorf hoch über dem Lauterbrunnental, gerät unter den Tourismusmetropolen Lauterbrunnen, Wengen und Mürren oft etwas ins Hintertreffen. Wer den Rummel nicht mag, weicht jedoch gerne auf Isenfluh und seine Umgebung aus. Weil sich aber nur wenige Touristen nach Isenfluh verirren, droht der kaum rentablen Buslinie von Lauterbrunnen nach Isenfluh ständig das Aus. Von Isenfluh fährt eine kleine Gondelbahn weiter auf die Alp Sulwald, wo ein gemütliches «Beizli» steht und man schon auf über 1500 Metern Höhe zur Bergwanderung startet.

Zum Auftakt durchquert man den märchenhaften Guferwald, einen Wald voller Felsblöcke, um die sich knorrige Wurzeln ranken. Bald ist die Alp Suls erreicht. Gegen Südwesten nähert man sich über die Sousegg den Lobhörnern. Die bizarren Felsklippen sind im Berner Oberland einzigartig und erinnern an die Dolomiten in den Ostalpen. Bei den Kletterern sind die einst beliebten Lobhörner etwas in Vergessenheit geraten, denn die Felsqualität genügt den heutigen Ansprüchen nicht mehr. Das heisst, dass von den Lobhörnern hin und wieder ein Stein herunterfallen kann und dass Wanderer nicht gerade am südseitigen Fuss der Lobhörner eine Picknickpause einlegen, sondern dort ihren Gang besser etwas beschleunigen sollten. Zwischen den Lobhörnern und dem Kleinen Lobhorn geht es über den Lobhornsattel und dann auf der Nordseite des Kleinen Lobhorns vorbei auf den Sulegg-Grat. Auf den kurzen Abstecher zum Kleinen Lobhorn sollte man nicht verzichten. Den Sulegg-Grat begeht man meistens auf der Schneide, nur die Schnäbel (2422 m ü. M.) umgeht man in der Ostflanke. Anschliessend führt der Pfad über einige ausgesetzte Felsen, dann meistens über den Graskamm über die Nideri zur Höje Sulegg.

Auf dem Abstieg lädt die Lobhornhütte zu einer Pause ein. Die Hütte steht an kaum zu überbietender Lage mit Aussicht auf die Berner Gipfelrunde und mit dem verträumten Sulsseewli in einer Mulde hinter der Hütte. (FJ)

Verweilen bei der Lobhornhütte mit bester Sicht zum Dreigestirn.

An einem windigen Herbstmorgen auf der Sulegg mit Blick zum Brienzersee.

Gebiet
Östliches Berner Oberland, Lauterbrunnental

Gipfel
Sulegg (2412 m ü. M.),
Klein Lobhorn (2518 m ü. M.)

Charakterisierung
Weit herum auffallender, fast horizontaler Bergkamm und prächtige Aussichtswarte. Ziemlich unbekannt gebliebener Berg, dessen Überschreitung aber zu den schönsten Bergwanderungen der Region zählt.

Schwierigkeit
T3. Nur teilweise markiert. Weglose Abschnitte. Auf der Sulegg ist absolute Schwindelfreiheit und Trittsicherheit nötig. Bei Nässe heikel.

Wanderzeit
Sulwald–Suls–Sousegg–Lobhornsattel–Nideri Sulegg–Höji Sulegg: 4 Std.
Höji Sulegg–Lobhornhütte–Sulwald: 2 Std.

Höhendifferenz
Sulwald–Suls–Sousegg–Lobhornsattel–Nideri Sulegg–Höji Sulegg: 1060 m Aufstieg, 165 m Abstieg
Höji Sulegg–Lobhornhütte–Sulwald: 920 m Abstieg, 25 m Aufstieg

Talort
Lauterbrunnen (795 m ü. M.), touristisches Dorf beim berühmten Staubbachfall und am Fuss der Jungfrau. Übernachtungsmöglichkeiten in allen Kategorien. Tourist Information Lauterbrunnen: Telefon +41 (0)33 856 856 8, www.wengen-muerren.ch, info@lauterbrunnen.ch.
Erreichbar mit Zug oder Auto via Interlaken.

Ausgangspunkt
Sulwald (ca. 1520 m ü. M.), sonnige Alp mit Restaurant hoch über dem Lauterbrunnental. Erreichbar mit Autobus von Lauterbrunnen bis Isenfluh (ein Hotel/Restaurant, Telefon +41 [0]33 855 12 27), dann mit der kleinen Seilbahn bis Sulwald (Restaurant). Zufahrt mit Privatauto bis Isenfluh möglich.

Auf- und Abstieg
Von Sulwald gegen Südwesten durch den Guferwald aufsteigen zur Alp Suls (1903 m ü. M.). In etwa gleicher Richtung weiter bis Sousegg (2150 m ü. M.) und über Schwarze Schopf zu den Lobhörnern. Auf der Südseite der Lobhörner vorbei zum Lobhornsattel (ca. 2480 m ü. M., ohne Namen auf der Landeskarte). Nordöstlich des Kleinen Lobhorns (2518 m ü. M., ohne Namen auf der Landeskarte) vorbei durch Geröllfelder auf den Suleggkamm. (Abstecher auf das Kleine Lobhorn über die Südwestseite: 10 Min. Am leichtesten vom Lobhornsattel um die Südseite des Kleinen Lobhorns. Beim Abstieg westlich um das Horn herum zum Suleggkamm.) Anschliessend auf dem begrasten, abschnittsweise aber auch felsigen Kamm stellenweise in der Ostflanke, meistens aber auf der teilweise exponierten Schneide bis zur Höje Sulegg. Abstieg: Gegen Westen zum Teil weglos über die Grashänge zum Schärihubel (2124 m ü. M.), nach Norden auf die Chüematte und südwärts zum Sulsseewli oder kurz vorher nach Westen abbiegen zur Lobhornhütte (1955 m ü. M.). Von der Hütte oder vom Seeli nach Suls absteigen und auf der Aufstiegsroute nach Sulwald zurück.

Varianten
– Die Abstiegsroute ist auch eine sehr lohnende, weniger exponierte Aufstiegsvariante. Sulwald–Höji Sulegg: 3 Std., T2–T3.
– Beim Abstieg unter dem Schärihubel nach Westen die Geröllwanne von Tschingel traversieren (heikel bei Schnee, der bis in den Frühsommer liegen bleibt) zum Sattel P. 1998 (evtl. Abstecher auf den Bällehöchst und zurück), dann Abstieg über Hinder Bällen, Underberg nach Saxeten (wenige Postautoverbindungen nach Wilderswil Bahnhof, Auskunft und Voranmeldung für Gruppen: Telefon +41 [0]900 304 304). Höji Sulegg–Saxeten: 3 Std., T2–T3, mit Bällehöchst zusätzlich ½ Std.

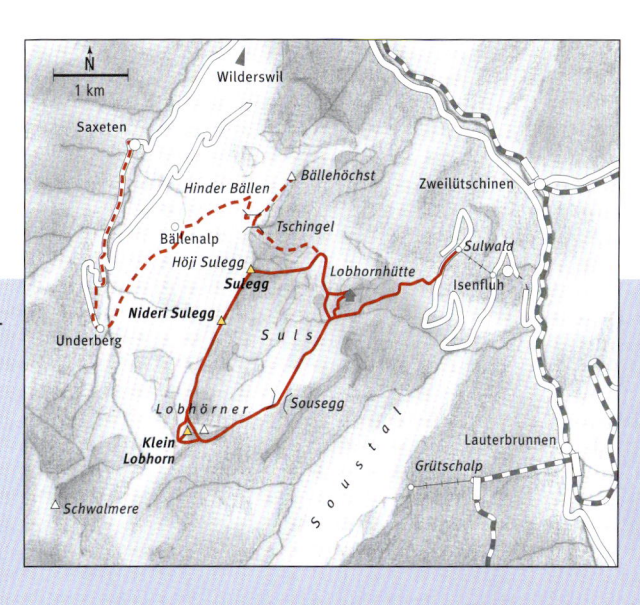

Übernachtungsmöglichkeit
Suls-Lobhornhütte SAC (1955 m ü. M.), prachtvoll gelegene Hütte mit bester Aussicht auf das «Dreigestirn». 24 Plätze im Matratzenlager. Bewartet Juni bis September oder auf Anfrage. Winterraum ganzjährig offen, kein Nottelefon. Telefon Hütte/Hüttenwart +41 (0)79 656 53 20 oder +41 (0)33 855 27 12.

Karten
Landeskarte 1:25 000, 1228 Lauterbrunnen
Landeskarte 1:50 000, 254 Interlaken (oder SAW-Wanderkarte 254T)

Führer, Literatur, Informationen
SAC-Clubführer, Berner Voralpen, SAC-Verlag, Bern
Berner Oberland Ost, Bergverlag Rother, München
Von Hütte zu Hütte in den Schweizer Alpen, AT-Verlag, Baden

Die vielen Wegweiser wecken Lust auf weitere Wanderungen in der Region.

Schilthorn, Hundshorn, Wild Andrist

Drei auf einen Streich, das ist für ambitionierte Berggänger immer eine lockende Herausforderung. Für unsere drei Gipfel braucht es allerdings keinen überdurchschnittlichen Trainingsstand, denn auf den ersten Gipfel lassen wir uns tragen, und auf die zwei andern ist die Zahl der Höhenmeter ziemlich gering. Nur der Abstieg ist lang und verlangt eine knieschonende Gangart. Ein längeres Unternehmen hat derjenige vor sich, der den Gelenken zuliebe die Tour im Aufstieg bestreitet und die Höhenmeter schliesslich bequem mit der Bahn wieder vernichtet.

Für einmal beginnen wir also die Wanderung bereits oben und lassen uns dazu mit der Gondelbahn aufs Schilthorn befördern. Oder auf den Piz Gloria, wie der Gipfel seit der James-Bond-Verfilmung auch genannt wird, dies fast so lange, wie es die Schilthornbahn überhaupt gibt. Sie wurde 1967 in Betrieb genommen. Das Gipfelgebäude konnte im gleichen Sommer jedoch nicht mehr gebaut werden, was den Filmproduzenten von «Im Geheimdienst Ihrer Majestät» gerade recht kam, die für den Winter 1967/68 als Drehort einen erschlossenen, aber noch unbenutzten Gipfel suchten. Der erfolgreiche Film verhalf dem kaum geborenen Ausflugsziel zu weltweiter Publizität, weshalb um den Gipfel mit seinem Drehrestaurant oft reger Betrieb herrscht. Wenige Minuten entfernt davon ist vom Trubel jedoch kaum mehr etwas zu vernehmen. Der Weg über den ausgesetzten, mit Leitern und Seilen gesicherten Grat ist ohnehin nicht jedermanns Sache.

Die einst vereiste Nordwand des Gspaltenhorns zieht die Blicke beim Schilthorn auf sich.

Vom Hundshorn geht die Sicht über Sefinenfurgge und Bütlasse zum zerrissenen Gspaltenhorn, zum Tschingelgrat links davon und zum Grosshorn (ganz links).

Auf dem Hundshorn mit Blick zur Blüemlisalp.

Den Wanderer empfängt eine steinige Welt, wo nur wenige, dafür umso leuchtendere Blumen zwischen dem schiefrigen Geröll blühen. Wo der Felsgrat in den Schuttrücken übergeht, könnte man noch zur Chilchflue hinüberwandern und sich damit noch einen vierten Gipfel sichern. Anschliessend steigt man ab zum Rote Härd, einem einsamen Pass zwischen dem Spiggegrund und dem Sefinental. Nach dem Pass führt der Schuttrücken über nur mässig steile Stellen zum Hundshorn hinauf, der eine perfekte Rundsicht bietet. Kein Gebäude verdeckt die Sicht. Und ohne Bahn und Berghaus ist das Gipfelerlebnis doppelt befriedigend. Ein letzter Gipfel wartet noch, der Wild Andrist, der seinem Namen alle Ehre macht: ein steiler Zahn mit einem abweisenden Gipfelkopf. Er ist auch der anspruchsvollste Gipfel auf dieser Tour, aber so schwierig, wie es aussieht, ist seine Besteigung nicht. Um den Gipfelaufbau führen Spuren durch das schiefrige Geröll. Über einige hohe Tritte gelangt man von hinten auf die nach Süden sehr exponierte Kanzel.

Der lange Abstieg ist der anstrengendere Teil der Wanderung. Nach dem steilsten Abschnitt unter dem Telli erreicht man Obere Dürreberg, wo man bei einem Trunk zurückschauen kann, fast tausend Meter hinauf zu dem unnahbar scheinenden Wild Andrist und dem Hundshorn. Bis Griesalp werden die Wege dann immer angenehmer. (FJ)

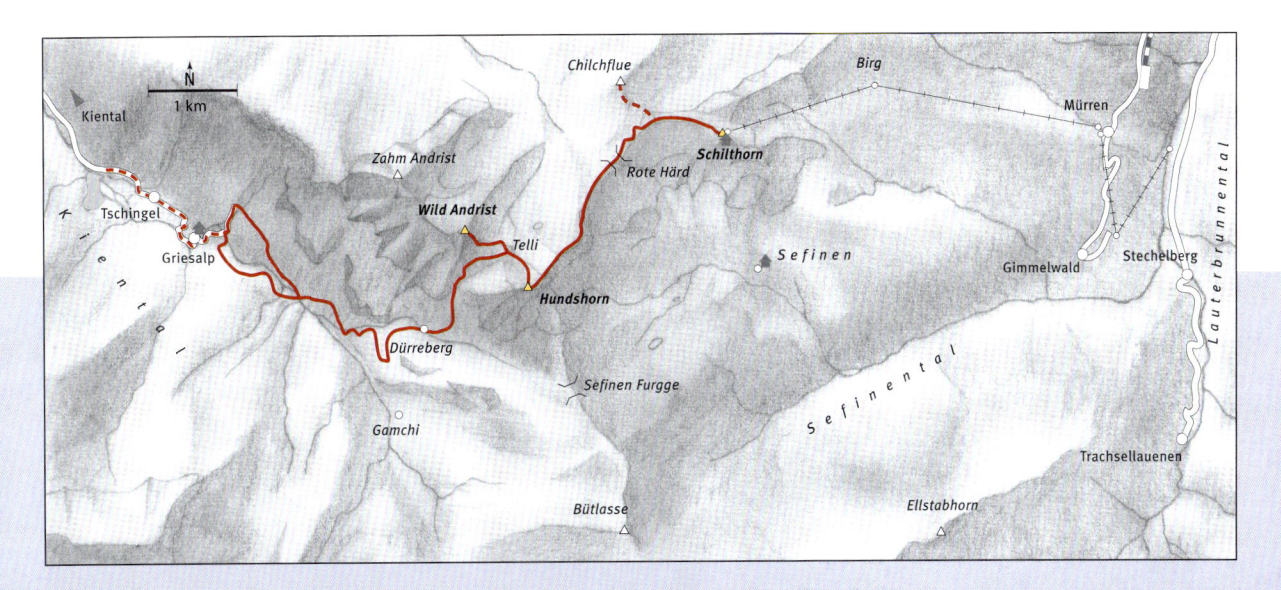

Gebiet
Östliches Berner Oberland, Lauterbrunnental/Kiental

Gipfel
Schilthorn (2970 m ü. M.), Hundshorn (2928 m ü. M.), Wild Andrist (2849 m ü. M.)

Charakterisierung
Hochalpin anmutende Gipfellandschaft von plattigem Geröll, Schneeflecken und kleinen Seelein. Der niedrigste der drei Gipfel ist der wildeste, der höchste der bequemste, und der mittlere hat die beste Aussicht.

Schwierigkeit
T3. Weglose Strecken, nur teilweise markiert. Trittsicherheit im Geröll, Schwindelfreiheit und gutes Orientierungsvermögen nötig. Schneefelder bis spät im Jahr.

Wanderzeit
Schilthorn–Hundshorn–Telli–Wild Andrist: 2 Std.
Wild Andrist–Telli–Obere Dürreberg–Griesalp: 3 Std.

Höhendifferenz
Schilthorn–Hundshorn–Telli–Wild Andrist: 410 m Aufstieg, 530 m Abstieg
Wild Andrist–Telli–Obere Dürreberg–Griesalp: 1460 m Abstieg, 20 m Aufstieg

Talorte
Lauterbrunnen (795 m ü. M.), touristisches Dorf beim berühmten Staubbachfall und am Fuss der Jungfrau. Unzählige Möglichkeiten für Wanderer und Alpinisten. Übernachtungsmöglichkeiten in allen Kategorien. Tourist Information Lauterbrunnen: Telefon +41 (0)33 856 856 8, www.wengen-muerren.ch, info@lauterbrunnen.ch. Erreichbar mit Zug oder Auto via Interlaken.
Kiental (958 m ü. M.), hübsches Feriendorf mit zahlreichen Wandermöglichkeiten. Sommer- und Wintersportort. Verschiedene Übernachtungsmöglichkeiten. Verkehrsverein Kiental: Telefon +41 (0)33 676 10 10, www.kiental.ch, ferien@kiental.ch. Erreichbar mit Zug via Spiez nach Reichenbach im Kandertal, dann Postauto bis Kiental Post. Mit Auto auf demselben Weg.

Ausgangspunkt
Schilthorn (2970 m ü. M.), Gipfel, Drehrestaurant und Bergstation der Seilbahn Stechelberg–Schilthorn. Talstation erreichbar von Lauterbrunnen mit Postauto bis Stechelberg/Schilthornbahn. Bis zur Talstation auch mit Privatauto.

Auf- und Abstieg
Vom Schilthorn über den exponierten Westgrat (Drahtseile, Treppen, Leitern) zu P. 2828 und zum Rote Härd (2668 m ü. M.). Dem Schuttrücken folgend (ab und zu Steinmannli) über P. 2748, nordwestlich von P. 2860 vorbei und über den Nordostgrat auf das Hundshorn. Gegen Nordwesten absteigen (einzelne Wegspuren) zum Telli (2709 m ü. M.). Über den Ostgrat bis unter den Gipfelaufbau des Wild Andrist, dann nach rechts über ein breites Schuttband mit Wegspuren um den Gipfel herum und von Norden und Westen auf den höchsten Punkt.

Abstieg: Über die Aufstiegsroute des Wild Andrist ins Telli, dann auf zuerst wenig deutlichem, aber markiertem Weg gegen Südwesten absteigen in die Mulde zwischen Wild Andrist und Hundshorn. Der ab ca. 2500 m ü. M. ausgeprägtere Weg führt nach Süden und wieder nach Westen zum Obere Dürreberg (Restaurationsbetrieb). Über Uf de Huble und Bürgli zum Bundsteg (Brücke, 1488 m ü. M.). Beidseits des Gamchibaches führen ähnlich lange Wege zur Griesalp (1408 m ü. M.), dem hintersten Weiler im Kiental mit Restaurants, Hotels, Herbergen. Postautoverbindung nach Kiental. Mit Privatauto gebührenpflichtig (sehr steile und enge Strasse!).

Varianten
– Gleiche Route in Gegenrichtung, das heisst als Aufstiegstour: 6–7 Std.
– Von P. 2828 westlich des Schilthorns Abstecher auf die Chilchfluh: zusätzlich 20 Min.
– Weiterer Abstieg von der Griesalp durch die imposante Griesschlucht zum Tschingelsee (Bushaltestelle): 1 Std., T2.

Karten
Landeskarte 1:25 000, 1248 Mürren
Landeskarte 1:50 000, 264 Jungfrau (oder SAW-Wanderkarte 264T)

Führer, Literatur, Informationen
SAC-Clubführer, Berner Voralpen, SAC-Verlag, Bern
www.schilthorn.ch

Tanzbödeli

Eines der naturbelassensten Täler des Berner Oberlandes ist das hintere Lauterbrunnental. Schon in den 1940er Jahren begann hier der Naturschutz, und heute gehört das hintere Lauterbrunnental zum Unesco-Weltnaturerbe Jungfrau-Aletsch-Bietschhorn. Die eine Talseite bildet eine ununterbrochene Mauer von berühmten Nordwänden wie Gletscherhorn, Äbeni Flue, Mittaghorn, Grosshorn und Breithorn. Die sonnige Talseite dagegen wird umschlossen von einer zersägten Gipfelreihe vom Gspaltenhorn bis zum Spitzhorn und dem Tanzbödeli, dem letzten Ausläufer dieser Bergreihe. Dieser einzigartige Aussichtspunkt mit seiner ebenen Gipfelfläche lädt zu längerem Verweilen ein. Nicht nur die umliegenden Berge, auch die zahlreichen Bäche ziehen den Blick an. Vor allem der

Herbst auf dem Tanzbödeli mit der Jungfrau aus ungewohnter Perspektive.

Logenplatz Tanzbödeli. Von links nach rechts Schmadrifall, Grosshorn, Breithorn und Tschingelhorn.

Schmadrifall, der besonders im 18. Jahrhundert berühmt war und von Dichtern und Malern, darunter keine Geringeren als Goethe und Caspar Wolf, aufgesucht wurde.

Der Weg auf das Tanzbödeli beginnt in Gimmelwald, das wie Mürren ein ursprüngliches Walserdorf ist. Das hintere Lauterbrunnental wurde erstaunlicherweise zuerst von den Walsern, nicht von den Bernern besiedelt. Vom Lötschental her gelangten die Walser über die Wetterlücke zwischen Tschingelhorn und Breithorn ins Lauterbrunnental. In der relativ warmen Periode etwa vom 13. bis 15. Jahrhundert waren manche Pässe weniger vergletschert oder gar eisfrei und daher gut begehbar.

Der Weg führt von Gimmelwald zunächst etwas absteigend ins Sefinental hinein, anschliessend durch den Busenwald hoch bis Busenbrand. Liebhaber von urigen Alpwirtschaften machen einen kleinen Umweg zur Busenalp, Gipfelhungrige jedoch steigen direkt hoch. Über der Baumgrenze beginnt das Reich der Alpenrosen, der Alpen-Akelei und des Flühblümchens. Im Bergfrühling lassen sich manche seltenen Blumenarten beobachten. Die reichhaltige Flora verdankt sich dem geologisch komplizierten Untergrund, der aus Sedimenten und kristallinem Gestein unterschiedlicher Herkunft aufgebaut ist. Darin verborgen liegen auch Erzadern, die beispielsweise Eisen, Blei und Zink führen. Die Erze wurden allerdings nur bis um 1800 abgebaut. Bei Trachsellauenen steht noch ein restauriertes Fundament eines Schmelzofens.

Nach ausgiebigem Gipfelgenuss wartet der Abstieg, der auf Obersteinberg und wenig später bei Folla durch einen Halt in einem Berggasthaus versüsst wird. Auf halber Höhe über dem Tal lohnt es sich, noch einmal innezuhalten und die Naturwunder auf sich wirken zu lassen. Von Folla geht es ziemlich direkt auf den Talboden nach Trachsellauenen, wo schon das nächste Gasthaus lockt. Von hier ist Stechelberg nicht mehr weit – und notfalls auch bei Dunkelheit zu finden. (FJ)

Das Ellstabhorn dominiert über der Alp Busen, rechts schliessen sich Tschingelspitz, Gspaltenhorn und Bütlasse an.

Gebiet
Östliches Berner Oberland, Lauterbrunnental

Gipfel
Tanzbödeli (2130 m ü. M.)

Charakterisierung
Zu längerem Verweilen einladende Aussichtskanzel mit Rundsicht über das urtümliche hintere Lauterbrunnental und auf eine Mauer von berühmt-berüchtigten Nordwänden. Einziger leicht zu besteigender Gipfel im hinteren Lauterbrunnental.

Schwierigkeit
T2. Einige steile Wegpartien, die bei Nässe rutschig werden.

Wanderzeit
Gimmelwald–Tanzbödeli: 3 Std.
Tanzbödeli–Stechelberg: 2½ Std.

Höhendifferenz
Gimmelwald–Tanzbödeli: 140 m Abstieg, 900 m Aufstieg
Tanzbödeli–Stechelberg: 1220 m Abstieg

Talorte/Ausgangspunkt
Lauterbrunnen (795 m ü. M.), touristisches Dorf beim berühmten Staubbachfall und am Fuss der Jungfrau. Unzählige Möglichkeiten für Wanderer und Alpinisten. Übernachtungsmöglichkeiten in allen Kategorien. Tourist Information Lauterbrunnen: Telefon +41 (0)33 856 856 8, www.wengen-muerren.ch, info@lauterbrunnen.ch.
Erreichbar mit Zug oder Auto via Interlaken.
Gimmelwald (1363 m ü. M.), beschauliches Dorf auf Sonnenterrasse über dem Lauterbrunnental. Verschiedene Übernachtungsmöglichkeiten. Tourist Information Gimmelwald: Telefon +41 (0)33 855 33 81, www.gimmelwald-news.ch, www.wengen-muerren.ch, mountainhostel@tcnet.ch.
Erreichbar mit Postauto von Lauterbrunnen bis Station Stechelberg/Schilthornbahn, dann mit Gondelbahn bis Gimmelwald. Mit Auto bis zur Station der Schilthornbahn.
Stechelberg (910 m ü. M.), hinterstes Dorf im Lauterbrunnental. Nur einige Häuser, aber mit verschiedenen Übernachtungsmöglichkeiten. Tourist Information Stechelberg: Telefon +41 (0)33 855 10 32, www.stechelberg.ch, info@stechelberg.ch.
Erreichbar mit Postauto oder Privatauto von Lauterbrunnen.

Auf- und Abstieg
Von der Seilbahnstation Gimmelwald durch das Dorf und absteigend ins Sefinental. Noch vor P. 1259 über die Brücke über die Sefinen-Lütschine (Wegweiser). Den abschnittsweise steilen Weg durch den Wald hinauf bis P. 1772 (Verzweigung mit Wegweisern). Entweder halbstündiger Abstecher zur Busenalp (auf Gsodboden, 1841 m ü. M., Verpflegungs- und Übernachtungsmöglichkeit, Telefon +41 [0]79 364 70 22) oder direkt hoch zum Sattel P. 1978. Letztes Steilstück hinauf zum Tanzbödeli.
Abstieg wieder zum Sattel P. 1978, dann der Flanke des hinteren Lauterbrunnentals entlang zum Berghotel Obersteinberg. Wenig absteigend nach Nordosten zum Berghotel Tschingelhorn bei Folla, dann steiler via Ammerta nach Trachsellauenen (Berghotel mit Zimmern, Telefon +41 [0]33 855 12 35, nur Sommerbetrieb) und Stechelberg. Oder von Obersteinberg in südlicher Richtung ins Tal absteigen und via Schiirboden nach Trachsellauenen (etwa 15 Min. länger).

Varianten
Übernachtung im Berghotel Obersteinberg oder im Berghotel Tschingelhorn und am zweiten Tag Aufstieg zum Oberhornsee, dem Chrummbach entlang, über Brücke südlich der Alp Oberhorn, Oberhornmoräne, Schmadribach (evtl. Abstecher zur Schmadrihütte AACB, unbewartet, immer offen, Telefon Hüttenwart +41 [0]33 855 23 65 oder +41 [0]33 855 12 35, www.aacb.ch, info@aacb.ch), Schwand, Bletschi nach Trachsellauenen und Stechelberg: 5 Std., T2–T3.
Oder vom Oberhornsee wieder nach Obersteinberg zurück und über die Hauptroute bis Stechelberg: 4 Std., T2.

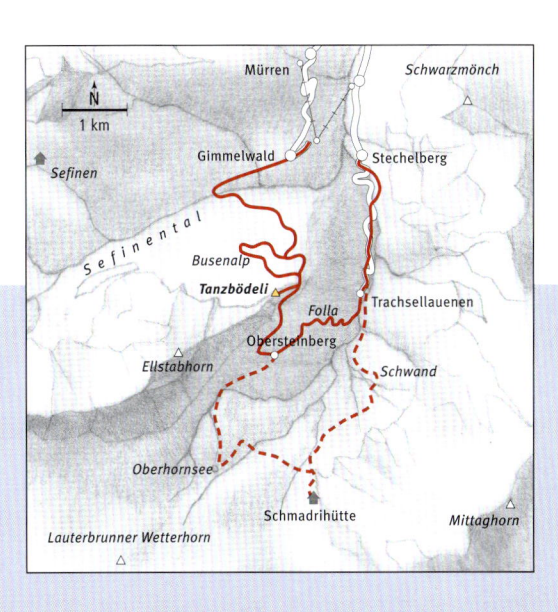

Übernachtungsmöglichkeiten
Berghotel Obersteinberg (1778 m ü. M.), urchiges Berghotel mit Zimmern und Matratzenlager. Telefon +41 (0)33 855 20 33. Nur Sommerbetrieb.
Berghotel Tschingelhorn (1678 m ü. M.), einfaches Berghotel bei Folla mit Zimmern und Matratzenlager. Telefon +41 (0)33 855 13 43. Nur Sommerbetrieb.

Karten
Landeskarte 1:25 000, 1248 Mürren
Landeskarte 1:50 000, 264 Jungfrau (oder SAW-Wanderkarte 264T)

Führer, Literatur, Informationen
Clubführer, Berner Alpen 4, SAC-Verlag, Bern
Berner Oberland Ost, Bergverlag Rother, München
Von Hütte zu Hütte in den Schweizer Alpen, AT Verlag, Baden

Berghotel Obersteinberg, darüber das Tanzbödeli.

Oberberghorn

Allein schon die Fahrt mit der nostalgischen Zahnradbahn von Wilderswil auf die Schynige Platte ist ein Erlebnis. Reist man am Morgen im Sommer ab, ist man eine Stunde später auf der Schynigen Platte wieder zurück im Frühling. Im bekannten Alpengarten bietet sich die Gelegenheit, auf kleinstem Raum über 500 Alpenpflanzen in verschiedenen Lebensräumen betrachten zu können, je nach Monat blühen immer wieder andere Arten. Wenn Mitte Juni der Schnee wegschmilzt, bleiben den Alpenpflanzen nur ungefähr hundert Tage, bevor sie der nächste Schnee wieder zudeckt. Doch auch den Blick vom Boden in die Runde zu heben lohnt sich. Die beeindruckende Aussicht auf das Dreigestirn Eiger, Mönch und Jungfrau oder auf die Schilthornkette ist einmalig. Auf Fotos und Video gebannt gelangt ihr Abbild nach Japan, Australien und in die übrige Welt. Auf der Aussichtsterrasse, im Alpengarten oder in der Teddybärenausstellung im Hotel hört man entsprechend

Über der Alp Bigelti bei der Schynigen Platte tritt die Sulegg als steile Spitze in Erscheinung, links davon die Lobhörner und dahinter die Schwalmere.

den internationalen Besuchern ein Stimmengewirr in den verschiedensten Sprachen. Die meisten Besucher begnügen sich zum Glück mit einem Aufenthalt auf der Aussichtsterrasse, schon nach wenigen Schritten um die Ecke wird es ruhiger.

Der aussichtsreiche Wanderweg führt an Gumihorn und Tuba vorbei zum Oberberghorn. Auf einer Holztreppe, die sich auf den letzten Metern zwischen den Felsen hindurch in die Höhe zwängt, erreicht man den Gipfel. Bei schönem Wetter ahnt man nichts von den Alpensalamandern, die an Tagen mit feuchter Witterung hier scheinbar aus dem Nichts auftauchen. Dutzende von diesen zierlichen Amphibien tummeln sich dann entlang der Wanderwege oder direkt darauf. Begleitet von den Warnrufen der Murmeltiere, dem Summen der Insekten oder beobachtet von einem Rudel Gemsen kommt man zum Berghaus Männdlenen. Vegetationslose Karrenfelder und Kalkgeröll bilden hier einen krassen Gegensatz zu den artenreichen Alpweiden um die Schynige Platte. In der kargen und steinigen Umgebung leben Schneehühner, die man mit etwas Glück und Vorsicht zu Gesicht bekommt. Ab und zu kreist ein Adler über dem Gebiet, unter anderem nach den erwähnten Schneehühnern Ausschau haltend.

Der Abstieg zum Underläger führt zwischen den imposanten Felswänden von Winteregg und Burg hindurch. Schwach hallt an diesen Felsen das Echo der Kuhglocken wider. Über Alpweiden und durch buchenreichen Bergwald erreicht man Burglauenen. Wer noch länger in der Höhe bleiben will, kann vom Berghaus Männdlenen aus die Fortsetzung des Wanderklassikers in Richtung Faulhorn und First unter die Füsse nehmen. Dabei kommt man um einen Besuch des um 1830 herum erbauten Hotels Faulhorn kaum herum. Im ersten und lange auch höchstgelegenen Berghotel Europas hielten sich schon zahlreiche Berühmtheiten aus Politik und Kultur auf. (SJ)

Unterwegs zum Oberberghorn. Der linke Turm wird über ein Treppensystem bestiegen.

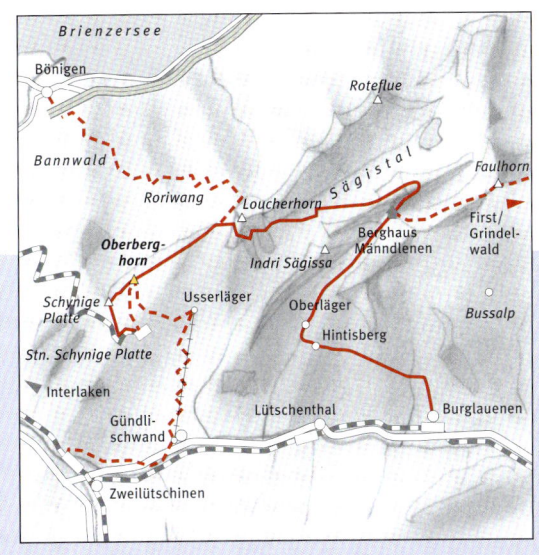

Gebiet
Östliches Berner Oberland, Grindelwaldertal

Gipfel
Oberberghorn (ca. 2065 m ü. M.)

Charakterisierung
Zerrissener Berg, wie eine Burgruine mit vier Türmen. Einer der Türme ist mit einem Treppenweg erschlossen. Westlicher Gipfel der Bergkette zwischen Brienzersee und dem Tal der Schwarzen Lütschine.

Schwierigkeit
T2–T3. Markierte Route. Einige ausgesetzte Stellen und steinige Wege. Lange Tour vorwiegend im Abstieg. Kurzvariante möglich.

Wanderzeit
Schynige Platte–Tuba–Oberberghorn: 1 Std.
Oberberghorn–Berghaus Männdlenen–Oberläger–Burglauenen: 5 Std.

Höhendifferenz
Schynige Platte–Tuba–Oberberghorn: 190 m Aufstieg, 90 m Abstieg
Oberberghorn–Berghaus Männdlenen–Oberläger–Burglauenen: 1630 m Abstieg, 445 m Aufstieg

Talort
Wilderswil (584 m ü. M.), am Eingang zu den Lütschinentälern gelegener Wohn- und Ferienort. Verschiedene Übernachtungsmöglichkeiten. Interlaken Tourismus: Telefon +41 (0)33 826 53 00, www.interlakentourism.ch, mail@interlakentourism.ch; www.wilderswil.ch.

Erreichbar mit Zug über Interlaken oder auf der Autobahn bis kurz vor Wilderswil.

Ausgangspunkt
Schynige Platte (1967 m ü. M.), Bergstation der Zahnradbahn Wilderswil–Schynige Platte. Restaurant/Hotel (Telefon +41 [0]33 822 34 31), Alpengarten, Teddybärenausstellung.

Auf- und Abstieg
Von der Station Schynige Platte beim Restaurant vorbei und von Süden her auf die eigentliche Schynige Platte und via Tuba an den Fuss des Oberberghorns. Auf steilem Weg und über Leitern hinauf zum Gipfel.
Abstieg: Gleicher Weg zurück an den Bergfuss, dann südlich um das Oberberghorn herum und auf dem Panoramaweg in nordöstlicher Richtung zum Loucherhorn, südlich über Güwtürli um dieses herum bis Egg (2125 m ü. M.). Der Nordflanke der Indri Sägissa entlang bis Gotthard und um eine Rechtsbiegung zum Berghaus Männdlenen (Restaurationsbetrieb, Übernachtungsmöglichkeit, Telefon +41 [0]33 853 44 64). Gegen Südwesten absteigen bis Oberläger. Weiter südöstlich über Underläger, Strubelgrinda, Schärmatte bis Burglauenen Bahnhof (896 m ü. M.). Zugverbindung nach Interlaken.

Varianten
– Vom Berghaus Männdlenen weiter über das Faulhorn (Hotel, Telefon +41 [0]33 853 08 32) bis First (Hotel, Telefon +41 [0]33 853 12 84, Seilbahn nach Grindelwald).
Oberberghorn–First: 5 Std., T2–T3.
– Aufstieg von Zweilütschinen (Bahnhof) über Gündlischwand und nahe der Transportbahn aufsteigen durch den Hubel- und Bortwald bis Usserläger und über Oberberg zum Oberberghorn: 4½ Std., T2–T3.
– Aufstieg von Bönigen (Postauto von Interlaken) durch den Bannwald, über Roriwang, «Grätli» (westlich des Loucherhorns) zum Oberberghorn: 5 Std., T2–T3.

Vorsicht, wo man bei feuchtem Wetter hintritt. Alpensalamander auf dem Wanderweg.

– Kleine Rundwanderung: Auf der Hauptroute zum Gipfel und um das Oberberghorn herum, dann aber gegen Südwesten zurück zur Schynige Platte: 2 Std., T2–T3.

Karten
Landeskarten 1:25 000, 1228 Lauterbrunnen, 1229 Grindelwald (für Bönigen-Variante zusätzlich 1208 Beatenberg) oder die Zusammensetzung 2520 Jungfrau-Region
Landeskarte 1:50 000, 254 Interlaken (oder SAW-Wanderkarte 254T)

Führer, Literatur, Informationen
SAC-Clubführer, Berner Voralpen, SAC-Verlag, Bern
Berner Oberland Ost, Bergverlag Rother, München
Wanderbuch Jungfrau-Region, Berner Wanderwege BWW, Bern

Eine Wegmarkierung zeigt zum Oberberghorn.

Reeti

Reist man durch das enge Tal der Schwarzen Lütschine in Richtung Grindelwald, tauchen im Talhintergrund immer wieder verheissungsvolle Bergspitzen auf. In Grindelwald findet man sich auf einmal in einem sanften, auf drei Seiten offenen Hochtal, das auf der vierten Seite abgeschlossen ist vom gewaltigen Nordabbruch der Berner Hochalpen, der berühmten und unverwechselbaren Silhouette von Eiger, Mönch und Jungfrau, der Schreckhornkette und des Wetterhorns. Sir Leslie Stephen, der englische Bergsteiger und Schriftsteller, der Mitte des 19. Jahrhunderts alle Alpenregionen bereiste und mit seinem Buch «Der Spielplatz Europas» («The Playground of Europe») berühmt wurde, schrieb begeistert: «Weder Chamonix noch Zermatt können sich, meiner Meinung nach, messen mit der Grossartigkeit und der Genialität des Entwurfs des Berner Oberlandes. Kein Gebilde der Natur, das ich jemals sah, ist vergleichbar mit der Erhabenheit jener überwältigenden Bergmauer, die, scheinbar in der Luft schwebend, sich dem entzückten Auge in Lauterbrunnen und Grindelwald zeigt.» Und weiter: «Ich stehe am Fuss des unbegreiflichsten aller Bergwunder der Alpen: des grossen Abbruchs des Berner Oberlandes.»

Kein Besucher, der nicht einstimmen würde in diese Lobeshymne. Die grossartige Kulisse begleitet den Wanderer während der ganzen Tour zum Reeti, das früher Rötihorn hiess. Zuerst jedoch lässt man sich bequem mit der Gondelbahn von Grindelwald bis zur Bergstation First hinauftragen. Auf der langen Fahrt überwindet man schon mehr als tausend Höhenmeter. Bis zum Reeti sind es nur noch rund 600 Höhenmeter, die allerdings in Gipfelnähe nicht zu unterschätzen sind. Die Wanderung beginnt bequem auf dem breiten Wanderweg, der zum Bachsee führt. Der Bachsee, oft auch Bachalpsee genannt, ist wohl einer der berühmtesten Bergseen im Berner Oberland, ein lauschiger Platz für ausgedehnte Picknickpausen und unvermeidlicher Vordergrund für so manches Foto des grandiosen Bergpanoramas.

Nun beginnt der Bergweg, der vorerst bis «Spitzen», einem Übergang auf dem Südostgrat des Reeti, noch sanft ansteigt. Auf der Grathöhe führt der Weg zum Teil als unterbrochene Spur steiler bergan, am Vorgipfel (2652 m ü. M.) vorbei und um den Gipfelaufbau des Reeti herum, so dass man den exponierten Gipfel von Norden her gewinnt.

Über die gleiche Route steigt man wieder ab, jedoch nicht bis zur Gratlücke «Spitzen», sondern bis zur kleinen Fernandeshütte wenig oberhalb der Lücke. Durch eine grossblockige Flanke schlängelt sich der Weg zur Alp Holzmatten und hinab zur Bussalp. Nun kann man weiter absteigen bis Grindelwald oder ziemlich steil bis Burglauenen, oder man lässt sich vom Bus zurück nach Grindelwald fahren. Der Bus fährt allerdings nur bei gutem Wetter. Bei schlechtem Wetter sollte man aber ohnehin nicht versuchen, das Reeti zu besteigen. (FJ)

Frühlingswiese über Grindelwald, während die Fiescherhörner (links) und der Eiger noch schneebedeckt sind.

Wetterhorn (links) und Schreckhorn während des Aufstiegs zum Reeti.

Nahe der Bussalp leuchtet ein Bergahorn in der Sonne, dahinter das Finsteraarhorn.

Gebiet
Östliches Berner Oberland, Grindelwaldertal

Gipfel
Reeti (2757 m ü. M.)

Charakterisierung
Exponierter Gipfel hoch über Grindelwald und dem Spiegel des Bachsees. Weit weniger berühmt als das benachbarte Faulhorn, auch schwieriger zu erwandern, aber dafür mit noch besserer Rundsicht.

Schwierigkeit
T3. Am Südostgrat unterbrochene Wegspuren, Geröll und Felsplatten. Exponierter Gipfel. Trittsicherheit und Schwindelfreiheit nötig. Nur bei trockenen Verhältnissen zu empfehlen.

Wanderzeit
First–Bachsee–Spitzen–Reeti: 2½ Std.
Reeti–Fernandeshütte–Holzmatten–Bonera–Bussalp: 2 Std.

Höhendifferenz
First–Bachsee–Spitzen–Reeti: 625 m Aufstieg, 35 m Abstieg
Reeti–Fernandeshütte–Holzmatten–Bonera–Bussalp: 970 m Abstieg, 10 m Aufstieg

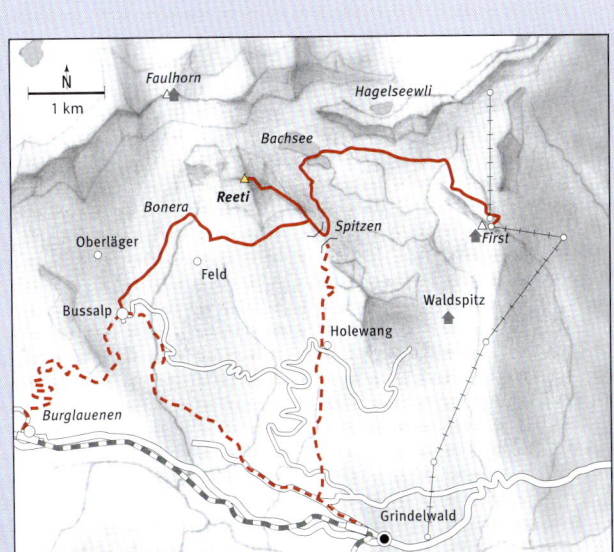

Der Kamm des Schreckhorns spiegelt sich im Bachsee.

Talort
Grindelwald (1034 m ü. M.), Tourismusort am Fuss des «Dreigestirns» mit grossartigen Möglichkeiten für Wanderer und Alpinisten. Übernachtungsmöglichkeiten in allen Kategorien. Grindelwald Tourismus: Telefon +41 (0)33 854 12 12, www.grindelwald.ch, touristcenter@grindelwald.ch.
Erreichbar mit Zug oder Auto via Interlaken, Zweilütschinen.

Ausgangspunkt
First (2166 m ü. M.), Bergstation der Gondelbahn Grindelwald-First und bereits vortrefflicher Aussichtspunkt. Bergrestaurant/Hotel Telefon +41 (0)33 854 12 84.

Auf- und Abstieg
Von der Gondelbahnstation First dem breiten Weg entlang zum Bachsee. Beim Häuschen auf 2271 m ü. M. links abbiegen und auf dem nun schmalen Wanderweg zwischen den beiden Seen hindurch und über Gärsti zum Südostgrat des Reeti aufsteigen. Den Grat erreicht man beim Übergang «Spitzen» oder direkter etwas oberhalb. Der Gratschneide folgen bis zum Vorgipfel (2652 m ü. M.), rechts (nordöstlich) um diesen herum und über die Ost- zur Nordseite des Reeti und auf den Gipfel. Man kann auch nach dem Vorgipfel direkt über den Südgrat zum Gipfel (weniger deutliche Wegspuren). Abstieg: Auf dem Grat zurück bis zur Fernandeshütte (2402 m ü. M.) oberhalb «Spitzen», dann westwärts zur Verzweigung bei der Alp Holzmatten (P. 2166, oberhalb von «Feld»). Nach rechts in einem Bogen zur Verzweigung P. 2089 (Bonera) und südwestwärts absteigen zur kleinen Alpsiedlung Bussalp (1798 m ü. M.), Bergrestaurant. Busverbindung nach Grindelwald (verkehrt nur bei gutem Wetter, Auskunft unter Telefon +41 [0]33 854 16 16; für Privatautos gesperrt).

Varianten
– Von «Spitzen» kann man sehr direkt südlich nach Grindelwald absteigen. Reeti–Grindelwald: 3 Std., T3.
– Gemächlicher Abstieg von Bussalp bis Grindelwald: 2 Std., T1.
– Steiler Abstieg von Bussalp bis Burglauenen (Bahnhof): 1½ Std., T2.

Karten
Landeskarte 1:25 000, 1229 Grindelwald
Landeskarte 1:50 000, 254 Interlaken (oder SAW-Wanderkarte 254T)

Führer, Literatur, Informationen
SAC-Clubführer, Berner Voralpen, SAC-Verlag, Bern
Berner Oberland Ost, Bergverlag Rother, München

Gemschberg

Unbeschwert fahren wir im Zug durch das Grindelwaldertal hinauf, ohne uns bewusst zu werden, dass vor Zeiten das Tal kaum passierbar war. Vor etwa tausend Jahren kamen die ersten Siedler nach Grindelwald; sie gelangten vermutlich über die Grosse Scheidegg, wo unsere Wanderung beginnt, oder über die gegenüberliegende Kleine Scheidegg hierher. Daher leitet sich wahrscheinlich auch der Name Grindelwald ab. Das über das Keltische und Altdeutsche überlieferte Wort «grindel» bezeichnete eine Abgrenzung oder Abschrankung. Der «Grindel»-Wald würde somit einen abgrenzenden Wald bezeichnen oder ein Tal, das durch einen Wald von der Aussenwelt abgeriegelt ist. Eine andere Geschichte erzählt die Sage: Von Inter-

Prächtige Kulisse während des Aufstiegs zum Gemschberg: Lauteraar- und Schreckhorn (links), Fiescherhörner (Mitte), Eiger (rechts).

laken sollen einst Kundschafter in die umliegenden Täler gesandt worden sein, um neues Weideland zu suchen. Aus dem einen Tal kamen sie zurück und berichteten, sie hätten nur «Grinde ol Wald» gefunden, was «Felstrümmer oder Wald» bedeutet.

Von der Grossen Scheidegg wandert man zuerst fast ohne Steigungen in Richtung First. Bei Gratschärem wählt man den oberen Pfad und zweigt schon bald gegen Norden in wegloses Gelände ab. Die Südostflanke ist ein gleichmässig geneigter Grashang, der nur auf etwa halber Höhe einige Felsbänder und steilere Abschnitte aufweist. Am östlichen Rand ist die Flanke am bequemsten zu ersteigen. Im Bergfrühling kann sich der Wanderer an Edelweiss und anderen seltenen Blumen erfreuen, oder – wie der Name des Berges verspricht – an der Beobachtung von Gemsrudeln.

Der Anblick des Berner Alpenkamms ist überwältigend, stimmt aber auch nachdenklich, wenn man in etwas tiefere Lagen blickt, etwa dorthin, wo noch vor wenigen Jahren der Obere und Untere Grindelwaldgletscher bis in den Talboden vorstiessen. Noch bis 1985 befand sich der Obere Grindelwaldgletscher in einer kräftigen Wachstumsphase. Doch auf einmal begann der rasante Rückzug. Seit den 1990er Jahren sind beide Gletscherzungen um viele hundert Meter zurückgeschmolzen. Wer die hohen Berge genauer betrachtet, stellt fest, dass auch dort das Eis zerbrechlich dünn geworden ist. Die Eigernordwand wurde in den heissen Sommertagen der letzten Jahre regelmässig zu einer schwarzen Felswand. Die berühmten Eisfelder wie die «weisse Spinne» sind kaum mehr zu erkennen. Vom Ende des 19. Jahrhunderts bis zum Ausbruch des Ersten Weltkriegs herrschten noch ganz andere Zustände. Damals war die Eisgewinnung ein florierendes Geschäft. Tausende von Tonnen Eis wurden aus dem Unteren und Oberen Grindelwaldgletscher gebrochen und teilweise bis nach Paris exportiert!

Der Abstieg erfolgt über die gleiche Route. Eine schöne Fortsetzung findet die Wanderung beim Abstieg durch die Moorlandschaften hinter der Grossen Scheidegg zur Schwarzwaldalp. Zum Abschluss kann man dort ein restauriertes Sägewerk mit Wasserrad aus dem Jahr 1896 besichtigen. (FJ)

Moorlandschaft Chalberboden bei der Grossen Scheidegg, dahinter die Grasflanke des Gemschbergs und das felsige Schwarzhorn.

Gebiet
Östliches Berner Oberland, Grindelwaldertal/Reichenbachtal

Gipfel
Gemschberg (2659 m ü. M.)

Charakterisierung
Auf drei Seiten von zerschrundeten Wänden und Graten umgebener Gipfel, jedoch mit gut begehbarer Südostflanke. Selten besuchter, wegloser Gipfel mit grandioser Rundsicht auf die Berner Hochalpen.

Schwierigkeit
T3. Grasflanke, die an ihrem östlichen Rand nur mässig steil und gut begehbar, aber weglos ist. Trittsicherheit und gutes Orientierungsvermögen nötig. Bei Nässe und Nebel heikel.

Wanderzeit
Grosse Scheidegg–Gratschärem–Gemschberg: 2 Std.
Gemschberg–Gratschärem–Grosse Scheidegg: 1½ Std.

Höhendifferenz
Grosse Scheidegg–Gratschärem–Gemschberg: 735 m Aufstieg, 35 m Abstieg
Gemschberg–Gratschärem–Grosse Scheidegg: 35 m Aufstieg, 735 m Abstieg

Talort
Grindelwald (1034 m ü. M.), Tourismusort am Fuss des «Dreigestirns» mit grossartigen Möglichkeiten für Wanderer und Alpinisten. Übernachtungsmöglichkeiten in allen Kategorien. Grindelwald Tourismus: Telefon +41 (0)33 854 12 12, www.grindelwald.ch, touristcenter@grindelwald.ch.
Erreichbar mit Zug oder Auto via Interlaken, Zweilütschinen.

Ausgangspunkt
Grosse Scheidegg (1962 m ü. M.), Passhöhe zwischen Grindelwald und Meiringen. Berghotel (Telefon +41 [0]33 853 67 16). Erreichbar mit Postauto von Grindelwald oder Meiringen. Für Privatautos gesperrt.

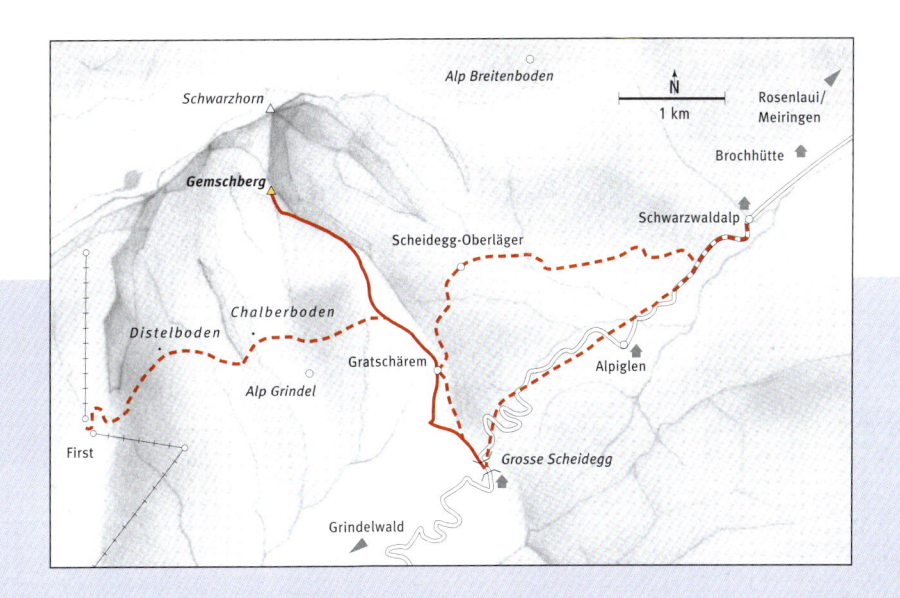

Auf- und Abstieg
Von der Grossen Scheidegg dem breiten Weg in nordwestlicher Richtung folgen. Nach 500 m kann man den schmalen Pfad über die Chiemattenhubla nehmen und trifft bei Gratschärem (2006 m ü. M.) wieder auf den breiten Weg. Nun aber dem schmalen, oberen Weg folgen und über eine Brücke auf ca. 2025 m ü. M. Bevor sich der Weg wieder zu einer zweiten Brücke (P. 2018) senkt, ziemlich genau gegen Norden abzweigen und weglos die Grashänge empor zum östlichen Rand der Grasflanke und diesem entlang bis zum Gipfel aufsteigen.
Abstieg auf derselben Route.

Varianten
– Von der Bergstation der Seilbahn Grindelwald–First über Distelboden, Chalberboden, Schafläger zur Hauptroute am Fuss des Gemschbergs: ca. 15 Min. länger.
– Lohnender Abstieg von Gratschärem über Scheidegg-Oberläger, Bidem zur Schwarzwaldalp (Postauto) oder von der Grossen Scheidegg über Alpiglen zur Schwarzwaldalp: jeweils ca. 1 Std., T2.

Karten
Landeskarte 1:25 000, 1229 Grindelwald
Landeskarte 1:50 000, 254 Interlaken (oder SAW-Wanderkarte 254T)

Führer, Literatur, Informationen
SAC-Clubführer, Berner Voralpen, SAC-Verlag, Bern

Die zerklüfteten Engelhörner, gesehen im Abstieg vom Gemschberg.

ÖSTLICHES BERNER OBERLAND

Axalphorn

Alpines Gelände: Kraxelei am Hauptgipfel des Axalphorns.

Umgeben von dunklem Wald und Felswänden: der verträumte Hinterburgsee.

Die Wanderung aufs Axalphorn bietet alles, was zu einer eindrücklichen Bergtour gehört: schwindelerregende Tiefblicke, Gratabschnitte mit inspirierender Aussicht, ein geheimnisvoller Bergsee, der umgeben ist von hoch aufragenden Felswänden, die einen ganz klein werden lassen, ein Aufstieg, der einige Schweisstropfen fordert, und kurz vor dem ausgesetzten Gipfel silbrig leuchtende Edelweiss.

Die Besteigung des Axalphorns ist eine Schönwettertour, die schwindelfreien, trittsicheren Berggängern vorbehalten ist. Bei Nebel, Schnee oder Regen empfiehlt sich der steilen Grashalden und rutschigen Kalksteine wegen eine Ausweichtour. Der erste Teil der Wanderung führt vorbei an weidenden Kühen auf saftigen Alpweiden. Die feine Terrassierung der Hänge, die man auch in anderen Alpengebieten sieht, ist nicht das Werk von Generationen fleissiger Älpler, sondern eine Begleiterscheinung des Weidebetriebs. Kühe weiden gerne hangparallel und treten mit der Zeit solche kleinen Pfade aus. Unterhalb von Chüemad liegt das bewaldete Giessbachtal. Laut alten Angaben soll es früher bis zur Baumgrenze hinauf Einzugsgebiet für die Flösserei gewesen sein. Tiroler Waldarbeiter und später auch Einheimische betrieben hier im Mittelalter dieses gefährliche Handwerk.

Vom Tschingel an führt der Bergweg dem Grat entlang. Militärgebäude erinnern daran, dass das Gebiet nicht nur von Alpbetrieb und Tourismus genutzt wird. Der Weg wird zu einem kleinen Pfad, und die letzten, steilsten Meter vor dem Gipfel wird man zum Vierbeiner. Nach dem ersten Edelweiss entdeckt man plötzlich noch viele andere. Hier an diesem ausgesetzten Gipfelrasen ahnt man ein wenig, wie das Edelweiss zu einem Symbol verwegener Bergsteiger geworden ist. Wäre diese Pflanze nicht geschützt und unter Pflückverbot, gäbe es hier wahrscheinlich keine Edelweiss mehr zu bestaunen.

Nach dem steilen Abstieg lädt das kleine Tälchen Urserli zum Verweilen ein, und bald darauf stehen wir am Ufer des grünblauen Hinterburgsees, der zwischen Bergwald und den steilen Felswänden der Oltschiburg und des Axalphorns eingebettet ist. Dieser stille Bergsee hat einen unterirdischen Abfluss. Um uns tummeln sich Hasen, Murmeltiere und Eichhörnchen, die sich sogar streicheln lassen. Was wie ein Märchen tönt, ist auch eines. Alle Tiere sind aus Holz. Schüler der Schnitzlerschule Brienz schufen mit ihren Tieren und anderen Figuren aus Baumstrünken eine Touristenattraktion, die gleichzeitig beste Reklame für ihre Schule ist. Wer auf der Axalp noch nicht genug hat, kann ins Giessbachtal absteigen und zu den milchig schäumenden Giessbachfällen wandern. Und je nach Saison liegt noch eine Schifffahrt in Richtung Brienz oder Interlaken drin. Sonst bleibt es bei einem Kaffeebesuch im schlossartigen Hotel Giessbach, das die Stiftung von Franz Weber vor Schimmel und Zerfall bewahrt hat. (SJ)

Sanfter Anfang der Wanderung bei Chüemad, rechts das Faulhorn.

ÖSTLICHES BERNER OBERLAND

Gebiet
Östliches Berner Oberland, Brienzerseeregion

Gipfel
Axalphorn (2321 m ü. M.)

Charakterisierung
Doppelgipfel mit gewaltigen Felswänden gegen die Seite des Brienzersees. Sehr wild anmutende, recht einsame Bergregion, allerdings mit militärischen Spuren.

Schwierigkeit
T3 bis auf den Vorgipfel, T4 auf den Hauptgipfel. Markierte Route, Wegspur jedoch manchmal etwas undeutlich. Felspartie am Hauptgipfel und im Abstieg zwischen Sattel und Urserli (hier mit Drahtseilen). Absolute Trittsicherheit und Schwindelfreiheit erforderlich. Bei Nässe gefährlich.

Wanderzeit
Axalp–Chüemad–Tschingel–Axalphorn: 2½ Std.
Axalphorn–Urserli–Hinterburgseeli–Axalp: 2½ Std.

Höhendifferenz
Axalp–Chüemad–Tschingel–Axalphorn: 790 m Aufstieg
Axalphorn–Urserli–Hinterburgseeli–Axalp: 910 m Abstieg, 125 m Aufstieg

Talort
Brienz (2412 m ü. M.), heimeliges Dorf am Brienzersee, international berühmt durch Schnitzer- und Geigenbauschule. Übernachtungsmöglichkeiten von der Jugendherberge bis zum Erstklasshotel. Tourist Information Brienz-Axalp: Telefon +41 (0)33 952 80 80, www.alpenregion.ch, info@alpenregion.ch; www.brienz.ch, www.axalp.ch.
Erreichbar mit Zug via Interlaken oder von Luzern über den Brünigpass und Meiringen nach Brienz. Mit Auto via Spiez, Interlaken und über die Autobahn am Südufer des Brienzersees entlang nach Brienz oder von der Obwaldner/Luzerner Seite über den Brünigpass nach Brienz (nicht über Meiringen).

Ausgangspunkt
Axalp (1535 m ü. M.), ruhiges Feriendorf hoch über dem oberen Brienzersee. Restaurants und Hotels.
Erreichbar mit Autobus ab Brienz. Mit Auto nicht über Brienz, sondern Autobahn von Interlaken dem südseitigen Brienzerseeufer entlang und bei Ausfahrt Brienz bereits in Richtung Axalp abbiegen.

Auf- und Abstieg
Von Axalp Sportbahnen (Bus-Endstation) teils auf Alpstrasse, teils auf Wanderweg in nördlicher Richtung bis Chüemad (1802 m ü. M.). Über zum Teil undeutliche Spuren aufsteigen über Oberboden, Uf Egg, Axalperberg und unter dem Tschingelgipfel vorbei zum Sattel mit den militärischen Bauten (2242 m ü. M.). Auf dem Grat nordöstlich weiter bis unter den Vorgipfel (2308 m ü. M.). Über Grashalden in Kürze auf den Vorgipfel oder dem Pfad entlang weiter in den Sattel unter dem Hauptgipfel. Vom Sattel wenig auf der linken (nördlichen) Seite des Grates exponiert und abschüssig über Felsstufen zum Gipfel.

Eichhörnchen aus Sturmholz am Hinterburgsee.

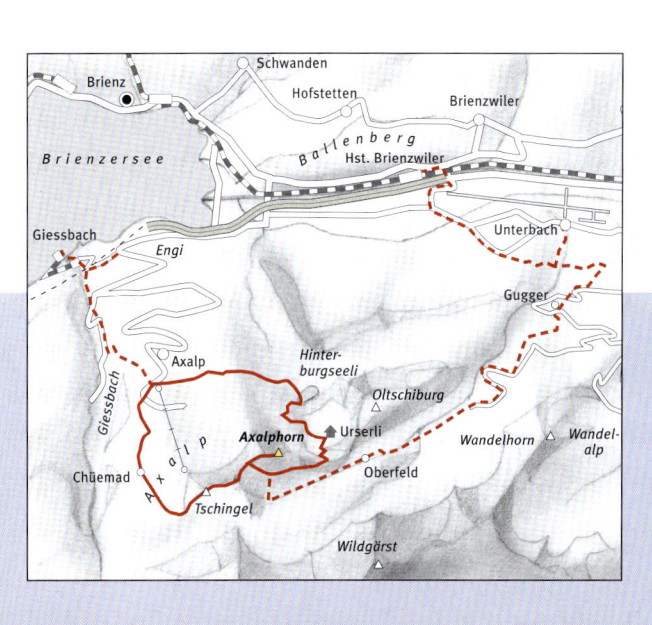

Abstieg: Zurück bis kurz vor den militärisch genutzten Sattel, dann östlich über Scheitegg bis zu P. 1959 («Sattel»). Über ausgewaschene, z. T. rutschige Kalkplatten und -stufen (Drahtseile) zur Alp Urserli hinab. Nach Nordwesten zur Verzweigung bei P. 1720 und Abstieg zum Hinterburgseeli. Etwas aufsteigend über Schwand, Schlagli zurück zur Axalp.

Varianten
– Weiterer Abstieg von Axalp über Schwarzenberg, Bramisegg zu den Giessbachfällen und zum Grandhotel Giessbach (Telefon +41 [0]33 952 25 25); zum See hinunter (Schiffsstation) oder wenig auf der Strasse aufsteigen (Busstation Engi): 1½ Std., T2.
– Abstieg vom militärisch genutzten Sattel über Oberfeld, Bielen, Gugger, Furen nach Unterbach (Postauto): 4 Std., T2. Bis Bahnhof Brienzwiler: ca. 45 Min. länger.

Karten
Landeskarte 1:25 000, 1209 Brienz
Landeskarte 1:50 000, 254 Interlaken (oder SAW-Wanderkarte 254T)

Führer, Literatur, Informationen
SAC-Clubführer, Berner Voralpen, SAC-Verlag, Bern
Berner Oberland Ost, Bergverlag Rother, München
Wanderbuch Jungfrau-Region, Berner Wanderwege BWW, Bern
Auskunft über Schiessbetrieb am Axalphorn beim Tourismusbüro oder unter Telefon +41 (0)33 972 64 01 (von Juni bis September in der Regel kein Schiessbetrieb).

Tschingel

Wollgras im Chaltenbrunnenmoor, dahinter der Tschingel.

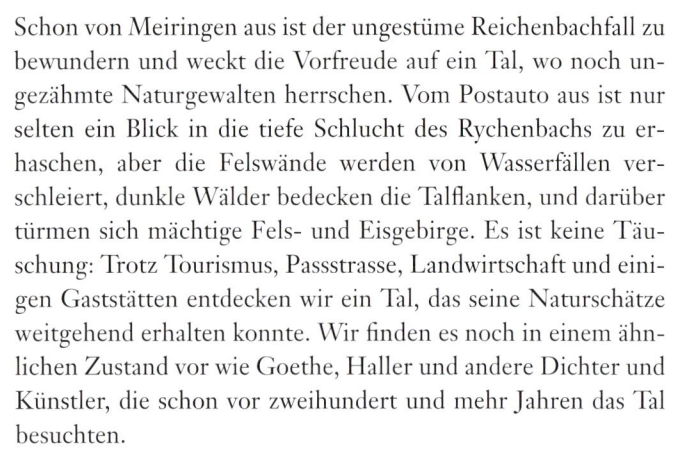

Auf dem Gipfel des Tschingel. Mönch und Eiger von Osten.

Schon von Meiringen aus ist der ungestüme Reichenbachfall zu bewundern und weckt die Vorfreude auf ein Tal, wo noch ungezähmte Naturgewalten herrschen. Vom Postauto aus ist nur selten ein Blick in die tiefe Schlucht des Rychenbachs zu erhaschen, aber die Felswände werden von Wasserfällen verschleiert, dunkle Wälder bedecken die Talflanken, und darüber türmen sich mächtige Fels- und Eisgebirge. Es ist keine Täuschung: Trotz Tourismus, Passstrasse, Landwirtschaft und einigen Gaststätten entdecken wir ein Tal, das seine Naturschätze weitgehend erhalten konnte. Wir finden es noch in einem ähnlichen Zustand vor wie Goethe, Haller und andere Dichter und Künstler, die schon vor zweihundert und mehr Jahren das Tal besuchten.

Bei der Haltestelle Kaltenbrunnen, auf der Landeskarte bei Scheenenboden, beginnt die Wanderung. Man sollte sich unbedingt die halbe Stunde Zeit nehmen und beim Oberen Stafel nicht bereits zum Chrüterenläger abbiegen, sondern bis zum Chaltenbrunnenmoor aufsteigen. Mit flachen Tümpeln, plätschernden Quellen, Wollgrasflächen und lichten Bergföhrenwäldchen entfaltet sich hier die Magie der Moorlandschaft. Doch der Tschingel, der hier seine zerfurchte Seite zeigt, lockt. Man kann den gleichen Weg zurück bis Ober Stafel gehen oder bei P. 1817 der oberen Wegspur folgen und dann weglos über Birglen wieder zur Hauptroute gelangen, die nun nach Chrüterenläger führt. Ohne Weg wandert man die gleichmässig ansteigende Grasflanke dem Tschingel entgegen. Der blumenreiche Gipfel ist nicht markiert. Das Vermessungssignal steht etwas vorgelagert am Rand des östlichen Abbruchs. Die Rundsicht ist berauschend: Das berühmte Dreigestirn zeigt sich in ungewöhnlicher Perspektive, daneben dominiert die Gruppe von Wetterhorn, Mittelhorn und Rosenhorn. Der Blick über das Hasli und die Brünigregion reicht bis zum Pilatus. Und gleich gegenüber strotzen die Kalkpfeiler der Engelhörner. Gertrude Bell, Engländerin und Extremalpinistin der ersten Stunde, hatte schon Anfang des 20. Jahrhunderts die Engelhörner zu ihrem bevorzugten Klettergebiet erklärt. Eines der Hörner wurde ihr zu Ehren Gertrudspitze getauft. Und daneben steht die Ulrichspitze, benannt nach ihrem Lieblingsführer Ulrich Fuhrer aus Innertkirchen.

Der Abstieg erfolgt wieder über die Grasflanke, dann jedoch über leichte Wege und Alpsträsschen bis Rufenen und über einen lieblichen Waldpfad, der sich durch dichte Heidelbeerstauden zur Postautohaltestelle und zum Hotel Rosenlaui hinunterschlängelt. Der Tourismus begann hier mit der Entdeckung einer Schwefelquelle im Jahr 1771. Die Heilkraft des Schwefelwassers zog Menschen aus ganz Europa an. 1914 jedoch verschüttete ein Erdrutsch die Quelle. Heute ist das Hotel Unterkunft für Wanderer, Besucher der Gletscherschlucht, Kletterer, Nostalgiker oder schlicht Erholungssuchende. (FJ)

Gebiet
Östliches Berner Oberland,
Reichenbachtal/Haslital

Gipfel
Tschingel (2326 m ü. M.)

Charakterisierung
Östlicher Ausläufer des Grindelgrates. Herrlicher Aussichtsgipfel, der erstaunlicherweise von keinem Weg erschlossen ist und daher einen einsamen Bergtag verspricht.

Schwierigkeit
T3. Im unteren Teil markierte Bergwege, der Gipfelaufschwung über Grashänge ist jedoch weglos und nicht markiert, aber bei guter Trittsicherheit und gutem Orientierungsvermögen unproblematisch. Bei Nässe und Nebel nicht zu empfehlen.

Wanderzeit
Kaltenbrunnen (Postautohaltestelle)–
Ober Stafel–Chrüterenläger–Tschingel: 4 Std.
Tschingel–Chrüterenläger–Ober Mettlen–
Mettlen–Rufenen–Rosenlaui: 2½ Std.

Höhendifferenz
Kaltenbrunnen (Postautohaltestelle)–
Ober Stafel–Chrüterenläger–Tschingel:
1110 m Aufstieg
Tschingel–Chrüterenläger–Ober Mettlen–
Mettlen–Rufenen–Rosenlaui: 1000 m Abstieg

Talort
Meiringen (595 m ü. M.), Hauptort und touristisches Zentrum des Oberhasli. Unterkünfte in allen Kategorien. Tourist Information Meiringen-Haslital: Telefon +41 (0)33 972 50 50, www.alpenregion.ch, info@alpenregion.ch. Erreichbar mit Zug oder Auto via Spiez, Interlaken oder von der Obwaldner/Luzerner Seite über den Brünigpass.

Ausgangspunkt
Kaltenbrunnen (ca. 1215 m ü. M.), Haltestelle (auf der Landeskarte bei Scheenenboden) der Postautolinie Meiringen–Schwarzwaldalp–Grindelwald. Berggasthof (Telefon +41 [0]33 971 19 08). Zufahrt mit Privatauto von Meiringen her möglich (Parkiermöglichkeiten sehr eingeschränkt).

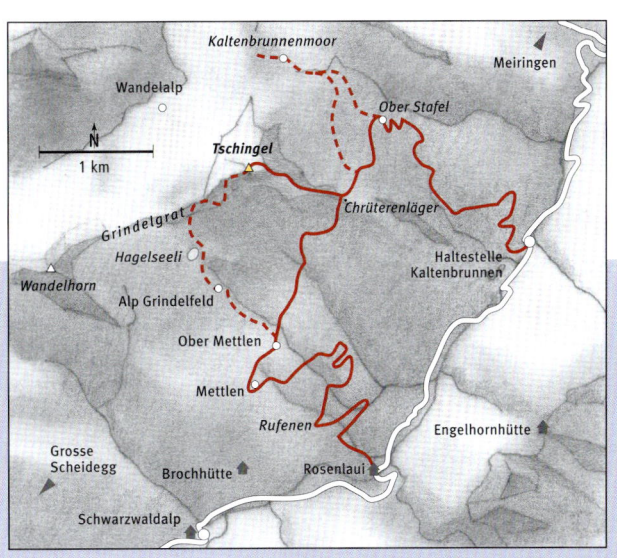

Auf- und Abstieg
Von der Postautohaltestelle Kaltenbrunnen (auf der Landeskarte bei Scheenenboden) kurz die Strasse entlang weiter, dann rechts abbiegen über die Brücke und über Torblätz und Under Stafel nach Ober Stafel (1669 m ü. M.) aufsteigen. Nun gegen Westen und Süden auf teilweise undeutlichem, aber markiertem Pfad nach Chrüterenläger, zuletzt im Zickzack über eine steile Stufe. Von hier weglos nordwestlich über den Grasrücken auf den Gipfel. Abstieg: Den gleichen Weg zurück bis Chrüterenläger, dann gegen Südwesten über Grindelschärm nach Ober Mettlen und Mettlen und auf dem Alpsträsschen in einigen Kehren bis Rufenen. Bei Rufenen, westlich des namenlosen Baches, der von Mettlen hinunterfliesst, zweigt vom Weg auf ca. 1410 m ü. M. eine undeutliche Pfadspur nach Südosten ab und führt über die Weide in den Wald, wo der Weg wieder deutlich wird und zur Postautostation und zum Hotel Rosenlaui führt (1328 m ü. M., Haltestelle der Postautolinie Meiringen–Schwarzwaldalp–Grindelwald, Hotel/Restaurant Telefon +41 [0]33 971 29 12). Zufahrt mit Privatauto von Meiringen her möglich.

Varianten
– Von Ober Stafel (1669 m ü. M.) lohnt sich ein Abstecher weiter nordwestlich hinauf zum Chaltenbrunnenmoor, z.B. bis zu den drei Seelein westlich von P. 1817. Von dort zurück zur Verzweigung bei P. 1817, dann gegen Süden zuerst über Wegspuren, dann weglos über Birglen zum Pfad, der nach Chrüterenläger führt. Oder von P. 1817 wieder zurück bis Ober Stafel: zusätzlich 30 Min.
– Vom Tschingel kann man gegen Südosten dem ausgesetzten Grindelgrat folgen, wobei eine Felsbarriere vor P. 2351 in der Südflanke umgangen wird, sehr exponiert, steile Grashänge und Schrofen; vom Grindelgrat bei P. 2374 Abstieg via Hagelseeli zur Alp Grindelfeld, nach Ober Mettlen und über die Hauptroute bis Rosenlaui: 3½ Std., T4–T5.

Karten
Landeskarten 1:25 000, 1209 Brienz, 1210 Innertkirchen
Landeskarten 1:50 000, 254 Interlaken, 255 Sustenpass (oder SAW-Wanderkarten 254T, 255T)

Führer, Literatur, Informationen
SAC-Clubführer, Berner Voralpen, SAC-Verlag, Bern
www.rosenlaui.biz

Weidende Kuh vor den Engelhörnern.

ÖSTLICHES BERNER OBERLAND 115

Augstmatthorn

Zumindest in Kunstkreisen ist der Harder weltberühmt. Bei der Anreise mit dem Zug hat man eine ähnliche Perspektive wie Ferdinand Hodler vor rund hundert Jahren, als er den Harder von Därligen aus malte. Ein Berg, der sich direkt aus dem Wasser des Thunersees zu erheben scheint. Von einem felsigen Teil der Flanke scheint ein hohlwangiges, düsteres Gesicht auf Interlaken hinunterzublicken. Dies ist das Gesicht des Hardermannlis, eines lüsternen Mönchs, der vor langer Zeit ein Hirtenmädchen verfolgte, das bei der Flucht vor ihm über diese Felswand abstürzte. Zur Strafe ist das Gesicht des Mönchs über der Unglücksstelle im Fels erstarrt.

Die Wanderung vom Harder zum Augstmatthorn eignet sich bestens, um schwindelfreie Gäste für das Berner Oberland zu begeistern. Eindrückliche Tief- und Weitblicke auf den Brienzersee, auf Viertausender und weitere umliegende Berge, Gipfelbesteigungen und Alpensteinböcke sorgen für einen unvergesslichen, abwechslungsreichen Tag. Auf den Harder gelangt man entweder zu Fuss oder mit der Standseilbahn.

Nachdem man sich von der Aussichtsterrasse des Harders losgerissen hat, folgt man im ersten Teil der Wanderung dem bewaldeten Gratrücken. Ab Roteflue führt die Wanderung durch das eidgenössische Jagdbanngebiet Augstmatthorn. Von hier an müssen Hunde unbedingt an der Leine geführt werden. Ab und zu geben die Fichten den Blick frei auf das Tal von Habkern oder auf den Brienzersee, dessen Farbe je nach Beleuchtung zwischen Türkisblau und Bleigrau wechselt und auf dessen Oberfläche der Wind die faszinierendsten Muster zeichnet. Bei der Alp Horet kommt man aus dem Wald und ist bald nicht mehr allein, denn nun beginnt das Reich der Steinböcke.

Unterwegs zum Augstmatthorn. Die Suggiture, ein Vorgipfel, ist in Sichtweite.

Im Gebiet des Augstmatthorns lebt mit ungefähr 300 Tieren die grösste Steinbockkolonie des Berner Oberlands. Vom Punkt 1821 an bis zum Gipfel der Suggiture entspricht die Höhendifferenz ungefähr der tiefsten Tiefe des Brienzersees von 264 Metern. Beim Aufstieg wird einem die Tiefe dieser Seewanne, die der Aaregletscher während der Eiszeiten ausgehobelt hat, erst richtig bewusst.

Die Steinböcke befinden sich meist auf dem Grat oder in der steilen Südseite. Gerne sonnen sie sich entlang dem Wanderweg oder direkt darauf. Die Tiere zeigen nur wenig Scheu und sind sich ihrer Überlegenheit in diesem Gelände bewusst. Meist sind es wir Wanderer, die den majestätischen Tieren ausweichen müssen, was auf den schmalen Wegabschnitten über die Suggiture bis zum Augstmatthorn jedoch heikel sein kann.

Der Abstieg vom Gipfel weiter über den Grat und nach Oberried ist eine anspruchsvolle Variante. Leichter ist der Weg nach Habkern, wo sich vor der Abfahrt des Postautos nach Interlaken der Kauf eines Nussgipfels in der Bäckerei oder eines Stücks des berühmten Habkernkäses im Dorfladen empfiehlt. (SJ)

Gleich einem Drachenrücken erhebt sich der Brienzergrat mit dem Augstmatthorn (vorne) aus dem Nebelmeer.

Steinböcke am Augstmatthorn. Blick zurück über den Aufstiegsgrat in Richtung Harder.

Wanderer warten, bis die Steinböcke den Weg freigeben.

Gebiet
Östliches Berner Oberland, Brienzerseeregion

Gipfel
Augstmatthorn (2137 m ü. M.)

Charakterisierung
Gratwanderung der Extraklasse mit prachtvollen Tief- und Weitblicken und höchster Wahrscheinlichkeit, Steinböcke beobachten zu können.

Schwierigkeit
T3. Markierte, gute Bergwege. Die luftigen Gratstrecken erfordern jedoch absolute Schwindelfreiheit und Trittsicherheit. Steile Abstiege.

Wanderzeit
Harder–Höhi Egg–Suggiture–Augstmatthorn: 4 Std.
Augstmatthorn–Bodmisegg–Schwendiallmi–Habkern: 3 Std.

Höhendifferenz
Harder–Höhi Egg–Suggiture–Augstmatthorn: 860 m Aufstieg, 30 m Abstieg
Augstmatthorn–Bodmisegg–Schwendiallmi–Habkern: 1100 m Abstieg, 30 m Aufstieg

Talorte
Interlaken (567 m ü. M.), Tourismusmetropole und Verkehrsknotenpunkt zwischen Thuner- und Brienzersee. Übernachtungsmöglichkeiten von der Jugendherberge bis zum 5-Sterne-Hotel. Interlaken Tourismus: Telefon +41 (0)33 826 53 00, www.interlakentourism.ch, mail@interlakentourism.ch; www.interlaken.ch.
Erreichbar mit Zug von Spiez oder von Meiringen/Brünig bis Interlaken Ost. Mit Auto ebenfalls von Spiez oder Meiringen über die Autobahnen an den südseitigen Seeufern.
Habkern (ca. 1065 m ü. M.), gemütliches Bergdorf mit sanftem Tourismus. Restaurants und Hotels. Verkehrsbüro Habkern: Telefon +41 (0)33 843 13 01, verkehrsverein.habkern@freesurf.ch, www.interlakentourism.ch. Erreichbar mit Postauto vom Bahnhof Interlaken West oder mit Privatauto via Unterseen auf demselben Weg.

Ausgangspunkt
Harder Kulm (2412 m ü. M.), Bergstation der Standseilbahn von Interlaken Ost. Restaurant mit Prachtaussicht.

Auf- und Abstieg
Von der Bergstation der Habkern-Standseilbahn zum Restaurant. Aufstieg über den Hardergrat, beim Wannichnubel vorbei (Abstecher auf den Chnubel lohnend: ca. 20 Min. zusätzlich), über Höhi Egg, Roteflue, Horetegg und steil auf die Suggiture (2085 m ü. M.). Wenig ab- und wieder aufsteigend zum Augstmatthorn.
Abstieg: Ca. 250 m auf dem gleichen Weg zurück, dann rechts (westlich) ziemlich steil absteigen, über die Bodmisegg bis P. 1534 und nördlich zum Strässchen, das man bei P. 1472 erreicht. Kurz dem Strässchen folgen und bei der nächsten Haarnadelkurve wieder auf dem Wanderweg weiter über Schwendiallmi absteigen, zuletzt auf der Strasse über die Brücke über den Traubach und kurzer Gegenanstieg nach Habkern.

Variante
Aufstieg von Oberried (Bahnhof) über Stalden, Biel auf den Blasenhubel und über den Nordostgrat auf das Augstmatthorn. Spannende Variante, jedoch z.T. sehr steil und oben mit Ketten gesichert; unter dem Blasenhubel Wegspur undeutlich: 5½ Std., T4. (Im Abstieg 3½ Std.)

Karten
Landeskarte 1:25 000, 1208 Beatenberg (für die Variante zusätzlich 1209 Brienz)
Landeskarte 1:50 000, 254 Interlaken (oder SAW-Wanderkarte 254T)

Führer, Literatur, Informationen
SAC-Clubführer, Berner Voralpen, SAC-Verlag, Bern
Berner Oberland Ost, Bergverlag Rother, München
Wanderbuch Jungfrau-Region, Berner Wanderwege BWW, Bern

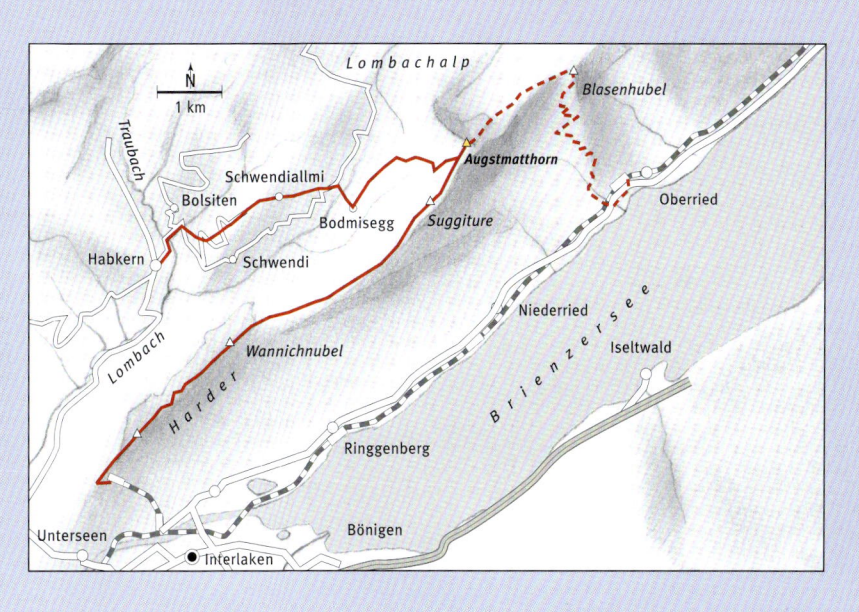

Brienzer Rothorn, Arnihaaggen, Höch Gumme, Wilerhorn

Vom Brienzer Rothorn überblickt man die Gratroute über Arnihaaggen und Höch Gumme.

Letzte Schritte zum Brienzer Rothorn. Der Blick schweift über den Brienzersee zum verschneiten Alpenkranz.

Stolz und einladend erwartet die Brienzer-Rothorn-Bahn ihre Passagiere. Zusammen mit der Furkabahn ist sie die letzte Zahnradbahn mit fahrplanmässigem Dampfbetrieb. Für Eisenbahnfans aus aller Welt ist allein diese Bahn schon eine Reise wert. Wenn die Lokomotive aus dem vorletzten Jahrhundert Dampf ablässt und zischt, steigen die Stimmung unter den Passagieren und die Vorfreude auf die Fahrt. In den offenen Wagen atmen die Eisenbahnfans begeistert den Rauch der Lokomotive ein, den es in den Tunnels bis zu den hinteren Wagen drückt. Nach einer knappen Stunde hat sich die Bahn dampfend und stampfend hochgearbeitet. Für die einen verging die Zeit viel zu schnell, andere sind froh, endlich aussteigen zu dürfen und sich auf die Wandersocken zu machen. Spätestens beim Bestaunen der Aussicht müssen sich auch die Ungeduldigen eingestehen, dass sich trotz Qualm- und Lärmbelastung die Reise gelohnt hat. Nach wenigen Schritten steht man auf dem Brienzer Rothorn, dem höchsten Gipfel des Kantons Luzern. Der Blick schweift über Sörenberg, das Entlebuch und die Zentralschweizer Alpen, übers Mittelland und den Jura bis zu den Vogesen und zum Schwarzwald, und auf der anderen Seite schauen wir über den Brienzersee zu den Berner Alpen und zu einigen Walliser Gipfeln. Selbst Teile des Biosphärenreservats Entlebuch und des Unesco-Weltnaturerbes Jungfrau-Aletsch-Bietschhorn sind von hier aus gleichzeitig zu sehen.

In der Schweiz gibt es 17 Rothörner allein im Wallis und 11 im Berner Oberland. Dank seiner wunderbaren Rundsicht und der Dampfbahn ist das Brienzer Rothorn jedoch den meisten ein Begriff. Es lohnt sich, das Panorama vom Rothorngipfel aus zu geniessen. Auf dem Weiterweg über ganze vier weitere Gipfel in Richtung Brünigpass fordert der Pfad stellenweise volle Konzentration, die Aussicht sollte dann nur sitzend oder stillstehend bewundert werden. Der Unterschied zwischen dem bewachsenen Südhang und dem steinigen Nordhang ist enorm. Heikle Passagen sind zwar mit Ketten gut abgesichert, aber wer unter Schwindel leidet, wird sich trotzdem einige Male überwinden müssen.

Während der Eiszeiten lag der Höchststand des Aaregletschers auf ungefähr 1400 Metern. Das Brienzer Rothorn ragte als sogenannter Nunatak aus dem Eis heraus. Wenn im Herbst ungefähr auf dieser Höhe die Hochnebelgrenze wallt, kann man sich leicht eine Gletscheroberfläche vorstellen und bekommt eine kleine Ahnung, wie die Gegend in den Eiszeiten ausgesehen haben könnte. Auf dem Arnihaaggen, dem nächsten Gipfel, wächst mit Seguiers Hahnenfuss eine Pflanzenart, die sonst nur noch am Reculet, einem Gipfel des Jurahöhenzugs bei Genf, vorkommt und nirgends sonst in der Schweiz. Seguiers Hahnenfuss gilt als Glazialrelikt; wahrscheinlich konnte er auf den eisfreien Stellen hier oben die Eiszeiten überdauern. (SJ)

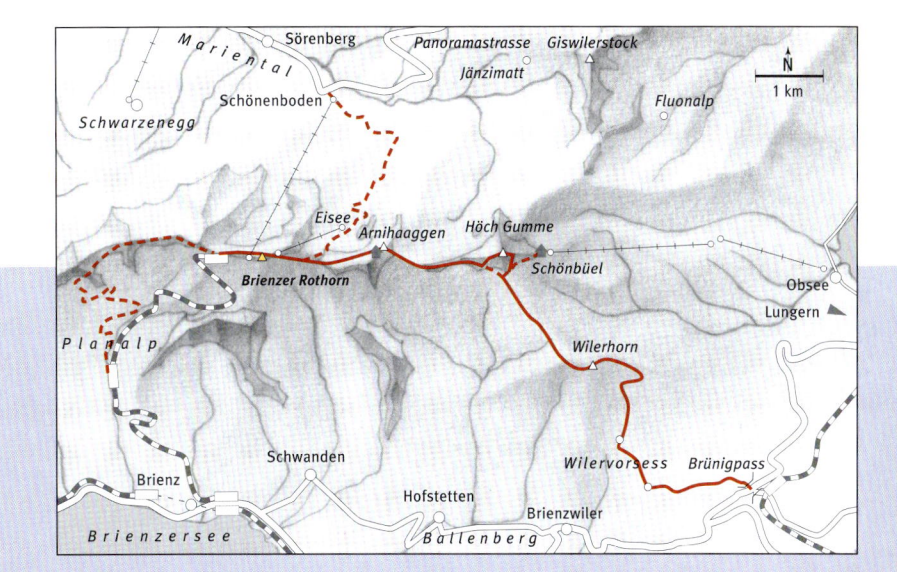

Gebiet
Östliches Berner Oberland, Brienzerseeregion

Gipfel
Brienzer Rothorn (2349 m ü. M.), Arnihaaggen (2207 m ü. M.), Höch Gumme (2205 m ü. M.), Wilerhorn (2003 m ü. M.)

Charakterisierung
Scharfer Kamm über mehrere Gipfel auf der Grenze der Kantone Bern, Luzern und Obwalden. Wunderbare Gratwanderung über dem Brienzersee und dem Mariental.

Schwierigkeit
T3. Meist gute Bergwege, jedoch einige exponierte Passagen mit Kettengeländer. Gute Trittsicherheit und Schwindelfreiheit nötig. Durchgehend markiert. Viele Höhenmeter im Abstieg, jedoch Abkürzungsmöglichkeit mit Seilbahn.

Wanderzeit
Brienzer Rothorn–Arnihaaggen–Höch Gumme–Wilerhorn–Brünigpass: 6 Std.

Höhendifferenz
Brienzer Rothorn–Arnihaaggen–Höch Gumme–Wilerhorn–Brünigpass: 585 m Aufstieg, 1825 m Abstieg

Talort
Brienz (2412 m ü. M.), heimeliges Dorf am Brienzersee, international berühmt durch Schnitzer- und Geigenbauschule. Übernachtungsmöglichkeiten von der Jugendherberge bis zum Erstklasshotel. Tourist Information Brienz-Axalp: Telefon +41 (0)33 952 80 80, www.alpenregion.ch, info@alpenregion.ch; www.brienz.ch.
Erreichbar mit Zug via Interlaken oder von Luzern über den Brünigpass und via Meiringen nach Brienz. Mit Auto via Spiez, Interlaken und über die Autobahn am Südufer des Brienzersees entlang oder von Obwaldner/Luzerner Seite über den Brünigpass (nicht über Meiringen).

Ausgangspunkt
Station Brienzer Rothorn (2244 m ü. M.), Bergstation der Brienzer-Rothorn-Bahn. Restaurants, Hotel (Telefon +41 [0]33 951 12 21). Ebenfalls von Sörenberg mit der Luftseilbahn erreichbar.

Auf- und Abstieg
Von der Bergstation der Brienzer-Rothorn-Bahn kurzer Aufstieg zum Gipfel des Brienzer Rothorns. Abstieg in den Eiseesattel (2025 m ü. M.), Aufstieg auf den Arnihaaggen, über die Zwischenegg in leichtem Auf und Ab bis zu einer Kanzel an der Südflanke des Höch Gumme (2072 m ü. M., Verzweigung). Steil nordwärts hinauf und nach Osten etwas ausgesetzt zum Gipfel. Östlich hinab gegen Schönbüel und südwestlich zurück zum Gibel (2040 m ü. M., Verzweigung). Nach Südosten weiter über die Scheidegg auf das Wilerhorn. Gegen Osten zuerst über den Grat, dann durch die Flanke (Oberberg) südwärts bis Wilervorsess (1424 m ü. M.). Über Totzweg zum Brünigpass (1002 m ü. M.).
Zugverbindung nach Meiringen oder Sarnen/Luzern (die ehemalige Brünigbahn heisst neuerdings Zentralbahn). Mit Auto nicht über Meiringen, sondern über Brienzwiler.

Varianten
– Der Höch Gumme kann entlang der Südflanke umgangen werden: Zeitersparnis ca. 45 Min.
– Von Schönbüel (Restaurant/Hotel: Telefon +41 [0]41 660 49 39) hinter dem Höch Gumme mit der Seilbahn nach Lungern (Gratisbus von der Talstation zum Bahnhof). Brienzer Rothorn–Schönbüel: 3 Std.
– Aufstieg von Planalp (Zwischenstation der Brienzer-Rothorn-Bahn) über Greesigi, Chruterepass, Lättgässli aufs Brienzer Rothorn: T3, 3 Std.
– Aufstieg von Sörenberg Schönenboden (Talstation der Luftseilbahn, Postautohaltestelle) über Stafel, Eisee aufs Brienzer Rothorn: 3½ Std., T2–T3. Mit Eisee-Sessellift ca. 1 Std. weniger.

Karten
Landeskarten 1:25 000, 1189 Sörenberg, 1209 Brienz
Landeskarten 1:50 000, 244 Escholzmatt, 254 Interlaken (oder SAW-Wanderkarten 244T, 254T)

Führer, Literatur, Informationen
SAC-Clubführer, Berner Voralpen, SAC-Verlag, Bern
Wanderbuch Jungfrau-Region, Berner Wanderwege BWW, Bern
Berner Oberland Ost, Bergverlag Rother, München
www.brienz-rothorn-bahn.ch, www.soerenberg.ch, www.lungern.ch

Genuss des Sonnenuntergangs am Höch Gumme.

Gibel

Wer vom Bahnhof Meiringen zur Seilbahnstation marschiert, dem fällt auf, dass das Dorfbild vorwiegend von Steinhäusern geprägt ist. Bis Ende des 19. Jahrhunderts hatten verheerende Brände, oft verursacht durch starke Föhnwinde, mehrmals das Dorf heimgesucht. Seit einem besonders verheerenden Brand im Herbst 1891 durften neue Häuser nur noch aus Stein gebaut werden. Nicht nur Feuer, auch Wasser bedeutete lange Zeit eine Gefahr. Der sumpfige Talboden des Oberhasli wurde regelmässig überschwemmt. Erst in der zweiten Hälfte des 19. Jahrhunderts, als der Spiegel des Brienzersees abgesenkt wurde, konnte auch der Sumpf im Haslital trocken gelegt werden. Nicht zuletzt wegen dieser Brände und Überschwemmungen herrschte in Meiringen noch vor 150 Jahren grosse Armut. Ein ungewöhnlicher Erwerbszweig war die Seidenweberei, mit der sich manche Familien das karge Einkommen etwas aufbesserten.

Die Seilbahn trägt die Wanderer bis Hasliberg Reuti und nach Umsteigen bis Mägisalp. Besonders im Herbst teilt man

Ein leichter Wanderweg führt den blumenreichen Hängen des Haslibergs entlang zum Gibel.

Der Lungerersee beim Abstieg vom Gibel zum Brünigpass.

Die perfekte Pyramide des Wetterhorngipfels, dahinter Mönch und Eiger. Sicht von der Mägisalp.

die Gondeln meistens mit zahlreichen Gleichgesinnten, die nicht nur dem Trubel des Alltags, sondern auch dem grauen Hochnebel entfliehen möchte. Der langgezogene Hasliberg ist die Sonnenterrasse schlechthin. Der blühende Tourismus täuscht darüber hinweg, dass auch hier früher Missernten und Hungersnöte die Menschen heimsuchten. Viele junge Männer entflohen der Armut und versuchten ihr Glück im Ausland, vorwiegend in Amerika. Auch auf dem Hasliberg brachte die Seidenweberei ein kleines Zusatzeinkommen neben der Landwirtschaft. Ausserdem wurde schon seit dem 14. Jahrhundert bei Planplatten und am Hohsträss Eisenerz abgebaut. Auf der Landeskarte findet man nordöstlich von Planplatten noch die Eintragung «Erzgrueben». Dieses Erz wurde ins Gental transportiert, wo bis Anfang des 19. Jahrhunderts ein Hochofen in Betrieb war.

Auf der Mägisalp, wo die Wanderung startet, eröffnet sich bereits ein fantastischer Blick über das Haslital, ins Rosenlaui und zum Wetterhorn, das mit seiner perfekten Gipfelpyramide in den Himmel sticht. Die Mägisalp liegt auf 1700 Meter Höhe, der Wanderweg steigt deshalb recht gemächlich bis Käserstatt. Auf beiden Alpen können Familien mit ihren Kindern einen Zwergenweg besuchen. Die Zwergensagen um den Hasliberg gehörten einst zum kulturellen Allgemeingut. Es ist daher kein Zufall, dass die Sagenwelt ausgerechnet hier als Kinderabenteuer wieder auflebt.

Die Fortsetzung von Käserstatt auf den Gibel ist weiterhin ein sanft steigender Höhenweg, gesäumt von üppig blühenden Bergwiesen. Am Gipfelpanorama kann man sich kaum sattsehen, etwa an den wilden Bergspitzen in der Grimsel- und Sustenregion, zwischen denen der breite, vergletscherte Dammastock gleisst. Aber auch die Tiefblicke zum Brienzer- und Lungerersee sind beeindruckend. Die Sicht zur beherrschenden Wetterhorngruppe bleibt uns während des ganzen Abstiegs nach Hohfluh erhalten. (FJ)

Gebiet
Östliches Berner Oberland, Haslital

Gipfel
Gibel (2035 m ü. M.)

Charakterisierung
Der westliche Abschluss des langen Bergfirsts über dem Hasliberg, auf der Kantonsgrenze zwischen Bern und Obwalden. Prachtvolle Sicht auf die Wetterhorngruppe und zum Brienzer- und Lungerersee.

Schwierigkeit
T1–T2. Markierte, gut ausgebaute Bergwanderwege. Leichte Wanderung mit kurzen und langen Varianten.

Wanderzeit
Mägisalp–Käserstatt–Gibel: 2 Std.
Gibel–Hüsenegg–Bärschwendi–Hohfluh: 2 Std.

Höhendifferenz
Mägisalp–Käserstatt–Gibel: 360 m Aufstieg, 30 m Abstieg
Gibel–Hüsenegg–Bärschwendi–Hohfluh: 985 m Abstieg

Talorte
Meiringen (595 m ü. M.), Hauptort und touristisches Zentrum des Oberhasli. Unterkünfte in allen Kategorien. Tourist Information Meiringen-Haslital: Telefon +41 (0)33 972 50 50, www.alpenregion.ch, info@alpenregion.ch. Erreichbar mit Zug oder Auto via Spiez, Interlaken.
Hohfluh (1050 m ü. M.), Feriendörfchen auf der sonnigen Hasliberg-Terrasse. Hotels und Restaurants. Tourist Information Hasliberg: Tel. +41 (0)33 972 51 51, www.hasliberg.ch, www.alpenregion.ch, info@alpenregion.ch. Erreichbar mit Zug via Interlaken und Meiringen bis Brünigpass und mit Postauto bis Haltestelle Hasliberg Hohfluh). Mit Auto auf demselben Weg.

Ausgangspunkt
Mägisalp (1708 m ü. M.), dritte Seilbahnstation mit Bergrestaurant auf der Gondelbahn-Langstrecke Meiringen–Hasliberg (Reuti)–Bidmi–Mägisalp–Planplatten (Alpentower). Vom Bahnhof Meiringen zur Talstation 10 Min. zu Fuss oder mit Ortsbus. Parkplätze bei der Talstation.

Auf- und Abstieg
Von der Seilbahnstation Mägisalp dem Strässchen entlang wenig absteigen zur Alp Undere Stafel. Nach der Brücke auf dem Wanderweg gegen Westen über Leiti aufsteigen bis Käserstatt (1831 m ü. M., Seilbahnstation, Restaurant/Hotel, Tel. +41 [0]33 971 27 86). Dem gleichmässig ansteigenden Höhenweg unter dem Hohbiel und Chingstuel folgen, nördlich um den Chline Gibel herum, dann direkt auf den Gibel.
Abstieg südwestlich zum Unteren Gibel (Achtung senkrechte Westwand!), dann in östlicher Richtung über Steinschlag zum Alpsträsschen. Teils dem Strässchen, teils dem Wanderweg folgend zu den Alphütten westlich unterhalb Hüsenegg auf ca. 1640 m ü. M. Dort über die Brücke und gleich rechts abbiegen über die Wiese und in den Wald, wo man wieder auf das Alpsträsschen trifft. Diesem folgen, über eine weitere Brücke (1523 m ü. M.) und wieder meistens auf dem Wanderweg über Bärschwendi, Underbärchen nach Hohfluh.

Varianten
– Von der Seilbahnstation Käserstatt ist der Gibel in 1 Std. erreichbar. (Talstation Wasserwendi erreichbar mit Zug von Meiringen auf den Brünigpass und von dort mit Postauto bis Hasliberg Wasserwendi Twing; mit Privatauto ebenfalls via Brünigpass).
– Start bei der Bergstation Planplatten (Restaurant Alpentower): Panorama-Wanderung über Hirsnollen, Leitistöck, Käserstatt zum Gibel: 3 Std., T2.
– Aufstieg vom Brünigpass, am Naturfreundehaus vorbei, über Biel, Schwendi, Feldmoos, Unterhornalp und von Norden her über die Alp Berg auf den Gibel: 4 Std., T2. (Im Abstieg 3 Std.)

Karten
Landeskarte 1:25 000, 1210 Innertkirchen, für Brünigpass-Variante zusätzlich 1209 Brienz
Landeskarte 1:50 000, 255 Sustenpass, für Brünigpass-Variante zusätzlich 254 Interlaken (oder SAW-Wanderkarten 255T, 254T)

Führer, Literatur, Informationen
SAC-Clubführer, Zentralschweizerische Voralpen, SAC-Verlag, Bern
Wanderbuch Jungfrau-Region, Berner Wanderwege BWW, Bern
Berner Oberland Ost, Bergverlag Rother, München

Hahnenfuss und Schlangenknöterich am Gipfel des Gibels. In der Ferne das Wetterhornmassiv.

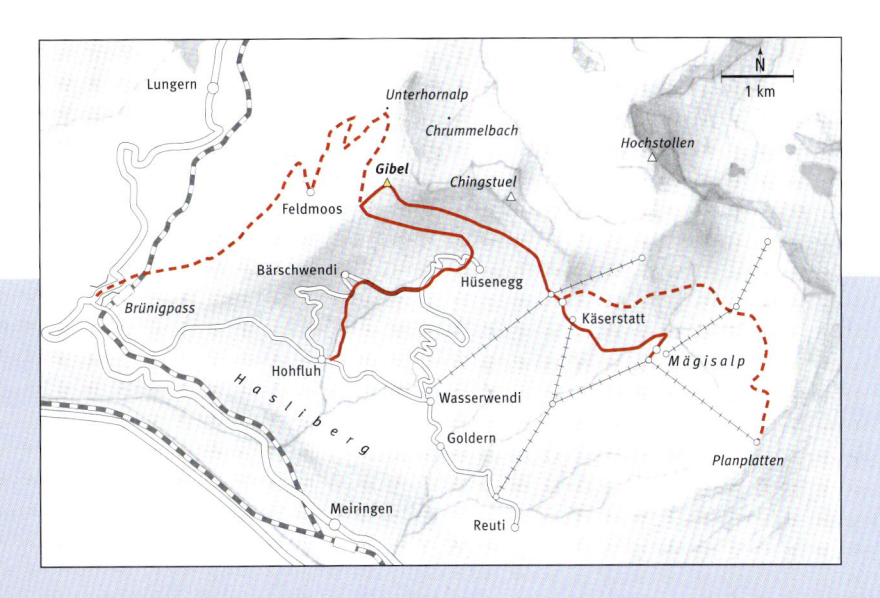

Sidelhorn

Granit, Urgestein, Aarmassiv – Worte, die nach unverbrauchter Landschaft klingen, nach einsamen Bergen und Natur wie zu Zeiten der Schöpfung. Solche Eindrücke wird der Wanderer auf dem Weg zum Sidelhorn tatsächlich erleben. Doch zu Beginn dominieren die Mahnmale der Zivilisation. Das Haslital ist von den Wasserkraftwerken geprägt, die Passstrasse vom Freizeitverkehr. An schönen Wochenenden bevölkern Menschenmassen den Grimselpass, geniessen Berge und Sonne auf den Restaurantterrassen oder beobachten Murmeltiere – notabene nicht frei lebende, sondern in Gehegen eingesperrte, was beim Besucher eigentlich nur Kopfschütteln auslösen müsste.

Die Geschichte des Passüberganges ist alt, wahrscheinlich war er schon in vorchristlicher Zeit bekannt. Und zu Säumer-

Unterwegs zum Sidelhorn mit den Gärstenhörnern (links) und dem Galenstock im Hintergrund.

Auf der Triebtenseelücke öffnet sich die Sicht zu Lauteraar- und Schreckhorn.

zeiten vom Mittelalter bis ins 19. Jahrhundert war die Route über den Grimsel- und Griespass nach Italien eine wichtige Wirtschaftsverbindung und strategisch von solcher Bedeutung, dass sich auf der Grimsel sogar fremde Armeen bekriegten. Am 14. August 1799 besiegten Napoleons Truppen die österreichisch-russische Armee, dank einem nächtlichen Hinterhalt, den sie unter der Führung des Guttanners Niklaus Fahner legen konnten.

Wenige Schritte von der Passstrasse entfernt ist vom Betrieb kaum mehr etwas zu vernehmen. Die Urlandschaft nimmt uns auf. Grasland und einzelne Schneereste, gletschergeschliffene Felsplatten, Moore, plätschernde Bäche, das Kleinod des Jostsees mit seinen von Wollgras gesäumten Ufern. Von der Triebtenseelücke an herrscht hochalpine Atmosphäre. Die eiszeitlichen Gletscher wuchsen nicht bis in diese Höhe. Deshalb blieben hier grobblockige und kantige Felsen bestehen, die nie ein Gletscher glattgeschliffen hat. Auf dem Gipfel befinden wir uns am Ostende des dreizehn Kilometer langen Aargrats, der vom Oberaarjoch bis zum Grimselpass reicht. Auf der andern Seite des Grimselpasses beginnen bereits die Urner Alpen. Somit ist das Sidelhorn der östlichste Berg der Berner Alpen – im Vergleich zu den umliegenden Riesen zwar von unbedeutender Höhe, aber mit welch einem Panorama! Fantastisch ist der Blick zu den Walliser und Urner Alpen und in die Region des Oberaar- und Unteraargletschers zu den Berner Viertausendern Finsteraarhorn, Lauteraathorn und Schreckhorn. Zweifellos eine der urtümlichsten Ecken der Berner Alpen.

Der Unteraargletscher hinter dem Grimselsee ist wissenschaftsgeschichtlich von grosser Bedeutung. Er war die bevorzugte Stätte für die ersten Gletscherforscher. Einer der Pioniere war der Neuenburger Louis Agassiz (1807–1873), der Begründer der modernen Glaziologie. Mit anderen Forschern baute er, lange vor dem Bau der heutigen Lauteraarhütte, auf der Moräne des Unteraargletschers eine notdürftige Unterkunft, die sie ironisch «Hôtel des Neuchâtelois» nannten. (FJ)

Der grobblockige Grat am Sidelhorn verlangt Trittsicherheit. Weitblick entlang des Aargrats ins Oberaargebiet.

Gebiet
Östliches Berner Oberland/Oberwallis, Grimselregion

Gipfel
Sidelhorn (2764 m ü. M.)

Charakterisierung
Östlichster Gipfel der Berner Alpen in bezaubernder Granitlandschaft und mit hochalpinem Charakter.

Schwierigkeit
T3. Nur teilweise markiert. Weg auf kurzen Strecken undeutlich, bei guter Sicht jedoch problemlose Orientierung. Trittsicherheit vor allem auf Geröllpartien nötig.

Wanderzeit
Grimselpass–Chrizegge–Jostsee–Triebtenseelicke–Sidelhorn: 2½ Std.
Sidelhorn–Husegghütte–Grimselpass: 1½ Std.

Höhendifferenz
Grimselpass–Chrizegge–Jostsee–Triebtenseelicke–Sidelhorn: 650 m Aufstieg, 50 m Abstieg
Sidelhorn–Husegghütte–Grimselpass: 600 m Abstieg

Talorte
Innertkirchen (625 m ü. M.), «Energie-Dorf» am Fuss des Grimsel- und Sustenpasses. Hotels und Restaurants. Tourist Information Meiringen-Haslital: Telefon +41 (0)33 972 50 50, www.alpenregion.ch, info@alpenregion.ch. Erreichbar mit Zug via Interlaken oder von Luzern/Obwalden via Brünigpass bis Meiringen, weiter mit Postauto oder Meiringen-Innertkirchen-Bahn. Mit Auto ebenfalls via Meiringen.
Oberwald (1366 m ü. M.), letztes Feriendorf im Obergoms. Vor allem als Langlaufzentrum bekannt. Hotels, Herbergen und Restaurants. Verkehrsbüro Oberwald: Telefon +41 (0)27 973 22 03, www.oberwald.ch, www.obergoms.ch, info@obergoms.ch.

Erreichbar mit Postauto von Meiringen über den Grimselpass oder mit Zug via Brig. Mit Auto über den Grimselpass oder mit Autoverlad durch den Lötschbergtunnel bis Brig und weiter bis Oberwald.

Ausgangspunkt
Gimselpass (2165 m ü. M.), Passhöhe auf der Kantonsgrenze Bern/Wallis. Verschiedene Unterkünfte und Restaurants.
Erreichbar mit Postauto oder Privatauto von Meiringen oder Oberwald.

Auf- und Abstieg
Vom Grimselpass an das Westufer des Totesees, dann ziemlich genau südwärts die Grashänge ansteigen zu einer Mulde bei der Chrizegge (ca. 2300 m ü. M.). Gegen Südwesten durch die Mulde, anschliessend der oberen, teils unterbrochenen Wegspur folgen, bis man kurz vor P. 2327 wieder den deutlicheren Weg erreicht. Oder nach der Mulde auf durchgehendem Wegtrassee leicht absteigend und später wieder aufsteigend zu P. 2327 (nur unbedeutend weiter). Kurz nach diesem Punkt links abzweigen (Wegweiser) zum Jostsee (2419 m ü. M.). Gegen Norden aufsteigen, bis man auf ca. 2500 m ü. M. wieder auf den anderen Weg trifft. Auf diesem weiter bis zur Triebtenseelicke (2639 m ü. M.). Nun fast horizontal ca. 200 m nordwärts, dann über die Westseite über den Geröllhang auf den Vorgipfel des Sidelhorns (2733 m ü. M., Farbmarkierungen, jedoch weitgehend weglos). Gegen Nordosten absteigen in einen Sattel (2689 m ü. M., Wegverzweigung) und Aufstieg zum Sidelhorn.
Abstieg: In nördlicher und östlicher Richtung via Husegghütte zum Grimselpass.

Varianten
– Aufstieg vom Grimselpass zur Husegghütte, dann rechts der Sidelhorn-Nordwestflanke entlang, zuletzt etwas absteigend bis oberhalb des Triebtenseewlis (ca. 2440 m ü. M., Verzweigung), links zuerst südwärts, nach ca. 200 m östlich aufsteigen in den Sattel auf 2689 m ü. M. und nach Nordosten aufs Sidelhorn: 2 Std., T2–T3.
– Abstieg vom Sidelhorn via Jostsee nach Nassbode, Unterbrunnji, Grimselbode bis Oberwald Bahnhof: 3 Std., T2–T3.

Karten
Landeskarte 1:25 000, 1250 Ulrichen
Landeskarte 1:50 000, 265 Nufenenpass (oder SAW-Wanderkarte 265T)

Führer, Literatur, Informationen
SAC-Clubführer, Hochtouren Berner Alpen, Vom Sanetschpass zur Grimsel, SAC-Verlag, Bern
Wanderbuch Jungfrau-Region, Berner Wanderwege BWW, Bern
Oberwallis, Bergverlag Rother, München

Aussicht vom Sidelhorn über Triebtenseewli (links) und Grimselsee in die Unteraarregion.

*Der Berner Alpenkranz über dem Bielersee,
gesehen an einem Herbstabend vom Chasseral.*

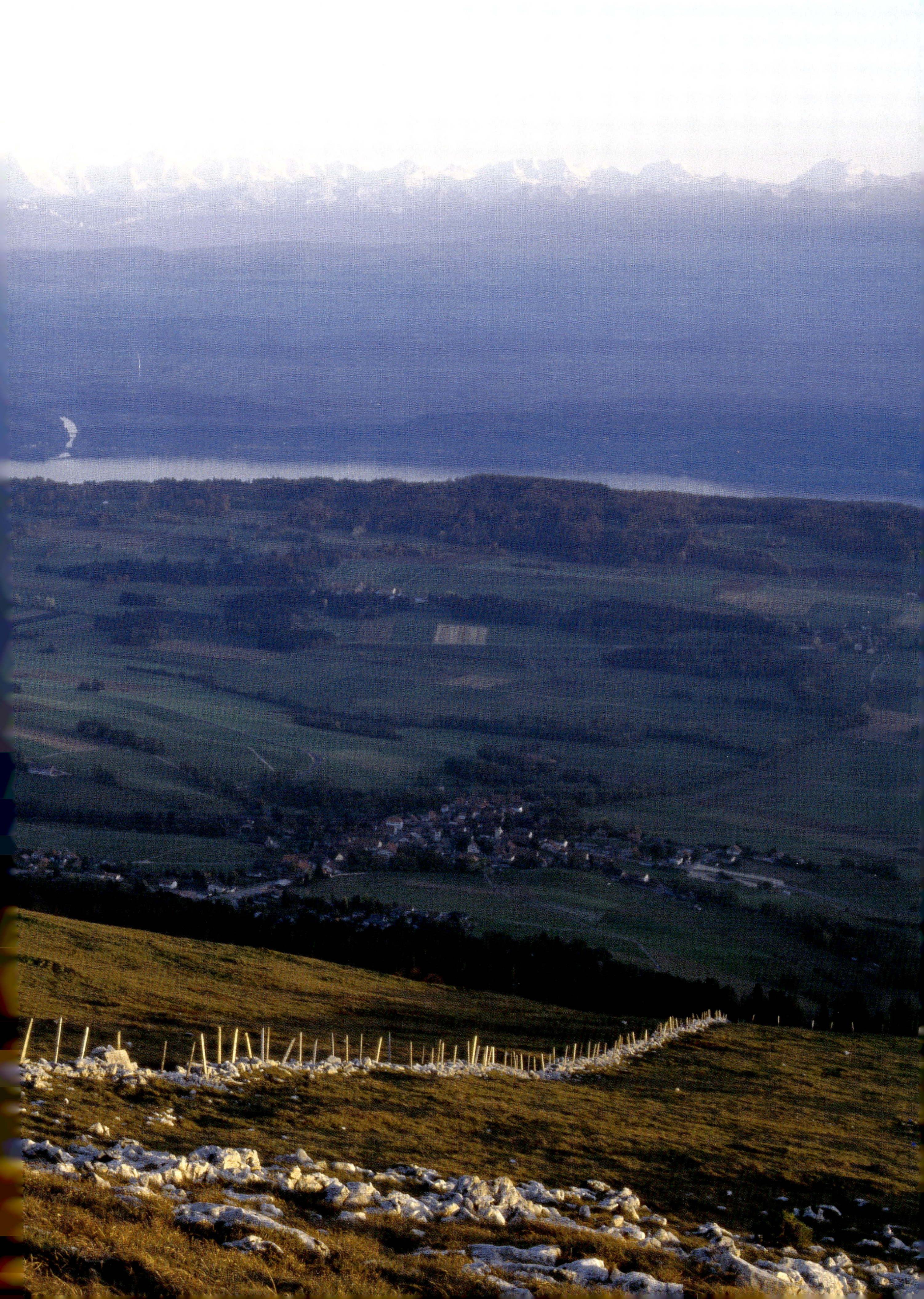

Verzeichnis der Gipfel

Ammertenspitz *76*
Arnihaaggen *118*
Augstmatthorn *116*
Axalphorn *112*
Bäderhorn *62*
Bantiger *16*
Beichlen *24*
Belchenfluh *38*
Brienzer Rothorn *118*
Broc, Dent de *46*
Burgfeldstand *96*
Chasseral *32*
Chasseron, Le *28*
Chindbettihorn *78*
Dreispitz *90*
First (Kandersteg) *80*
Gällihorn *82*
Gantrisch *66*
Gasteräspitz *84*
Gehrihorn *88*
Gemmenalphorn *96*
Gemschberg *110*
Gibel *120*
Giferspitz *54*
Guggershörnli *18*
Gurten *14*
Hasenmatt *36*
Höch Gumme *118*
Hockenhorn *86*
Hundshorn *102*
Hundsrügg *60*
Iffighorn *56*
Jaman, Dent de *42*
Lauenenhorn *54*

Lobhorn, Klein *100*
Mäggisserhorn *72*
Mittagfluh (Boltigen) *64*
Moléson, Le *44*
Morgenberghorn *92*
Moron *34*
Napf *22*
Naye, Rochers de *42*
Niederhorn *96*
Niesen *74*
Oberberghorn *106*
Oberlaubhorn *58*
Racine, Mont *30*
Ran, Tête de *30*
Reeti *108*
Schilthorn *102*
Schopfenspitz *48*
Schwyberg *50*
Sidelhorn *122*
Sigriswiler Rothorn *94*
Steinschlaghorn *72*
Stockhorn *68*
Sulegg *100*
Tanzbödeli *104*
Teysachaux *44*
Tschingel *114*
Tschipparällenhorn *72*
Turnen *70*
Ulmizberg *14*
Wild Andrist *102*
Wilerhorn *118*
Wyssi Flue *82*

Autoren

Bildnachweis

Fotos Seite 30 oben, 44 links, 44 oben, 66 oben, 75, 78 unten, 119 von Christoph Käsermann.
Alle anderen Fotos von Fredy Joss.

Fredy Joss (FJ)
geboren 1968, selbständiger Autor und Fotograf mit den Schwerpunkten Natur und Kultur, Wandern, Bergsport und Naturreisen. Seine Text- und Bildbeiträge erscheinen in verschiedenen Zeitschriften, Büchern und Kalendern. Mitarbeit bei mehreren Bergbüchern im AT Verlag.

Sabine Joss (SJ)
geboren 1969, selbständige Biologin und Autorin mit eigenem Natur- und Beratungsbüro. Meistens ist sie beruflich irgendwo in den Bergen unterwegs, schreibt aber auch Wander- und Reiseberichte sowie Artikel zu verschiedenen Naturthemen.

Unentbehrlich für die Bibliothek jedes Alpinisten und Bergfreunds

Heinz Staffelbach
**Wandern und Geniessen
in den Schweizer Alpen**
Die schönsten Zweitagestouren -
mit Berghotel-Komfort

Heinz Staffelbach
Urlandschaften der Schweiz
Die schönsten Wanderungen
durch wilde Bergwelten

Peter Donatsch
**Die 100 schönsten Hüttenziele
der Schweizer Alpen**

Peter Donatsch
**Von Hütte zu Hütte
in den Schweizer Alpen**

David Coulin
**Die schönsten Gratwanderungen
der Schweiz**

Iris Kürschner
Der Matterhorn-Trek
In neun Etappen um den Berg der Berge

Eugen E. Hüsler   Daniel Anker
Wandern vertikal
Die Klettersteige der Schweiz

Peter Donatsch   David Coulin
**Die schönsten Gipfelziele
der Schweizer Alpen West**
Zentralschweiz, Berner Oberland,
Freiburg, Wallis, Waadt

Peter Donatsch   David Coulin
**Die schönsten Gipfelziele
der Schweizer Alpen Ost**
Ostschweiz, Glarus, Schwyz, Graubünden,
Tessin

Peter Donatsch
Alle 4000er der Alpen

Mario Colonel
Himmelsleitern
Die schönsten Grattouren der Alpen

Peter Donatsch
**Die schönsten Skitouren
der Schweizer Alpen Ost**
Ostschweiz, Glarnerland, Schwyz,
Graubünden, Tessin

Peter Donatsch   David Coulin
**Die schönsten Skitouren
der Schweizer Alpen West**
Zentralschweiz, Berner Oberland, Wallis,
Freiburg, Waadt

Beat Zentner
**Die schönsten Bike-Ferntouren
durch die Alpen**

Buschor   Giger   Joller   van Rooijen
**Die schönsten Bike-Tagestouren
in der Schweiz**

AT Verlag
Stadtturmstrasse 19
CH-5401 Baden
Telefon +41 (0)58 200 44 00
Fax +41 (0)58 200 44 01
E-Mail: at-verlag@azag.ch
Internet: www.at-verlag.ch

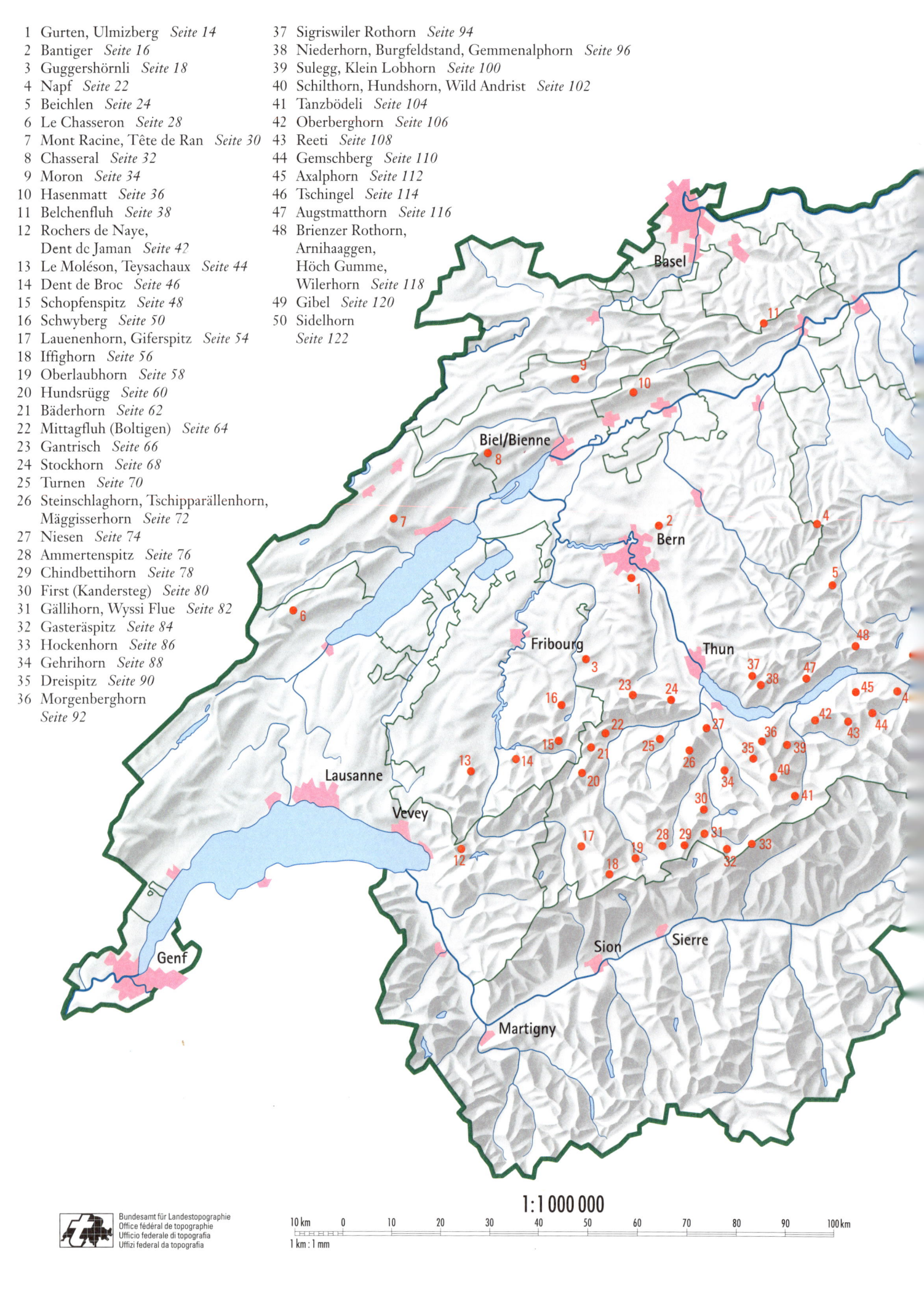

1 Gurten, Ulmizberg *Seite 14*
2 Bantiger *Seite 16*
3 Guggershörnli *Seite 18*
4 Napf *Seite 22*
5 Beichlen *Seite 24*
6 Le Chasseron *Seite 28*
7 Mont Racine, Tête de Ran *Seite 30*
8 Chasseral *Seite 32*
9 Moron *Seite 34*
10 Hasenmatt *Seite 36*
11 Belchenfluh *Seite 38*
12 Rochers de Naye, Dent dc Jaman *Seite 42*
13 Le Moléson, Teysachaux *Seite 44*
14 Dent de Broc *Seite 46*
15 Schopfenspitz *Seite 48*
16 Schwyberg *Seite 50*
17 Lauenenhorn, Giferspitz *Seite 54*
18 Iffighorn *Seite 56*
19 Oberlaubhorn *Seite 58*
20 Hundsrügg *Seite 60*
21 Bäderhorn *Seite 62*
22 Mittagfluh (Boltigen) *Seite 64*
23 Gantrisch *Seite 66*
24 Stockhorn *Seite 68*
25 Turnen *Seite 70*
26 Steinschlaghorn, Tschipparällenhorn, Mäggisserhorn *Seite 72*
27 Niesen *Seite 74*
28 Ammertenspitz *Seite 76*
29 Chindbettihorn *Seite 78*
30 First (Kandersteg) *Seite 80*
31 Gällihorn, Wyssi Flue *Seite 82*
32 Gasteräspitz *Seite 84*
33 Hockenhorn *Seite 86*
34 Gehrihorn *Seite 88*
35 Dreispitz *Seite 90*
36 Morgenberghorn *Seite 92*
37 Sigriswiler Rothorn *Seite 94*
38 Niederhorn, Burgfeldstand, Gemmenalphorn *Seite 96*
39 Sulegg, Klein Lobhorn *Seite 100*
40 Schilthorn, Hundshorn, Wild Andrist *Seite 102*
41 Tanzbödeli *Seite 104*
42 Oberberghorn *Seite 106*
43 Reeti *Seite 108*
44 Gemschberg *Seite 110*
45 Axalphorn *Seite 112*
46 Tschingel *Seite 114*
47 Augstmatthorn *Seite 116*
48 Brienzer Rothorn, Arnihaaggen, Höch Gumme, Wilerhorn *Seite 118*
49 Gibel *Seite 120*
50 Sidelhorn *Seite 122*